Hans P. Sturm

Widerspiegelung des Geistes II/1

Einleitung in die
Strukturphilosophie der Re–flexion
in transkulturaler Anwendung

Hans P. Sturm

WIDERSPIEGELUNG DES GEISTES II/1

Einleitung in die *Strukturphilosophie der Re–flexion* in transkulturaler Anwendung (Transkultural–Philosophie)

auf die antike Philosophie
Indiens, Griechenlands und Chinas

Von der szientistischen Real-Aporie:
Formalien, Ausgangspunkt,
Methodik, Rahmenbedingungen

Edition Verstehen – Augsburg 2016

Bibliographische Information der Deutschen Nationalbibliothek:
Die Deutsche Nationalbibliothek verzeichnet diese Publikation in der Deutschen Nationalbibliographie; detaillierte bibliographische Daten sind im Internet über http://dnb.dnb.de abrufbar.

Sturm, Hans P.
Widerspiegelung des Geistes II/1. Einleitung in die *Strukturphilosophie der Re–flexion* in transkulturaler Anwendung (Transkultural–Philosophie) auf die antike Philosophie Indiens, Griechenlands und Chinas. Von der szientistischen Real-Aporie: Formalien, Ausgangspunkt, Methodik, Rahmenbedingungen
Augsburg – Edition Verstehen
Verlag der Gesellschaft für transkulturelles Verstehen (GetraV) e.V. 2016
www.getrav.de
ISBN 978-3-937736-04-4

Satz: Hans P. Sturm
Umschlagentwurf und computertechnische Umsetzung: Hans P. Sturm
Diagramme und Nachgestaltungen von Graphiken aus der Forschungsliteratur: Hans P. Sturm

Herstellung: BoD - Books on Demand, Norderstedt
Printed in Germany

ISBN 978-3-937736-04-4

Danksagung

an alle wissenschaftlichen und daran angegliederten Institutionen, welche durch ihre Versagung von Forschungsförderung, durch die Verhinderung meiner akademischen Professionalisierung und Fernhaltung aus der institutionalisierten Wissenschaft wesentlichen Anteil daran haben, daß ich aufgrund der dieserart mitbedingten Unabhängigkeit Tatsachen und Sachverhalte der Wahrheit so weit wie möglich entsprechend, ohne umständliche Umschreibungen und Euphemismen, d.h. ohne gegen die unausgesprochene szientifische Sprachreglementierung, Verzeihung!, Sprachregelung (‚scientific correctness') verstoßen zu müssen, darstellen konnte.

Mit dieser Äußerung von Dankbarkeit hoffe ich auch meiner Informationspflicht gegenüber der philosophisch, wissenschaftlich und kulturhistorisch interessierten Mit- und Nachwelt Genüge getan zu haben.

**Ὁ δὲ Κωλώτης ἔοικε τὸ αὐτὸ πάσχειν
τοῖς νεωστὶ γράμματα μανθάνουσι τῶν παίδων
οἳ τοὺς χαρακτῆρας ἐν τοῖς πυξίοις ἐθιζόμενοι λέγειν,
ὅταν ἔξω γεγραμμένους ἐν ἑτέροις ἴδωσιν,
ἀμφιγνοοῦσι καὶ ταράττονται.**[1]

*„Es scheint Kolotes nämlich dasselbe zu widerfahren
wie den jungen Abc-Schützen;
sie sind gewohnt, die Buchstaben
auf ihren Schreibtafeln zu lesen,
sobald sie sie anderswo geschrieben sehen,
geraten sie in Zweifel und Verwirrung."*

---

1 Ploutarchos, Moralia 1120F (Adversus Colotem), ⟨ed./tr.⟩ B. Einarson/ P. H. De Lacy.

Inhaltsverzeichnis

Abbildungen, Diagramme, Tabellen

Allgemeine Vorbemerkung

Dies ist die zweite Abteilung des dritten Bandes meiner Tetralogie zur Struktur des Erkennens und zu den Bestimmungsformeln von dessen Stadien. Während im ersten Drittelband die Morphologie aller Re-flexion, die Philosophie der Philosophien oder Metaphilosophie mit Hilfe des Denkens des bedeutendsten asiatischen Dialektikers Ārya Nāgārjuna (2./3. Jh.) und der sich auf ihn berufenden Denker, der Mādhyamika-s, wie deren angeblichen mahāyānistischen Konkurrenten, der Vijñānavādin-s, unter Hinzuziehung zentraler Argumentationsstränge aus den ›Wissenschaftslehren‹ des sog. Deutschen Idealisten Johann Gottlieb Fichte (1762–1814) entwickelt wurde, geht es in der Abhandlung hier um den Nachweis ihrer unterschiedlichen Darstellungs- und Näherungsforme(l)n in den Mythen der nach derzeitigem Geschichtsverständnis ersten Hochkulturen und der antiken Metaphysik der philosophischen Stifterkulturen, Griechenlands, Indiens und Chinas, samt einigen Vorblicken auf mittelalterliche Lehrbestände. Insofern handelt es sich dabei um die historio-doxographische Evidierung und Verifizierung der noologischen Formaltheorie von ›Widerspiegelung des Geistes I‹, um deren transkulturale Anwendung und Bewährung. Diese Art von Zugang zu den nach derzeitiger Dokumentenlage drei Urtraditionen der Philo-Sophie soll fortan »Transkultural-Philosophie« heißen.

Betreffs ihrer Anlage wie Durchführung ist Vergleichbares bisher nicht vorfindlich (was empirisch mit wenig Aufwand verifiziert werden kann). Berücksichtigt man die ‚Geschwindigkeit', mit der sich die Erweiterung geisteswissenschaftlicher Horizonte vollzieht, dann muß man nüchtern konstatieren, daß dieses Werk nicht für die Gegenwart geschrieben ist. Dieses traurige Verdikt gilt im Grunde genommen für all meine Schriften, mit welchen ich mich in Gebiete vorwagte, die bisher weitgehend unerforscht waren und ich deshalb an der einen oder anderen weniger wichtigen Stelle über unbeachtete Steine gestolpert sein mag.

Durchschlagende Überzeugungskraft kann diese Monographie nur dann entfalten, wenn sie unter den explizierten methodischen Rahmenbedingungen und im ganzen wahrgenommen wird. Dadurch erst wird deutlich, daß es sich bei ihr tatsächlich um eine Mono-graphie handelt, die Vergegenwärtigung und Beschreibung von nur einem und demselben Sachverhalt, dem einen, viergliedrigen kognitiven Grundmuster, wie es das Philosophieren generell, die einzelnen Philosophie-Traditionen in ihren zentralen Gehalten und die Spekulation verschiedenster Überlieferungsstränge antiker Mythologie in wichtigen Bereichen trägt und prägt. Wo es möglich war, wurden auf diese Weise Lehrbestände eines bestimmten Denkers oder einer gewissen Denkrichtung, Schrifttum von beträchtlichem Umfang also, zu einer einzigen skalierten Argumentationssequenz komprimiert. Wollte ich allein die strukturellen Bezüge einer speziellen Ausprägung dieser Bestände zu allen anderen in Betracht kommenden Ausgestaltungen jedesmal einzeln auch nur andeutungsweise gegenüberstellend und/oder vergleichend herausarbeiten, über komparative inhaltliche Analysen will ich gar nicht erst anfangen zu reden, so entstünde ein Werk unvorstellbaren Ausmaßes. Das soll nicht heißen, daß solche Einzelvergleiche, gerade von Spekulationen entferntester Herkunft und scheinbarer Inkommensurabilität, des philosophiewissenschaftlichen Reizes entbehrten. Wer also nicht bereit ist, diese Abhandlung vollständig zu lesen, ihre Inhalte präsent zu halten und an der Gradeinteilung der Reflexionsstruktur zu messen, kann sich, sorry, kein Urteil über das Zutreffen ihrer These resp. ihrer Thesen bilden. Was in der

Strukturphilosophie niemals gelten kann, damit versuche ich im vorliegenden Œuvre persuasiv zu operieren: dem Umschlag von Quantität in Qualität.

Wesentlich erleichtert wird das Lesen und somit der Nachvollzug dieser Schrift durch vorherige Kenntnisnahme der gleich anschließend folgenden technischen Hinweise, Gestaltungskriterien und Informationen zum Verständnis formaler und terminologischer Spezifika. Ursprünglich war geplant, die Arbeit hier mit einer Abteilung zur selben Thematik ab der Zeit des Mittelalters bis in die Gegenwart fortzuführen. Da es nicht zu erwarten ist, daß es mir gelingen wird, meine wissenschaftliche Leistung den mir aufgezwungenen Forschungs- und Lebensbedingungen zum Trotz im bisherigen Maße aufrechtzuerhalten, habe ich diese Abteilung aus meinen zu veröffentlichenden Werken gestrichen, obwohl dazu bereits eine nicht unerhebliche Menge erarbeiteten Materials vorliegt.

Durch die Methode, bei der Rekonstruktion antiker Mythologeme und Philosopheme unterschiedlicher Couleur die konstitutiven Momente der Reflexion anzuwenden, werden jene als Ausprägungen geisttheoretischer Prinzipien einsichtig. Diese dienen als philosophische Orientierungslinien, deren rationaler Standard den echten Errungenschaften moderner Rationalität nicht nur gerecht wird, sondern diese in manchem und im Entscheidenden, der Letztsinn stiftenden Funktion, übertrifft. Es sollte nun aber kein Kritiker meinen, der Verfasser der vorliegenden Studie ginge davon aus, die solcherart aufgeschlüsselten Philosophien wären die ureigenen Gedanken der originalen Denker selbst; was er aber für sich reklamiert, ist zum einen, deren tragende Prinzipien erfaßt und damit ihren Gesamtsinn rekonstruiert und überdies restrukturiert zu haben, welches letztere mit der Ausnahme des Umgangs mit Fragmenten ein akademisches Geht-nicht darstellt, zum andern, unter Anwendung der bisherigen Errungenschaften des Reflektierens einen neuen und leichteren Zugang zur Philo-Sophie entdeckt zu haben. Ohne die Rückbindung der vorfindlichen, real existierenden Spekulationen an das (apriorische) Verlaufsschema der Spekulation per se, der Spiegelung und Widerspiegelung des Denkwissens in sich selbst, blieben jene ein sich inhalts- und bedeutungslos wiederholender Reflex, der in seiner leeren Iteration immer wieder und immer nur Variationen der Erfolg- und Sinnlosigkeit menschlicher Erkenntnis(bemühung) darbieten könnte, worüber in dem vorliegenden sinnlosen Buch unsinnig ausführlich berichtet würde.

Da Bedeutung kontextabhängig ist und bekannte oder vertraute Inhalte ihren Sinn in einem veränderten Darstellungsgefüge selbstverständlich mitverändern, ohne selbst verändert sein zu müssen, dürfte in neuen Zusammenhängen etwas sichtbar werden, das durch die traditionell vorgeprägte Leseintention unbeachtet und verdeckt geblieben war. Allein schon die Zusammenziehung und Umgruppierung von Textpassagen kann zu einer Verschiebung der Bedeutungskonstellation von ungeahntem Ausmaß führen, was sogar noch für die Passus gilt, die ich aus meinen bisherigen Schriften heranzog. Darin liegt ein wesentliches Moment des Neuen und Besonderen meiner Arbeit, die sich insgesamt nicht als neue Philosophie geriert – was wäre das für eine immerwährende Philosophie (*philosophia perennis* im modern-generellen Verständnis), für eine ewige, zeitlose Lehre von (denk)gesetzlicher Gültigkeit (skr. *sanātana dharma* / pāl. *akāliko dhammo*)? –,[1] sondern als ein Glied der von im Altertum so genannten »Goldenen Kette« (gr. *seirȅ chruseíē* / lat. *catena aurea*) Zeiten und Räume durch- und überschreitender Weisheitstradition(en) versteht (skr.

[1] Den Begriff der *philosophia perennis* verwende ich als terminus technicus, losgelöst von seinen historischen Implikationen; zu *sanātana dharma* und *philosophia perennis* cf. R. Guénon, Études sur l'hindouisme (SANĀTANA-DHARMA), pp. 105-116; G. Vallin, La perspective métaphysique, pp. 31-58; aus einem religiösen Blickwinkel F. Schuon, Sur les traces de la religion pérenne, pp. 9-19.

param-parā/krama).[2]

Auf diese Weise soll die alte und die östliche Mythologie und Metaphysik in den Status versetzt werden, der ihr ehemals zukam und heute gebührt, nicht primitiver Analogismus oder haltlose Phantastik, sprich ausgedienter Gedankenschrott zu sein und zu bleiben, dessen schriftliche Überbleibsel zum Objekt historischer Forschung, bürgerlichen Bildungsdünkels oder esoterischer Leichtgläubigkeit degradiert sind, sondern Lebenslehre zu werden und zu sein, die sich am Verstand orientiert und mit Vernunft agiert. Diese sollte das Dasein gerade der Menschen begleiten und bestimmen, die auf Geist und Reflexion nicht verzichten wollen, denen die zur sozialen und technischen Alltagsbewältigung mitunter durchaus erwünschte und notwendige verkürzte und eindimensionale Rationalität von Statistiken, Verlaufskurven und elektronischen Schaltkreisen aber nicht hinreicht, ihren Durst nach Erkenntnis und vielleicht sogar nach Weisheit zu stillen, auch und gerade in einer Zeit, in der nur noch Wissen als solches zählt, das mit dem Zählen zu tun hat, das man also für technisch anwendbar, herrschaftspolitisch nutzbar und finanziell verwertbar hält.

Freilich gilt es dabei wachsam zu sein, daß mit den Erkenntnissen der alten Metaphysik die moralischen und soziopolitischen Verhältnisse nicht in fundamentalistischer Weise verbunden und wiederbelebt werden, mit denen sie sich in früheren Zeiten, an welchem Ort auch immer, abfinden mußte und nicht zu selten auch in einer Weise abfand, die einem

---

[2] Dieser Aspekt der »Goldenen Kette« wird in der indischen Tradition, wie vermerkt, *paramparā* (lückenlose Abfolge, Linie, Reihe oder Tradition) oder *krama* (Serie, Schrittfolge, Verlauf, Stammbaum, Hierarchie, Ordnung) genannt: die ununterbrochene Überlieferungskette von Guru zu Jünger (*śiṣya*); für den Neuplatonismus: P. Lévêque, Aurea Catena Homeri, pp. 41–44; E. v. Ivánka, Dionysius Areopagita: Von den Namen zum Unnennbaren, pp. 105–106; zu der Allegorie im allgemeinen das bestens dokumentierte erstgenannte Buch im ganzen.

Einverständnis mit diesen gleichkam. Gar zu gern wird ihr deshalb mit einer gewissen Berechtigung unterstellt, und das besonders, wenn man von ihrer ausschließlichen Zeit- und Kulturbedingtheit ausgeht, was heute im großen und ganzen die Regel ist, die ideologischen wie faktischen Umstände ihres jeweiligen Auftretens stillschweigend toleriert zu haben. Unabweisbare Schlagworte für diese unheilige Allianz sind die Degradierung der Frau, die Befürwortung des Sklaventums, die Unterstützung des Kastenwesens, der Kampf gegen Andersgläubige, alle Formen des Chauvinismus, die Anbiederung an die Herrschenden und Kollaboration mit Unterdrückern und Ausbeutern usw. usf.

Zwar führt(e) ihre Verkörperung in real existierenden Kulturen und sozialen Gebilden zu einer unvermeidlichen Beeinflussung durch diese, was je nach Grad und Art von der Verfolgung ihrer Anhänger über das Verbot ihrer Ausübung, die dadurch induzierte Geheimhaltung der Lehren und Praktiken durch ihre Vertreter, die Cachierung und Unkenntlichmachung des Wissens mit Hilfe von Symbolen und (Sprach-) Codes, das erzwungene Abschwören durch Bedrohung und Gewaltanwendung bis hin zum Verlust und Verrat der ureigenen Qualitäten wahrer Philosophie, ja mitunter bis zu ihrer Pervertierung zu einem Macht-, Unterdrückungs- und Ausbeutungsinstrument ging.

Philosophie, wörtlich verstanden, war und ist aber mehr und folglich ander(e)s. Im besten Falle blieb sie Geistiges und ihr Gipfel erhaben im Unvergänglichen und Unendlichen. Leider sind solch imposanten Bergesspitzen in der philosophischen Landschaft mittlerweile fast völlig abgetragen und die majestätischen Erhebungen der Philosophie zu ödem geistigem Flachland eingeebnet. Um so schwieriger ist es heutzutage, das Ewige, Grenzenlose, Unermeßliche zum ‚Maß' unseres Handelns zu machen und als ‚Dimension' menschlicher Aspiration zurückzugewinnen, so daß dem (scheinbar) individualisierten modernen Subjekt (Normalegoist) ein theoretischer Aufriß transpersonaler Landkarten und Wegweiser zur Verfügung gestellt wird, der es ihm ermöglicht, konkrete Sinnerfüllung, Selbsterkenntnis und Selbstverwirklichung im Tun und Lassen aus Freiheit, gepaart mit Verbindlichkeit, aus Eigenverantwortung, verquickt mit dem Blick aufs und fürs Ganze, zu erlangen. In dieser Hinsicht versteht sich diese Studie auch als eth(olog)ische Abhandlung, wenn auch in einer Zeit entfesselter Habgier als eine verlorene, obwohl darin kaum ein Wort zur Ethik zu finden ist.

Die Richterstimme der Gelehrten-‚Philosophie' hier und jetzt urteilt über ein solches Ansinnen natürlich ganz anders. Die Hochschätzung der alten und östlichen Metaphysik ist ihr mit ganz wenigen Ausnahmen Indiz dafür, daß man über das primitive Denken eben noch nicht hinausgekommen bzw. in dieses zurückgefallen sei.[3] Ihr ist dieses Spekulieren pure Spekulation, Esoterik und Aberglauben, da es Geist ja nur im Westen, und dort nur als Gnadengabe des Hl. Geistes oder Ausscheidungsprodukt neuronaler Verdauung und Hirnperistaltik gibt, was sich insgesamt nicht zu widersprechen braucht. Philosophie und Religionsforschung im Westen, so sagt ein international renommierter Buddhologe, sei geprägt durch „... die Annahme, daß alles, was für derart quintessentiell griechisch und dadurch »okzidental« wie Philosophie gehalten wird, in irgend »Orientalischem« nicht gefunden werden kann. Denn – nach einer weit verbreiteten Anschauung – beschäftigt sich »orientalisches Denken« nicht hauptsächlich mit dem Mystischen und Irrationalen oder bestenfalls mit dem, was im Gegensatz zu logischem philosophischem Denken und der Suche

---

3 Die Komplexität und Tiefe echter Metaphysik, östlicher allerdings nur andeutungsweise, wird sichtbar in der Darstellung von J. Halfwassen, Metaphysik als Denken des Ganzen und des Einen im antiken Platonismus und im deutschen Idealismus, pp. 263–271.

nach Wahrheit (in der Philosophie als Eigenschaft einer Proposition oder Tatbestand definiert) »Weisheit« genannt wird? Stellt darüber hinaus nicht das durch die indische und buddhistische Philosophie bekundete Interesse am Geist diese nicht außerhalb des Bereichs wahrer akademischer Philosophie, wenigstens solange Geist – jener sogenannte »Geist in der Maschine« – als ein Epiphänomen des Materiellen oder des Verhaltens angesehen und nicht für einen angemessenen Gegenstand genuin philosophischer Untersuchung gehalten wurde?"[4]

Die Verkünder der Lehre von den Neuronengespenstern, unter die auch viele, ja vielleicht die meisten derer zu rechnen sind, die in Seminarräumen und Publikationsmedien, aber eben auch nur dort, hochtrabend idealistische oder transzendentale Reden schwingen, sonst aber denken und handeln wie jedermann, liefern für ihren Glauben den besten Beweis. Nur wenige sogenannte wissenschaftliche Theorien evidieren sich in ihren Vertretern so prompt und frappant selbst. „In Wirklichkeit ist die mechanistische Theorie nur plausibel, weil sie nicht-mechanistische Geister in die menschlichen Gehirne schmuggelt. Funktioniert ein Wissenschaftler mechanistisch, wenn er eine materialistische Theorie vertritt? In seinen Augen nicht. In seinen Argumenten gibt es immer einen stillen Vorbehalt: er selbst ist eine Ausnahme vom mechanistischen Determinismus. Er glaubt Anschauungen vorzubringen, die wahr sind, nicht nur zu tun, was ihm sein Hirn veranlaßt zu tun. Es

[4] D. S. Ruegg, The Buddhist Philosophy of the Middle (Some Reflections on the Place of Philosophy in the Study of Buddhism), p. 220; mit Geist übersetze ich das zweimalige Vorkommen von „mind", aber auch „ghost", den Geist (im Sinne von Gespenst) in der Maschine, eine Anspielung auf den von Gilbert Ryle (1900–1976) in der Formel „the myth/dogma of the ghost in the machine" kritisierten Dualismus à la René Descartes (1596–1650) und den von ihm dagegengestellten Mythos, den ich korporal-behavioristischen Monismus nennen würde.

scheint unmöglich, ein konsequenter Materialist zu sein."[5]

Wie aus dieser Argumentationssequenz hervorgeht, wird die Entscheidung darüber, welchen Gültigkeitsstatus wissenschaftliche Theorien einfordern können, und hiermit der Nachweis, daß das derzeit dominierende Weltbild der (Objekt-)Wissenschaften ein Zerrbild des Wirklichen darstellt und diese selbst damit durch und durch marode sind, in der Konfrontation zweier Geltungsaspekte, dem materialen und dem formalen, herbeigeführt bzw. geführt, ohne daß der zitierte Forscher, selbst der wissenschaftlichen Innensicht verpflichtet und weitgehend auf sie beschränkt, dies explizit macht. Der erste, der empirische Aspekt bedarf keiner weiteren Erläuterung; die Geschichte der Wissenschaften, ihr angeblicher Fortschritt, spricht hier für sich. Der zweite Aspekt bleibt aber nicht darauf beschränkt. Um ihm zu genügen, werden vom erhöhten Blickpunkt der Metatheorie aus die Annahmen, Durchführung und Folgerungen der inhaltlichen Ebene gewissermaßen von außen aufgegriffen, ihre Geltungsforderungen unter Anwendung methodischer und logischer Kriterien überprüft und entsprechend dem jeweiligen Gegenstandsbereich bzw. der Erkenntnisphase und der Re–flexionsstufe, aus denen heraus sie aufgestellt werden,[6] beurteilt, sprich für gerechtfertigt (richtig) oder ungerechtfertigt (falsch) erklärt.

Tragisch ist, daß die Philosophie mittlerweile auf dasselbe Niveau gesunken ist. „Wenn wir die moderne Philosophie in ihrer Gesamtheit betrachten, können wir im allgemeinen sagen,

---

[5] R. Sheldrake, Science Set Free, pp. 36–37; 〈dt.〉 p. 55; vor mehr als dreißig Jahren lieferte R. Puligandla, An Encounter with Awareness, pp. 51–104, unter der Titelüberschrift „Reductionitis" eine Widerlegung moderner, aus der Hirnforschung abgeleiteter Ideologien auf der Basis ihrer Methodenfehler und falschen Vorannahmen, die an Aktualität nichts verloren hat.

[6] Cf. Diagramm in H. P. Sturm, Die vier Stadien des Ent–Setzens, p. 183.

daß ihr Standpunkt keinen wirklich wesentlichen Unterschied zum wissenschaftlichen Standpunkt darstellt: es handelt sich jeweils um einen rationalen Standpunkt oder wenigstens um einen, der vorgibt ein solcher zu sein, und jedes Wissen, das im Bereich der Vernunft statthat, ob man es philosophisch nennt oder nicht, ist eigentlich ein Wissen wissenschaftlichen Ranges. Wenn es darauf abzielt, etwas anderes zu sein, verliert es dadurch jeglichen, selbst relativen Wert, indem es sich eine Reichweite zuschreibt, die es legitimerweise nicht haben kann: das ist der Fall bei dem, was wir Pseudo-Metaphysik nennen wollen."[7]

Auf die Thematik oder besser Problematik der Form als Inhalt (Metatheorie) werde ich in Zusammenhang mit der Philosophie, speziell der inter- und transkulturellen in Gegenstellung zur trans-kulturalen noch kurz zu sprechen kommen. Eine kohärente und ‚komplette' theoretische Grundlegung der Kognitionstheorie,[8] von mir auch Noologie oder »Strukturtheorie der Re-flexion« genannt, habe ich mit der Abteilung der ›Widerspiegelung des Geistes I‹, 2. Auflage, vorgelegt.

Wo es genuinen Geist nicht gibt, ist Geisteswissenschaft im allgemeinen und Geisttheorie im besonderen aber überflüssig, gar lästig, ein nicht tolerierbarer, schädlicher Mitfresser an den Fleischtöpfen der Geistlosigkeitswissenschaft. Insofern ist es nur konsequent, daß nach der weitgehenden Abschaffung der Geistmetaphysik und Geisttheorie durch die akademische Philosophie diese wiederum von der Geisteswissenschaft und diese

---

[7] R. Guénon, Introduction générale à l'étude des doctrines hindoues, p. 116.

[8] Die Anführungsstriche sind hinsichtlich der Frage nach der (Un-)Abschließbarkeit von Systemen zu beachten; dazu braucht es keinen Kurt Gödel (1906-1978), weil darum nämlich schon die ersten Philosophen der uns bekannten Geschichte wußten und dies in wenigen Gedankenschritten demonstrierten (Dialektik).

Teilwissenschaft letztlich nun von der Wissenschaft generell (oder was man heute dafür hält, nämlich Naturwissenschaft, aber auch diese nur in amputierter Form) demontiert wird.

Das geschieht in Form einer administrativen Kommerzialisierung der Hochschulbildung und Dienstbarmachung für die Interessen von Machteliten unter erheblicher, doch nur wenig auffälliger Mithilfe von willfährigem Lehr-, Forschungs- und Organisationspersonal wissenschaftlicher Institutionen, d.h. mitverursacht durch eine Aushöhlung von innen heraus. Vertreter der »Arts« und »Humanities« selbst wirken eifrig an dieser Wühlarbeit mit, indem sie die psychisch-mentalen Wertestufungen und geistigen Geltungshierarchien zu materialistisch-mechanistischen Platitüden einebne(te)n oder dem zumindest Vorschub leiste(te)n. Dem (vor-)herrschenden Wissenschaftsparadigma (= Id*e*ologie, besser Id*i*ologie) eines Scheinpluralismus ergeben bzw. dieses geradezu ausbildend, fördernd und verstärkend, untergraben sie, absichtlich oder nicht, die Fundamente zeitloser Wahrheit(en), trivialisieren deren ernsten Anspruch und scheuen nicht davor zurück, ihn ins Lächerliche zu ziehen. Diese Entwicklung findet heute weltweit mit einer schwindelerregenden Beschleunigung statt. Was sich danach noch Philosophie nennt, ist denn auch wert, aus der Liste von Kulturleistungen sowie wissenschaftlicher und allgemein erkenntnisspezifischer Disziplinen gestrichen zu werden.

Technische Hinweise, Gestaltungskriterien und Informationen zum Verständnis formaler und terminologischer Spezifika

Die hier gegebenen, zugegebenermaßen ausführlichen Erläuterungen sind kein Ausdruck von Gelehrtenpedanterie, wie das auf den ersten Blick erscheinen mag, was auch gar nicht sein kann, da ich, wie aus meinen bisherigen und folgenden Ausführungen hervorgeht, gar kein Gelehrter im konventionellen Sinne bin, sie sollen dem Rezipienten, der nicht einfach über den Text hinwegliest und nur einen flüchtigen Blick von dem bearbeiteten Gegenstand erhaschen, sondern einen tieferen und vielleicht bleibenden Eindruck davon gewinnen will, vielmehr grundsätzliche Einsichten in meine Vorgehensweise vermitteln. Insofern hoffe ich damit die Methodologie meines im Entstehen begriffenen neuen Ansatzes meta-metaphysischer Forschung, den ich unter dem Titel der »Strukturphilosophie der Re-flexion in transkulturaler Anwendung (Transkultural-Philosophie)« fasse, in einigen Details aufhellen und ins wissenschaftliche Bewußtsein heben zu können. Grundsätzliche gestalterische Konventionen habe ich bereits dem ersten Band des hier vorliegenden Werkes vorangestellt. Einiges davon wird folgend wiederholt, weil nicht vorausgesetzt werden kann, daß jeder Interessierte das Buch gelesen hat bzw. bereit ist, es eigens dafür zu erwerben, zumal dessen Perspektivik eine andere ist, und zwar vornehmlich eine geltungstheoretische, während es in den hier eingeleiteten 7 Faszikeln, für welche das folgende im besonderen gilt, in erster Linie darum geht, das im ersten Teilband theoretisch Entfaltete im Schrifttum der antiken Stifter-Philosophien aufzufinden und aufzuweisen, daß die überörtlichen und überzeitlichen Bildeprinzipien von Erkenntnis überhaupt darin ebenso die tragenden Säulen darstellen und somit auch in transkulturaler Hinsicht gelten.

a) Zitierweise und Verweise

▸ Stellenbelege und Literaturhinweise werden in den Fußnoten aus Gründen der Übersichtlichkeit und Platzersparnis in Kurzform gegeben: Verfasser- oder Herausgebernamen mit vorangestellten Initialen der Vornamen, Haupttitel der Schrift mit Seitenangabe. Zweisilbige ostasiatische Vornamen von Autoren und Editoren, die traditionell dem Nachnamen nachgestellt sind, werden von mir, auch wenn sie in der Titelei des jeweiligen Werkes zusammengeschrieben sind, meist mit einem Divis getrennt, z. B. Yu Hun-kui. Die vollständigen bibliographischen Daten sind im Literaturverzeichnis nachzulesen. Bei mehrbändigen Werken entfällt das Kürzel für die Seiten p. oder pp.; es werden nur die Bandnummer und, einem Punkt ohne Leerstelle folgend, die Seitenzahl angegeben. Wenn aus zweisprachigen Schriften über mehrere Seiten zitiert wurde, dann erfolgt der Zitatnachweis mit einem Schrägstrich zwischen den Zahlen der Seiten, an welchen die Zitation beginnt und endet, wobei die Seite der Übersetzung, meistens die ungeradzahlige, mitgezählt ist. Eventuell vorhandene Zeilenangaben stehen immer verkleinert mit einem Punkt ohne Leerstelle nach der Seitenangabe. Sie wurden nach diesbezüglich exakten Editionen angegeben, auch wenn der Text Ausgaben entnommen wurde, die in der Zeilennumerierung keine zuverlässige Trennschärfe aufweisen. Auf unspezifische Abkürzungen, wie ebd., a.a.O. und ähnliches wird verzichtet, um die umständliche und unerquickliche Suche nach der zu belegenden Literatur(stelle) und das damit zusammenhängende, den Gedanken- und Aufmerksamkeitsfaden zerreißende, Vor- und Zurückblättern zu vermeiden.

▸ Bei klassischen Werken verfahre ich nach den üblichen Zitierweisen, wobei aus Gründen einfacherer Erfaßbarkeit keine Kommata zwischen Titel und Stellenangabe gesetzt wurden. Einzige Ausnahme bilden die sogenannten vorsokratischen Philosophen. Sie werden nach den Ausgaben von H. Diels / W. Kranz, Die Fragmente der Vorsokratiker, nach Fragmente-Gruppen A oder B und Fragmentnummer ohne Zwischenraum und/oder J. Mansfeld, Die Vorsokratiker, mit der Sigle M und Fragmentnummer ohne Zwischenraum zitiert. Aufgrund der leichteren Lesbarkeit meiner Ausführungen, die in erster Linie unter dem Blickwinkel struktureller Bildeprinzipien deutlich sein sollten, und der Menge wie Unterschiedlichkeit der herangezogenen Literaturen wurde auf die Verwendung von Siglen im Fließtext ganz, in den Fußnoten mit der genannten Ausnahme, verzichtet. Platon wird von mir nach der Stephanus-Zählung aus der zweisprachigen 8-bändigen Werkausgabe in 9 Teilen der Wissenschaftlichen Buchgesellschaft, Darmstadt, besorgt von G. Eigler, zitiert und übersetzt. Der griechische Text dieser Edition stellt eine photomechanische Wiedergabe des Originaltexts aus den 14-bändigen ›Œuvres complètes‹ in 26 Teilen verschiedener Herausgeber und Übersetzer der Société d'Édition les Belles Lettres, Paris, dar, die den neuesten Stand kritischer Platon-Herausgabe repräsentiert. Darin werden mit Ausnahme der ›Nomoi/Gesetze‹ keine Zeilenangaben mitgeführt, weshalb sie in der Ausgabe von Eigler vermutlich insgesamt weggelassen wurden. Ich habe sie so sorgfältig wie möglich durch Abzählen ermittelt. Das bedeutet, daß sie, auch wenn sie wegen der durchgeführten Textemendationen bei der Neuedition und meinen Zähl-Ungenauigkeiten von der Stephanus-Ausgabe in geringem Maße abweichen können, dennoch ein dienliches Hilfsmittel zur besseren Auffindung von benutzten Textstellen, und insbesondere einzelnen von mir verwendeten Begriffen, darstellen.

▸ Bei Nachweisen, die sich auf Sammelbände von Aufsätzen

eines einzelnen Autors beziehen, wird in Zusammenhang mit der Nennung der Referenzstelle die jeweils zugrundeliegende Studie zwar genannt, das ursprüngliche Publikationsorgan mitsamt der Original-Belegstelle aus Gründen der Vermeidung unangebrachten Dokumentationsaufwands aber nicht eigens angeführt. Beides ist mit Hilfe meiner Zitation und bibliographischen Angaben zielsicher auffindbar. Handelt es sich um Zitate aus Kommentaren oder Noten zu Editionen und/oder Übersetzungen von Quellenschriften, so ist im Nachweis der Name des Herausgebers bzw. Übersetzers zusammen mit dem modernsprachigen Titel genannt, der Literaturnachweis ist in meiner Liste jedoch unter dem Ursprungsautor und -titel verzeichnet.

▸ Für die Auslassung eines Wortes in Zitaten stehen zwei .. Punkte; drei ... Punkte für Auslassungen bis zur Länge eines Satzes und für das Überspringen längerer Textpassagen. Reichen Omissa über eine oder mehrere Seiten hinweg, so werden im Stellennachweis die Seiten, auf denen sich die zitierten Stellen befinden, ebenso durch drei ... Auslassungspunkte voneinander getrennt, z.B. pp. 99 ... 101.

▸ Anführungsstriche „ “ (deutsch) oder “ ” (englisch) innerhalb der Originale sind durch nach innen zeigende Chevrons/Möwchen » « ersetzt. Diese Symbole finden mitunter auch Anwendung, wenn ein Begriff oder eine Wendung in der Redeform gemeint ist. Ansonsten wird den Vorlagen der Urtexte Rechnung getragen. Meine textnahen Paraphrasen von Schriftstellen gebe ich zwischen einfachen englischen Anführungsstrichen (oben) ‘ ’. Ausdrücke, die mit einer gewissen Distanz, Ironie oder Betonung irgendeiner Art gebraucht werden, setzte ich dagegen zwischen einfache deutsche Gänsefüßchen (unten und oben) ‚ ‘. Andere Anführungszeichen innnerhalb von Zitaten sind originalgetreu wiedergegeben. Halbe, nach innen zeigende Chevrons › ‹ werden zur einheitlichen Kenntlichmachung von Schrifttiteln innerhalb des Fließtexts verwendet, ganz selten auch innerhalb von Zitaten, welche entweder keine oder andere Hervorhebungen (z.B. Kursivierung) aufweisen; diese, aufgrund leichterer Identifizierbarkeit von Werktiteln getroffene Maßnahme, stellt den einzigen Ausnahmefall in diesem Buch betreffs der absolut originalgetreuen Wiedergabe bei der Zitation dar. Wer solche Zitate übernimmt, kann die ursprüngliche Schreibweise nur dadurch eruieren, daß er das Original zurate zieht, ansonsten muß er angeben, daß er seine Informationen einer Sekundärquelle verdankt.

▸ Wo die Versform oder Kurzzeilen von Quellen aus Platzgründen nicht übernommen werden, deutet ein Schrägstrich / mit vorhergehender und nachfolgender Leerstelle den jeweiligen Zeilenumbruch an. In gleicher Weise werden Nennungen von Fremdsprachentermini mit abgekürzten Herkunftsbezeichnungen voneinander abgesetzt, z.B. (gr. *adiáphoron* / skr. *aviśeṣa*).

▸ Mit Ausnahme von offensichtlichen Druckfehlern wird (Sekundär-)Literatur, so nicht anders vermerkt, buchstäblich, d.h. mit den Sonderschreibweisen des Originals zitiert, was sich bei der Transliteration indischer Sprachen, der Transkription des Chinesischen oder an der Grammatik und Orthographie von veraltetem Deutsch mitunter bemerkbar macht.

▸ Schriftfamilien und Schriftschnitte wurden, soweit dies sinnvoll erschien, durch gleiche, soweit nicht, durch vergleichbare oder die Bedeutung der Hervorhebung nachahmende Schriftgestaltung wiedergegeben.

▸ Zitate spiegeln nicht notwendig oder in jeglicher Hinsicht meine Meinung wieder und zeugen nicht von meiner generellen Anerkennung der zitierten Schrift als ganzer oder von deren Verfasser. Dessenthalben kann es vorkommen, daß ich aus der Sekundärliteratur zum selben Sachverhalt kommentarlos voneinander abweichende Aussagen anführe. Durch diese Vorgehensweise wird insbesondere auf dem Gebiet mythologischer Forschung auf die Mehrsinnigkeit von Quellentexten und die

Mehrzahl möglicher stimmiger, ja zutreffender oder wenigstens überzeugender Auslegungen hingewiesen. Da die Berufung auf den Lehrgehalt, sagen wir einmal a, des Gelehrten x, aufgrund unzureichenden analytischen Bewußtseins gerne als Anerkennung der Position von x im allgemeinen ausgelegt wird, wie oft mußte ich das erleben!, ist mein antizipierendes Verbitten, in dieser undifferenzierten Art verstanden zu werden, in vielen Fällen sicher vergebens.

▸ Wo Zusammenfassungen von Lehren oder einzelner Lehrgegenstände in der Interpretationsliteratur vorliegen, die von mir nicht präziser und konziser gegeben werden könnten, werden diese in längeren Abschnitten oder als zu einem Zitat kontrahierte Exzerpte (mit dazwischengefügten Auslassungspunkten) übernommen. In einer solchen Vorgehensweise liegt ja gerade der Sinn von Forschung und deren literarischen Niederlegung, in der nicht jeder Gelehrte das Rad von neuem zu erfinden brauchen sollte. Sie hat nichts mit mangelnder Kreativität oder dem Unvermögen zu eigenständigem Denken und Formulieren zu tun, da die übernommenen Passus jeweils in das von mir entwickelte Sinngefüge integriert und insoweit, dessen sollte man sich als Autor wissenschaftlicher Traktate bei aller Treue zur ‚Objektivität' bewußt sein, durch Kontextualisierung in dieses hinein transformiert werden. Streng genommen handelt es sich dabei also gar nicht mehr um reine Zitate.

▸ Um die Stichhaltigkeit meiner Darstellung so eindringlich wie irgend möglich zu gestalten, muß ich nicht selten außergewöhnliche Blickpunkte einnehmen, um herkömmliche Sichtweisen von Sachverhalten, vergleichbar dem Umkippen der Gestalt bei der Betrachtung ambiger Figuren, perzeptorisch multistabiler Gebilde, z. B. eines Necker-Kubus,[1] zu durchbrechen und, in der Facherminologie der Phänomenologie

---

[1] Cf. D. Ihde, Experimental Phenomenology, pp. 91–108.

ausgedrückt, diesen anderen Modus des Intendierens, insbesondere aber sein noematisches Korrelat, den traditionell so genannten Erkenntnisgegenstand bzw. -inhalt (Intentum) im philosophiewissenschaftlichen Bewußtsein zu etablieren und stabilisieren. Wo vorhanden, wird der jeweilige Gesichtspunkt mit Material aus der Forschung belegt.

▸ Ansonsten dienen die angeführten Zitate vornehmlich der Dokumentation des nicht selten diskrepanten Forschungsstandes. Aufgrund der strukturellen Vorgehensweise ist es nicht nötig und sowieso nicht möglich, diesen in seiner Gänze zu berücksichtigen. Dazu wäre die Zusammenarbeit eines kompetenten Forscherteams erforderlich, dem ich nicht angehöre und das mir nicht nur nicht zur Verfügung steht, sondern wegen der Organisation von Wissenschaft im Dienste privater Interessen, Vorteile und Übervorteilung, ich wollte sagen, Konkurrenz, heutzutage gar nicht existieren kann.

▸ Seitengenaue Quer-Verweise konnten aufgrund des erforderlichen Arbeits- und Kontrollaufwands bei solch einem umfangreichen Werk trotz verfügbarer Funktionen der elektronischen Textverarbeitung, bei welcher Funktion und Funktionieren jedoch nicht durchgängig identisch sind, nicht gegeben werden.

b) Fremdsprachen und Transkription

▸ Altgriechisch (Siglum: gr.): Die Transliteration erfolgt bei der Zitation antiker Quellentexte nach den Konventionen der International Organization for Standardization (ISO), wie sie im ›Duden für Rechtschreibung‹ verzeichnet sind,[2] mit unerheblichen, kommentarlos einleuchtenden Veränderungen beim Φ/φ (*Phi*/*phi*) und Χ/χ (*Chi*/*chi*), bei welchen ich aus Gründen der Lesegewohnheit und des Wiedererkennungseffekts der klassischen Transkription folge. Die übliche Originalschreibweise

---

[2] Cf. Duden. Rechtschreibung der deutschen Sprache und der Fremdwörter, [16]1967, pp. 795–797.

kann daraus hundertprozentig wieder hergestellt werden. Akzente sind meist nach den syntaktischen Gegebenheiten des Originals gesetzt, auch wenn sie im isolierten Passus oder Wort dann unrichtig sind. Hier gilt, was anläßlich des Hinweises auf meine Dokumentation durch Fremdsprachenausdrücke mit den im Quellentext vorfindlichen und im Kontext meiner Formulierung falschen Kasusendungen noch angemerkt werden wird. Altgriechisch geschriebene Wörter innerhalb von Zitaten moderner Literatur wurden in griechischer Schrift übernommen.

▸ Sanskrit(isch) (Siglum: skr.), Vedisch (Siglum: ved.): Wiedergabe erfolgt nach international verbindlicher Transliteration. Da von der Pāli-Sprache (Siglum: pāl.) keine eigene Schrift überliefert ist und die buddhistischen Urtexte (Kanon) der Pāli Text Society weitgehend der wissenschaftlicher Transliteration des Sanskrit folgen, wurden diese selbstverständlich unverändert übernommen. Bei Komposita sind die einzelnen Bestandteile meist durch Bindestriche kenntlich gemacht; die durch diese Wortteilungen bisweilen zu berücksichtigenden Lautveränderungen aufgrund der Lautgesetze (*sandhi*) des Vedischen, Sanskrit oder Pāli werden, wenn für die Worterkennung unwichtig, nicht wiedergegeben, sondern trotz der Hyphen in der Schreibweise des Kompositums belassen.

▸ Falsche Pluralendungen („s“) von indischen Fremdwörtern, die aus gewissen Gründen nicht übertragen werden sollten oder konnten, werden dem neueren indologischen Brauch folgend nach einem Divis ohne Leerstelle an das Wort angefügt.

▸ Altchinesisch (Siglum: chin.) ist in den originalen Ideogrammen geschrieben, um die Eindeutigkeit zu gewährleisten, die mit Umschriften, auch der meist beigegebenen, heute üblichen Pīnyīn-Umschrift, nicht herstellbar ist; durch deren Mitführung kann man sich wenigstens einen ungefähren Eindruck von den Lautwerten der Zeichen verschaffen.

▸ Falsche eingedeutschte Genetivendungen sind unabhängig

von der Fremdsprache, aus der das Ursprungswort stammt, mit einem Apostroph abgesetzt; das gilt auch für Namen.

c) Übersetzungen und fachsprachliche Festlegungen

▸ Die Übersetzungen aus klassischem Quellenschrifttum Europas, Indiens und Chinas sind ausnahmslos von mir, auch wenn der Zitatnachweis bei Verwendung einer zweisprachigen Ausgabe mit ⟨ed./tr.⟩ … angegeben oder die Stelle zusätzlich in einer modern-europäischsprachigen Edition nachgewiesen ist. Sie sind so wörtlich wie nur denkbar, auch wenn sie dadurch oft ungelenk wirken und mitunter schwer(er) verständlich sind; übersetzt ist, was dasteht. Sie gehen, wo es der Sinnkontext eines Kategorienkonstrukts zuläßt, im Bereich der Semantik von den etymologischen Wurzelbedeutungen der jeweiligen Wörter aus. Ganz seltene Übernahmen von Übersetzungspassagen aus der Forschungsliteratur sind ausdrücklich als solche gekennzeichnet. Ich möchte hier meine hohe Achtung vor und Anerkennung gegenüber den Editoren und Übersetzern klassischer Literatur jedweder Epoche und Weltgegend mit Nachdruck bekunden. Sie ermöglichen erst mit bewundernswertem ‚kopfwerklichem' Können, unvorstellbarer Feinarbeit und gewaltigem Arbeitsaufwand die hier geleistete Forschung, da (bisher) kein Philosoph oder Philosophiewissenschaftler in der Lage ist, alle in Frage kommenden Quellenschriften der verschiedenen Traditionen allein aus den originalsprachlichen Fassungen zu erschließen. Gewisse Korrekturen daran bezeugen nicht unbedingt einen Mangel, sondern resultieren meist aus einer Detailbetrachtung und Methodenvorgaben, die bei Gesamtübersetzungen aus sachlichen und technischen Gründen gar nicht in Anschlag gebracht werden können. Zusammenhängende originalsprachliche Belegpassus wurden in den Fußnoten wiedergegeben.

▸ Die akribische Textdokumentation halte ich nicht zuletzt deshalb für unabdingbar, weil eine beträchtliche Anzahl der herangezogenen Werke, insbesondere indische und chinesische, trotz steigender Verfügbarkeit im Internet nur schwer zugänglich ist. Mit meiner durchgängigen Übersetzung oder textnahmen Paraphrase aller Originaltermini und -passus, ausgenommen sind nur Ausdrücke in Diagrammen und Tabellen, distanziere ich mich ganz bewußt von der Hermetik, d.h. der Geheimwissenschaft des doxographischen Spezialistentums, dessen Vertreter durch ihr Hantieren mit den von ihnen unübersetzt gelassenen Quellentexten zwar zur Schau stellen, daß sie die alten Sprachen beherrschen, erschweren oder verunmöglichen dadurch aber Interessierten ohne philologische Kenntnisse den Zugang zum jeweiligen Forschungsgegenstand, was sich speziell auf dem Gebiet der Philosophiewissenschaft auswirkt, die Kultur- und damit Sprachbarrieren überwinden will und soll.

▸ Ausdrücke und Passagen in Ursprungssprachen sind kursiv gedruckt, um sie typographisch von Übersetzungen abzuheben. Wo originalsprachliche Allegate wegen der paraphrasierenden, in andere konnotative und grammatikalische Zusammenhänge transponierenden und komprimierten Zitierweise im Haupttext mitgeführt werden mußten, erleichtert die Kursivierung das Überspringen der Dokumentation und trägt so zur besseren Lesbarkeit des deutschen Fließtexts bei. Man beachte, daß die Kursivierungen der Originale dann in Umkehrform, d.h. in Standardschrift erscheinen. Die modernen Übersetzungsausdrücken in runden Klammern nachgestellten transliterierten Termini der jeweiligen Originalsprache sind meist im Singular angegeben, auch wenn das deutsche/eingedeutschte Fachwort im Plural steht; ausgenommen sind Fälle, in denen die Mehrzahlformen eine Sonderbedeutung haben. Nicht selten wurden Originaltermini mit im Darstellungszusammenhang falschen Kasus- oder Verbendungen übernommen; das findet darin seine Begründung, daß diese dadurch im Quellentext leichter und zuverlässiger identifiziert, d.h. aufgefunden werden können.

▸ Passus aus moderner fremdsprachiger (Sekundär-)Literatur sind durchweg in eigener Übertragung ohne Angabe des Originaltextes in Normalschrift wiedergegeben. Bei uneindeutigen Fällen oder nicht nachbildbaren Wendungen oder Sprachspielen werden zusätzlich Bedeutungsvarianten bzw. Originalbegriffe angegeben. In wenigen Ausnahmen, bei denen es auf Buchstäblichkeit ankommt, wird wie bei klassischen Texten verfahren.

▸ Ergänzungen, Erläuterungen bzw. Korrekturen des Verfassers, Ein-/Ausklammerungen von Kasusendungen etc. zur Angleichung des Originalzitats an den aktuellen grammatikalischen Zusammenhang des Fließtexts und mehrere Wörter umfassende Übersetzungsvarianten befinden sich aus Gründen der Übersichtlichkeit und deutlichen Kennzeichnung als Ausklammerung bzw. nicht zum Text gehörigen Zusatz zwischen eckigen Klammern [ ].

▸ Divergierende Übersetzungen derselben Fremdsprachentermini ergeben sich entweder aus den Schwankungen und dem Spektrum von deren Bedeutungen bzw. deren Assoziationsradius, weshalb sie einzeln aus dem jeweiligen Kontext zu erschließen sind, sowie der Verfügbarkeit austauschbarer Synonyme in unserer Philosophiesprache. Dies gilt in erster Linie für das Altchinesische. Gräzisierende und latinisierende Übertragungen von außereuropäischen Fachbegriffen sind beabsichtigt, um auf die kategoriale Gleichwertigkeit im jeweiligen Gedankensystem aufmerksam zu machen. Da gewisse Zentraltermini auch innerhalb verhältnismäßig geschlossener Denktraditionen in ihrer Bedeutung beträchtlich variieren können, sind bei der Zuordnung natürlich Vorkenntnisse, wenigstens der ‚eigenen' Überlieferungsvielfalt, unerläßlich. Äquivalente Termini folgen gewöhnlich nach einem Schrägstrich / oder, wie bereits erwähnt, zwischen eckigen Klammern [ ]. Runde Einklammerung ( ) innerhalb von Übersetzungspassus erfolgt bei Wörtern, die den Sinn nur auf andere Weise ausdrücken, d.h.

Wiedergaben des weiteren Bedeutungsspektrums eines Begriffs darstellen.

▸ Mit Begriffen, die ich in meiner eigenen Argumentation anwende, z. B. Prinzip, Kategorie, Metaphysik, usw. verfahre ich in abstrakt-technischer, nicht an einen bestimmten Zweig oder gar eine einzelne Schule der Philosophie, Religion oder des Mythos gebundenen Weise, außer es geht um die Darstellung und Auslegung von solchen einer bestimmten Lehre, z.B. um »Idee« im Platonischen Sinne.

▸ Um auf die Verwendung eines Wortes als terminus technicus hinzuweisen, wurde mitunter eine Schreibweise gewählt, welche abweichend von der von mir gebrauchten nicht-reformierten deutschen Rechtschreibung an die Orthographie der Sprache angelehnt ist, aus welcher er stammt, z. B. »Intellect« als mittelalterlich-lateinische Entsprechung für griechisch νοῦς, der in diesem Buch in Lateinschrift mit diakritischem Zusatzzeichen Noûs geschrieben ist.

▸ Nootisch soll »den Geist betreffend«, »geistspezifisch«, »geisthaft« heißen; Noologie, wie in der Forschung da und dort bereits vorfindlich, »Lehre von dem oder über den Geist« oder, in breiterer, verallgemeinerter Bedeutung, einfach »Geisttheorie«. Zur Übersetzung der verbaladjektivischen (neo-)platonistischen Unterscheidung des Vorgangs geistigen Erkennens auf Seiten des Subjektpols (*noerón*) vom geistig Erkannten und Erkennbaren, der Seite des Objektpols (*noētón*), wähle ich, wie in moderner Forschungsliteratur mittlerweile anzutreffen, »intellectiv« für den ersten Begriff (*intellectualis*), während ich »intellectual« unspezifisch für »den Geist/Verstand betreffend«, »nootisch« gebrauche, und für den zweiten entweder »intelligibel« oder eine deutschsprachige Umschreibung, wie z. B. »geistig einsehbar« (*intelligibilis*).

▸ Bei der Übersetzung der Termini *noûs/intellectus* und *diánoia/logismós/dóxa/ratio/opinio* folge ich (im Gegensatz zu meinen Schriften bis zum Jahre 2004) ausnahmslos dem früheren Usus vor der Verkehrung des philosophischen Sprachgebrauchs zur Bezeichnung menschlicher Erkenntnisvermögen im sogenannten Deutschen Idealismus, indem ich den ersten Terminus mit Geist, Verstand, Geisteinsicht, geistiges Gewahren, Intellect, den zweiten Erkenntniskomplex mit Vernunft, Denken, Mentales, Ratio, Reflexion, Meinung, Vermeinen, Vorstellung etc. wiedergebe. Klärende Informationen zu dieser terminologischen Kehrtwende in der neueren und gegenwärtigen Philosophie, die viel Verwirrung stiftete und immer noch stiftet, findet sich in der Platon-Gesamtübersetzung von Rudolf Rufener.[3] Dieser Sachverhalt war sowohl bei meinen wortwörtlichen Übersetzungen der vorsokratischen Philosophiefragmente[4] als auch bei denen aus der Platonisch geprägten Denktradition über die sechs mal neun Abhandlungen, die ›Enneaden‹ von Plotinos (204/5–270), bis hin zur ›Prinzipienschrift‹ des letzten Neuplatonikers, Damaskios (ca. 462–538), vereinzelt auch noch in den Spekulationen des christianisierten Neuplatonismus, zu beachten.

▸ Die ›Enneaden‹ wurden von mir mit wenigen, dann jedoch angezeigten, Ausnahmen auf der Textgrundlage der Edition und entlang der sachlich weitgehend einwandfreien Übertragung von ⟨ed./tr.⟩ R. Harder angefertigt, die jedoch an gewissen Stellen sprachlich entscheidend von meiner Verdeutschung abweicht, und zwar gerade bei der Übersetzung des Wortes »Noũs« mitsamt seinen Paronymen, das dort irreführender- und irrtümlicherweise dem »Denken« zugeordnet ist. Denken sagt bei uns hier und heute aber unzweideutig das, was im mentalen Bereich der (individuellen) Seele vollzogen wird: begrifflich-rationale, diskursiv-abstrakte Ratiotination, (formales)

---

[3] Cf. ⟨tr./com.⟩ R. Rufener, Platon, Der Staat, Anmerkung 1 zu Seite 352, (Artemis-)Jubiläumsausgabe, 4.544.

[4] Cf. K. v. Fritz, Die Rolle des ΝΟΥΣ, pp. 277–359.

Überlegen, Reflektieren, Schlußfolgern, und Erwägen. Darunter fallen, platonisch gesprochen, das »*dia-noeĩn*« als dessen abstrakte, nur mittelbar auf Gegenständliches bezogene, und »*doxázein*« als dessen konkrete, gegenstandsbezogene Vollzugsweise, das in diesem Zusammenhang mit vorstellendes Meinen, Vermeinen und Wähnen zu übertragen ist. Wenn mit diesem Wort, nämlich »Denken«, wie in der Forschung zur antiken griechischen Philosophie weitest verbreitet, aber das transkategoriale GewahrSein, die intuitive Erkenntnis oder Ideen-Schau, das unmittelbare und durch keinen Begriff vermittelte Erfassen (*noeĩn*) des geistig Einsehbaren (*noētón*), sprich Seienden (*tò ón*), durch den Intellectus/Noũs übertragen wird, so muß dies zu fatalen Mißverständnissen und Verzerrungen des Leistungssinns der gesamten platoni(sti)schen Philosophie führen, was es auch tat, weshalb ich umständliche und ungeschliffene, doch eindeutige Übertragungen bevorzuge, heißt es diesbezüglich doch bei Plotinos, einem Meister der Geistlehre selbst (ich übersetze das Partizip Präsens innerhalb eckiger Klammern zusätzlich sinngemäß prägnant, doch nicht buchstäblich): „Die Nóēsis/Geisteinsicht ist nämlich eine Intuition/Schauung/Vision während [im Vollzug/Akt/Vorgang] des Intuierens/Schauens/Visionsgeschehens, und beide eins.“[5]

‣ Selbst mit den modernen Expertenmeinungen, die den Unterschied zwischen dem Noetischen und dem Dianoetischen, und, so ist zu ergänzen, Doxischen deutlich herausstellen, kann ich mich nicht kommentarlos einverstanden erklären, wenn sie a) beide „Vollzugsformen des Denkens“ nennen und b) das unmittelbare noetisch-geistige Intuieren mit der intellektuellen Anschauung ohne zusätzliche Spezifizierung identifizieren,[6]

---

[5] Plotinos, Enneaden 5.1.5.18-19 § 29: *ésti gàr ‘ē nóēsis ‘órasis ‘orõsa· ámphō te ‘én.*).

[6] Beides z. B. in J. Halfwassen, Metaphysik als Denken des Ganzen und des Einen im antiken Platonismus und im deutschen Idealismus, p. 272.

welche durch die neuere Geschichte des Terminus ab dem Spätmittelalter geprägt ist und nur die mit begrifflichem Denken (aus heutigem Sprachverständnis ein Hendiadyoin) einhergehende extravertierte Seite der unvermittelten Geisteinsicht im Sinne des heute verwendeten Terminus Evidenz umfaßt, während die antike Platonik damit ebenso und weit darüber hinaus, das ist zum Verständnis und zur Beurteilung dieser Gedankengebäude von höchster Bedeutung, ein direktes Ansichtig-Werden meint, das vom separierenden sprachverankerten Denken abgekoppelt ist, mit Denken im jetzt üblichen Verständnis also nichts zu tun hat, sondern das abdeckt, was früher Kontemplation und heute (fälschlicherweise) Meditation genannt, und damit erst mit adäquaten östlichen Konzepten vergleichbar wird (der Platonismus-Spezialist, auf den soeben Bezug genommen wurde, präzisiert sein dort ganz allgemein ausgedrücktes Statement in einer anderen Studie allem Anschein nach in Richtung der von mir getroffenen Unterscheidung, indem er festhält: „Fichte schrieb die intellektuelle Anschauung anders als Plotin allerdings dem endlichen Ich zu, das in ihr ferner nur sich selbst, aber nicht die Totalität des Seins erfaßt."[7]). Die Verwendungsart des in einem bestimmten Zusammenhang vorliegenden Aspekts von Noũs, Intellectus, Geist oder Verstand geht aus meiner Argumentation jeweils unmißverständlich hervor.

▸ Daß schon bei den Begründern und Klassikern der Philosophie und über alle Traditionen hinweg Abweichungen von den Standardbedeutungen zentraler Begriffe anzutreffen sind, mag zwar ein Grund dafür sein, warum sich geradezu eine ‚Kultur' der Fehldeutungen und daran anschließend, Fehlübersetzungen ausgebildet hat, das entbindet jedoch keinen Forscher von der Pflicht, den Sinn der jeweiligen Stellen je einzeln aus dem

[7] J. Halfwassen, Geist und Selbstbewußtsein, p. 31.

Kontext zu erschließen und so weit wie möglich unverzerrt wiederzugeben. Es ist einzuräumen, daß dies die Philosophiewissenschaft, gerade die komparative und transkulturale, zu einer mehr als anspruchsvollen Aufgabe werden läßt, die im Rahmen ihrer gegenwärtigen institutionellen Verankerung, ich meine Bürokratisierung bei gleichzeitiger Kommerzialisierung im Rahmen der sogenannten Universitätsreformen (Verschulung, Entkoppelung von Forschung und Lehre etc.), nicht mehr zu bewältigen ist.

▸ Die Fachbegriffe »transzendental(philosophisch)« oder »Transzendentalphilosophie« werden in all meinen Studien, auch und besonders dem mehrbändigen Werk hier, beziehen sie sich nicht auf philosophiegeschichtlich zu bezeichnende Fakten, im rein abstrakt-reflexionstheoretischen Verständnis verwendet, wie in der »Wissenschaftslehre« Johann G. Fichtes, solange sie dort nicht zur Analyse konkreter Wissensgegenstände und Wissensbereiche (Ethik, Recht, Geschichte, Religion, Gesellschaft) dienen. Demgemäß fasse ich die Transzendentalphilosophie als Metatheorie, Metametatheorie usw. der Erkenntnis ohne jeglichen speziell ontologischen, egologischen oder subjektphilosophischen Bezug und Inhalt auf, als Theorie der Re-flexion, der Spiegelung (Reflex) des Gedachten im Denken in mehrfachem Rückbezug (Selbstreferenz).

▸ Die Bedeutung der Paronyma von »mystisch« ist ambig und schwankend und gab nicht nur in der Forschung, sondern auch bei Vertretern und Gegnern der damit verknüpften Anschauung(en) Anlaß zu unzähligen Mißverständnissen und endlosen Auseinandersetzungen. Da dieser Zustand der Verwirrung immer noch andauert, schlage ich, um ihn zu vermeiden, für mein Buch eine methodisch-technische Definition vor. »Mystisch« samt stammverwandten Wörtern soll dabei stehen für: α) betreffend die existentielle Bemühung, das höchste Weisheitsziel auf ethisch-praktischem, rituell-magischem, disziplinär-asketischem und/oder meditativ-kontemplativem Wege zu erlangen; und β) mit dem Zustand bei oder nach Erlangung des erstrebten Ziels zusammenhängend. Eine der Letzterfahrung zunächst unabhängig vorhergehende oder beabsichtigt zu ihr hinführende, sie begleitende oder ihr folgende Denkanstrengung, Überlegung und Spekulation ist von den tatsächlich vollzogenen Weisheitsbestrebungen nicht nur nicht ausgeschlossen, vielmehr geradezu die Regel. In Absetzung von jenen nenne ich diese in der für die Wortbildung zur Kennzeichnung eines Dogmas und (geschlossenen) theoretischen Lehrgebäudes, eines sogenannten »Ismus«, üblichen Weise summarisch »Mystizismus«, das Adjektiv davon »mystizistisch«. Daraus muß hervorgehen, daß die Funktion des Mystizismus, je nach seinem Verhältnis zur mystischen Verwirklichung, zur Mystik also, verschieden ist. Seine Rolle kann von der Metaphysik über das »Mystiko-Narrative«, das erbauliche Erzählen von und informative Berichten über übersinnliche Erfahrungen und Erlebniswelten, bis zum Reden und Schreiben im Kontext der Initiation in schwer zugängliche und außergewöhnliche Geistsphären und Seelenräume und Führung in diesen, der Mystagogie also, die man in Anlehnung an das Wort Pädagogik »Mystagogik« heißen könnte, reichen. Hieran zeigt sich, daß beide Bereiche häufig nicht voneinander getrennt werden können, weshalb, sind beide Bedeutungen gleichermaßen oder sich mehr oder minder überlappend gemeint, eher andeutend, denn bedeutend, »mysti(zisti)sch« zu schreiben ist. Der theoretische wie praktische Geltungsbereich ist dabei ausdrücklich nicht auf Theistisches beschränkt, sondern erstreckt sich über alles, was mit dem außerordentlichen Letztsinn des Daseins, mit dem endgültigen Heil des Menschen zusammenhängt, wozu in erster Linie Religiöses mit seinen Randgebieten gehört, darauf aber nicht beschränkt ist. Mit dieser technischen Definition, für welche eigentlich eine neue Bezeichnung gefunden werden müßte, die frei von historio-doxographischen Einschränkungen und Besonderheiten ist, streng genommen also aus keiner

Tradition stammen dürfte, am ehesten noch aus jener, die darin die exakteste Praxis und Terminologie ausgebildet hat, der indischen nämlich, soll die ideologische Befrachtung des Begriffs mit historisch vorkommenden Bedeutungen und Bewertungen (Abwertungen) möglichst vermieden werden.

▸ Zum Schluß dieser Definitionsproblematik darf ich für künftige Beschäftigungen mit der Thematik noch eine Begriffsklärung vorschlagen, und zwar den Terminus »mystologisch« für den Fall, daß in der Art einer wissenschaftlichen Betrachtung über die oder von der Mystik bzw. dem Mystizismus gehandelt wird. Wie aus meinen Bemühungen hervorgeht, ist die Abgrenzung der Begriffe gegeneinander nicht leicht und messerscharf durchzuführen. Dennoch ist sie zu versuchen, um mit technischen Definitionen des Wortfelds Mystik die ideologische Aufladung des Begriffs mit all seinen historisch vorkommenden Bedeutungen, Nebenbedeutungen und werthaften Aufladungen, seit längerer Zeit meist Abwertungen, zu vermeiden. Mit einigen Vorbehalten bezüglich der Terminologie schließen sie sich an die Verwendung durch Ramakrishna Puligandla an.[8] Es versteht sich von selbst, daß wenn bei der Beforschung »mystischer« Themen in der Literatur, auch der fremdsprachigen, Paronyme dieses Stammworts vorkommen, die Bedeutung nach dem jeweiligen Kon-Text zu erschließen und demgemäß aufzufassen ist.

▸ Abstrakt-technisch wird auch mit Begriffen verfahren, welche aus dem Stammwort »spirituell« (lat. *spiritus* im allgemeinen Wortsinne von Geist, Sinn, hoher Gedanke, Begeisterung, Lufthauch, Atem(wind), Leben (cf. skr. *ātman*) gebildet sind. Unabhängig von der Entstehungsgeschichte des Begriffs wird darunter all das gefaßt, was mit weisheitlichen Bemühungen zu tun hat, ob es nun religiöser Natur und eher vom Glauben

---

[8] Cf. R. Puligandla, Mysticism, Reality, and Value, pp. 86–88, 91.

bestimmt ist oder profaner und mit kargem Wissen einhergeht. Da das Seelenrettungs-Monopol der Religionen, speziell der abrahamitischen, auf der Verkennung der Philosophie als einer existentiellen Universaltherapie alles Leidhaften beruht, ist das nüchtern Weisheitliche, die Philo-Sophía, diesbezüglich dem Sakralen mindestens gleichzustellen, was in Süd- und Ostasien eine nicht eigens zu erwähnende Selbstverständlichkeit darstellt(e). Aus diesem Grund kann in einer Studie, die sich nicht nur mit westlichen, sondern in gleichem Maße und gleicher Tiefe mit östlichen GeistWelt-Lehren befaßt, die der westlichen Philosophie- und Gottesgelehrtheit (Theologie) entstammende strikte Trennung zwischen Philosophie, der man nur einen ‚diesseitigen' Geltungsbereich zubilligt, und Religion, der überweltliche Validität zugesprochen wird, nicht zur Anwendung kommen. Der Unterschied liegt in der Art der Begründung, d.h. der jeweiligen Theorie, ist das eine doch Logos, das andre Mythos.

▸ Den Begriff »Begriff« gebrauche ich eher frei und unscharf. Seine Bedeutung kann folglich Name, Benennung, Bezeichnung, sprachliche Charakterisierung usw. mit umfassen. Ähnlich verfahre ich bei der Verwendung von »Kategorie« und entsprechenden Termini, auch »Denken«, das ich nicht mit einem modernen Fichte-Forscher[9] so einfach von »Vorstellung« unterscheiden kann, da ich das Wesen des Denkens nicht schon erfaßt habe, wenn ich dieses, wie dort geschehen, mit einer Rechenoperation vergleiche. Die Rechtfertigung dafür liefert die erste Abteilung des vorliegenden Werkes, in der ich versuchte, diese Problematik im Kontext von Logik und Mathematik zu klären.

---

9 Cf. J. Widmann, Johann Gottlieb Fichte, p. 205.

d) Schriftsatz und gestalterische Besonderheiten

▸ Beim Setzen wurde der Übersichtlichkeit und wissenschaftlichen Klarheit Vorrang vor den Regeln des professionellen Schriftsatzes eingeräumt, wiewohl dieser so weit als möglich im Blick behalten wurde. Aufgrund der unzureichenden Anpassung des von mir verwendeten Textverarbeitungsprogramms an die alte deutsche Rechtschreibung sind »ß«, das scharfe S oder Eszett, und »ck« falsch getrennt. Um unkontrollierte Schreibfehler durch automatische Verschiebungen beim elektronischen Satz zu vermeiden, wurde diese Unzulänglichkeit in Kauf genommen.

▸ Pronomina, die für das genus maximum stehen und Nicht-Nomen, die Teil eines zentralen terminus technicus einer Lehrtradition sind, z.B. »Drei Naturqualitäten« (Sāṃkhya) oder »Drei Ansichseiende« (Vijñānavāda) etc. sind groß geschrieben.

▸ Um über das gängige Verständnis eines Kompositums hinaus auf dessen in ihm verborgene, oft buchstäbliche Mit- und Hintergrundbedeutung, seinen Hintersinn also, zu weisen, trenne ich, zu dieser Vorgehensweise inspiriert durch Martin Heidegger, die Bestandteile des Wortes an ihrer Nahtstelle mit Hilfe eines waagrechten Strichs ohne Zwischenraum mit der annähernden Länge eines Gedankenstrichs, z.B. Re–flexion. Soll bei einem Kompositum die kategoriale Gleichwertigkeit und Zusammengehörigkeit der paarigen Terme ausgedrückt werden, so sind seine beiden Bestandteile zusammengeschrieben und – konträr zu den alten wie neuen Rechtschreibregeln des Deutschen – am jeweiligen Wortanfang mit Großbuchstaben versehen, z.B. BewußtSein, womit in diesem Falle die unauflösliche Noesis-Noema-Korrelation, der Tatbestand, daß Subjekt und Objekt, Geist und Welt, Form und Inhalt nur in gegenseitigem Bezug zueinander auftreten oder ‚sein' können, schon in der Schreibweise kenntlich gemacht wird.

▸ Lebensdaten berühmter Philosophen und historischer Persönlichkeiten sind jeweils bei der ersten Nennung im Haupttext angegeben (nicht innerhalb von Zitaten); wenn der Name nur im Text der Fußnoten vorkommt, dann dort, nicht jedoch im Rahmen von Zitatnachweisen. Einmal angegeben, werden die Jahreszahlen in nachfolgenden Bänden nicht mehr wiederholt. Bei Angaben, die sich auf Frühindisches beziehen, ist ganz besondere Vorsicht geboten, da sich die diesbezügliche Historiographie in einem gewaltigen Umbruch befindet und bisherige zeitliche Annahmen womöglich nicht nur um hunderte, sondern um tausende von Jahren zu korrigieren sind.

▸ Die Wiedergabe von Tabellen, Diagrammen und Graphiken aus der Forschungsliteratur durch einfaches Kopieren (Scan) wurde (mit einer einzigen Ausnahme am Schluß der gesamten ›Widerspiegelung des Geistes II‹, der jedoch eine farbige Nachgestaltung hinzugefügt ist) vermieden. Ein Grund dafür ist die bisweilen mangelnde Qualität der zu erzielenden Ergebnisse trotz beachtlichen technischen Aufwands. Die Mühe der Nach- und Aufbereitung nahm ich aber nicht nur aus Gründen der zu erzielenden Druckqualität, sondern auch deshalb auf mich, um durch Form- und Farbgebung, (zusätzliche) Übersetzung, Übertragung in wissenschaftliche Transliterationen, typographische Maßnahmen, Ergänzungen, minimale Umgestaltungen und Verbesserungen offensichtlicher Druck- oder Designfehler die strukturellen Konturen der Argumentation in den Quellentexten im Rahmen meiner Herangehensweise noch deutlicher als sie mitunter in der Originalabbildung aufscheinen, herauszuheben. All diese Maßnahmen orientieren sich jedoch grundsätzlich an der Vorlage und deren Besonderheit(en). Das Kolorit aller bunten Darstellungen (mit Ausnahme des Bildes des ägyptischen Gottes Ptaḥ) stammt von mir und wurde von altindischen Vorlagen inspiriert. In ihm manifestieren sich auch spezifische kategoriale Relationen eines Gedankenkonstrukts, indem sich z.B. Untergrund- und Schriftfarbe systematisch aufeinander beziehen. Die Hintergrund- und Füllfarbe von nicht zum abzubildenden Inhalt selbst gehörenden Bereichen (in etwa blaß-lavendel, hell-malve, hell-magenta) wurde nur aufgrund von optischen Erwägungen verwendet und gehört bedeutungsmäßig nicht zur angewandten Farbenlogik. Bei grauen Tabellenzellen handelt es sich um meine Hinzuziehung von Materialien, die dem Gesamtwerk eines Denkers oder einer Lehre entstammen, jedoch nicht direkt dem Passus und Kontext zugehören, aus dem die Rekonstruktion speziell angefertigt wurde (»Grauzone«). Fremdsprachiges graphisches Material wurde bisweilen durch eine zweite eingedeutschte, auf der gegenüberliegenden Buchseite abgedruckte Fassung, ergänzt. Ist das Original in einer Fremdsprache verfaßt, steht es auf der linken (geradzahligen) Seite, meine übersetzte Nachbildung auf der rechten. Bei einer von mir entwickelten fremdsprachigen Tabelle, Graphik oder einem Diagramm steht diese/s auf der rechten (ungeradzahligen), meine deutsche Variante aber auf der gegenüberliegenden (linken) Seite. Da es sich nicht immer um Eins-zu-eins-Reproduktionen handelt, ist der Hinweis auf den ursprünglichen Autor mit »nach« und folgender Vornameninitiale plus Nachname angegeben, auch dort, wo nur minimale oder kaum wahrnehmbare Änderungen vorgenommen wurden, wie z. B. die Verwendung einer anderen Linienart oder einer abweichenden Schrift, um nicht den leisesten Verdacht auf wissenschaftliche Ungenauigkeit oder gar Manipulation aufkommen zu lassen. Anhand exakter Herkunftsnachweise kann jeder selbst den jeweiligen Archetypen in Augenschein nehmen und daraufhin überprüfen, ob ich seinen Inhalt im großen und ganzen unverfälscht re-produziere. Insgesamt haben die gegenüber meinen durchgehend vorfindlichen skalierten Anordnungen aufwendigeren Diagramme und Tabellen nicht nur die Bedeutung dekorativen Beiwerks, sondern bilden einen wesentlichen Bestandteil meiner Darstellungsmethode: neben dem Denk- auch den Gesichtssinn anzusprechen, um dadurch einen kognitiven Gesamteindruck zu erzeugen, der mehr als bloße

Worte überzeugen kann.

▸ Zu den wichtigsten gestalterischen Maßnahmen ohne weiteren Vermerk meinerseits gehört die Einfügung von in runde Klammern gesetzten indizierten ϒ-Symbolen und (meist auch) Absätzen in Argumentationsgänge und Gedankensequenzen, aber auch Tabellen und Diagramme, zum Zwecke ihrer Skalierung. Das gilt auch für Zitate; enthalten diese bereits eine Numerierung oder Darstellung in Kolumnenanordnung oder einer anderen diagrammartigen Form, so ist dies eigens angegeben. Sind die Hypostasensymbole in durchlaufenden Passus ohne Paragraphierung gesetzt, so immer hinter dem jeweils zu skalierenden Begriff oder Gedankengang. Bei Uneindeutigkeit und somit unsicherer Rekonstruktion bzw. nur indirekt und/oder forciert erschlossenen Niveaus mitunter zwischen spitze Klammern ⟨ ⟩. Die Zählrichtung entspricht der in meinen bisherigen Büchern und in der ersten Abteilung angewandten, nur wurden die λ-Symbole, die mit Indizes versehen in ersterem Kontext Verwendung fanden, ersetzt, weil es sich hier nicht um die Skalierung von Lemmata (Positionen) einer mehrgliedrigen Artikulationsformel, sondern von den damit in Korrelation stehenden, durch Re–flexion erschlossenen Strukturkomponenten des BewußtSeins handelt. Für diese steht nun also ein großes, zwischen Klammern gesetztes griechisches Ypsilon (ϒ) als Abkürzung für ῾Υπόστασις (Hypostase). Für (λ_3) steht, um ein Beispiel zu geben, jetzt (ϒ3). Die Indexzahl ist dabei klein gesetzt, so daß sie weiter indiziert werden konnte, was mit einer tiefgestellten Zahl geschieht und dann z. B. so aussieht: (ϒ2_1). Meinen Versuch, die Skalierung aufgrund des veränderten Forschungsschwerpunkts umzukehren und zur Maximalkategorie hin abnehmen zu lassen, wie es ein beträchtlicher Teil allerorts vertretener metaphysischer und mathematisierender Prinzipienlehren des Altertums nach deren eigenem Hierarchieverständnis verlangte, machte ich mit erheblichem Aufwand und Bedenken rückgängig, um die Konsistenz meiner

Darstellung zu wahren, zu befürchtende Uneindeutigkeiten zu vermeiden und zu akzentuieren, daß ich weiterhin streng an der Vorgehensweise festhalte, vom unmittelbar Gegebenen auszugehen und darüber zu re-flektieren. Die Notation (λ_5) in der ersten Abteilung dieser Studie entspricht dem Symbol (Y5) in der Drittel-Abteilung hier. Die Verwendung einer abweichenden Schrift ist hierbei (nach wie vor) kein Versehen, sondern soll typographisch akzentuieren, daß es sich um einen Bereich handelt, der nicht mehr eigentlich zum Schema der vier GeistWelt-Einheiten gehört, sondern dessen unbezeichneten Hintergrund darstellt, auf dem dieses aufgerissen werden kann und auch aufgerissen ist. In westlich-traditioneller Terminologie könnte man diesen Bereich den Bereich der transzendierten Transzendenz nennen. Er soll im ergänzenden Band III der »Widerspiegelung des Geistes« ins Zentrum der Betrachtung rücken, weshalb ich mich im vorliegenden mehrteiligen Band diesbezüglich auf Unumgängliches beschränke. Die Skalierungen sind passusbezogen, soll sagen, sie sind der Bedeutung und der Rangstufe der Begriffe im jeweils betrachteten Kategoriengefüge angepaßt, weshalb z. B. (ϒ4) für die oberste Sinneinheit nicht überall Identisches meint: so ist der Aristotelische Geist (*noũs*) nach Definition absolut, doch in einer ganz anderen Weise als das völlig transzendent(alisiert)e Nirguṇa-Brahman des Advaita-Vedānta (dazu in meinen Ausführungen mehr als genug). Durch die beschriebene Methode ist nicht beabsichtigt, unterschiedliche Kategorien als gleich, sondern framework-spezifische Sinngehalte von unterscheidbaren Kategorien als vergleichbar herauszustellen. Die sekundäre Indizierung verläuft parallel zur Schematik der Hauptindizierung, ist jedoch nicht in allen Fällen auf- und absteigend, sondern bisweilen einfach nur einteilend (nominal-skaliert). Ist eine vorfindliche Ordnungseinheit, sagen wir einmal (ϒ1), textgemäß klar ersichtlich intern (fraktal) graduiert, dann sind die tiefgestellten sekundären Indizes gemeinhin in runde Klammern gesetzt, z. B. ($\Upsilon 1_{(1)}$); ($\Upsilon 1_{(2)}$); ($\Upsilon 1_{(3)}$). Werden phasenartig aufeinander bezogene Einheiten des internen Geist-Geschehens (ϒ3) mit sekundären Indizes im Stile des Platonismus, in dem der Gravitationspunkt auf dem Seinspol liegt, versehen, so erhält die Subjektseite = Erkennendes ($\Upsilon 3_1$), überall dort, wo keine Spezialbedeutung vorliegt, eine niedrigere Indexzahl als die Objektseite = Erkanntes ($\Upsilon 3_2$); eine bisweilen hinzutretende Zwischen- oder Vermittlungseinheit (Erkennen) bekommt betreffs ihrer Funktion als Relation ein spezielles Indexsymbol zugewiesen: eine kleine Drei mit zwei darüber placierten Pfeilen mit einfachen Spitzen in gegensätzliche Richtungen ($\Upsilon \overset{\rightleftarrows}{3}$). (ϒ3½) symbolisiert demgegenüber die Manifestationsphase eines Zweit-Prinzips aus dem Ur-Prinzip, also eine Zwischenstellung zwischen dem Absolut- und dem Geistprinzip, welche ‚spekulative Spitzfindigkeit' mit nur mühsam faßbaren Sinngehalten anläßlich Kosmogonien und des Neuplatonismus relevant werden wird. In nicht-griechischen Metaphysiken sind innergeistige Phasen (und ihr Bezug aufeinander) sehr schwer, kaum oder gar nicht bestimmbar und bisher auch nicht systematisch bedacht. Für den untersten Bereich des Vedānta-Weltbilds, den des Aisthetischen, gilt der Seinsvorrang an einigen Stellen allerdings in der Weise, daß die Dinge (*arthāḥ*) über die Sinne (*indriyāṇi*) gestellt sind. Mein Blick auf diese Sachverhalte ist jedoch rein schematisch: Evaluationen hinsichtlich Über- oder Unterordnung, die ursprünglich damit verbunden gewesen sein mögen, spielen in einer formalen Anordnung keine Rolle. Hat ein Leser kein konkretes Interesse an feinsten Feinheiten kategorialer Strukturierung, dann sollte er die Indizes zweiten Grades nicht beachten. Die seelische, denkerische, kosmische, himmlische (ϒ2) und die sinnliche, dingliche, materielle, irdische (ϒ1) Region werden, wo textlich gefordert, mit den nach unserer Skalierungssystematik zu erwartenden, gerade angegebenen, Werten versehen, wobei die interne Gliederung der beiden Ebenen selbst schon wieder ein Problem darstellt, da diese ihrerseits wieder gestaffelt sein können und einzelne Unterniveaus womöglich in das jeweils andere Hauptniveau hineinreichen und sich mit den Subniveaus dieses überschneiden. Erstreckt sich ein Ordnungselement nach meiner Rekonstruktion über mehrere Schichten oder Phasen, so wird dies durch Indizes am Υ innerhalb einer Klammer vor und hinter einem Schrägstrich kenntlich gemacht, z.B. (Υ2/1) für Kosmos-Psychē zusammen mit den Gedanken, Begriffen wie denk- und sichtbaren Dingen bzw. dem Körperlichen im Platonismus. Wird in eine traditionell zweischichtige Anordnung eine zusätzliche Schicht eingeschoben und damit offensichtlich ein hierarchisches Drillingsgebilde erzeugt, wie beispielsweise bei Himmel (Υ2) und Erde (Υ1) mit dem dazwischen befindlichen Luftraum, der Atmosphäre, was eine weit verbreitete kosmogonisch-kosmologische Figur darstellt, dann wird die mittlere Einheit mit einer Einhalb-Subindexzahl gekennzeichnet, die dem Hauptindex der untersten Ebene hinzugefügt ist (Υ1½). Die in kosmogonischen Spekulationen öfters vorkommenden Zwischenbereiche oder -wesen zwischen der reinen Geistsphäre und der Welt hienieden (Kosmos) wurden logischerweise mit dem Symbol (Υ2½) versehen. In wenigen Fällen, bei denen die zu skalierenden Einheiten verneint sind und dies besonders deutlich gemacht werden soll, wird den eingeklammerten griechischen Ypsilons ein Minus-Zeichen vorangestellt, z.B. (-Υ3). Wo die Auffächerung von Komplexen different-gradiger Einheiten keinen Informationsgewinn erkennen ließ, im Kontext bedeutungslos oder gar störend wirkte, wurden diese Einheiten, wo nichts dagegen sprach, unter das Ordnungsniveau subsumiert, das die rangspezifische Haupteinheit enthält, auch wenn sie selbst anderen Rängen zugehören. Um zwischen einem onto(theo)logischen und einem psychomentalen Ordnungsniveau zu unterscheiden, versuche ich zur aspektuellen Tiefengliederung bisweilen das subjektive mit einem (in der Mathematik oder der Musik üblichen) apostrophförmigen Strich hervorzuheben, z.B. (ϒ'3). Ich bitte darum, solche Symbole streng von denen mit einem Strich an der Indexzahl zu unterscheiden; letzteres bedeutet nämlich das Zusammen von Geistbereich und Absolutheit: (ϒ3')=(ϒ3)+(ϒ4). Andere, sehr selten verwendete Symbole werden an der Stelle ihres Vorkommens erklärt oder sind kommentarlos verständlich.

▸ Herauszustellen ist allerdings, daß die Originaltexte die Gliederung und Feingliederungen häufig alles andere denn klar hervortreten lassen, die Unterteilungen und Subunterteilungen somit nicht selten interpretative Versuche philosophischer Hermeneutik darstellen und die Qualität von Vorschlägen besitzen. Das ist der Grund dafür, warum ich zunächst Klassifikationsvarianten durchgehend mit Hilfe verschiedener Klammerformen kennzeichnen wollte. Sie sollten, von der runden über die eckige bis zur spitzen Klammer abnehmend, deren Plausibilität und Verbindlichkeit anzeigen. Ihre Zahl konnte zudem als Gradmesser für die Undeutlichkeit oder Mehrdeutigkeit der Gedankenführung des Quellentexts dienen. Die Lesbarkeit und Verständlichkeit wurde dadurch aber nachgerade verhindert, weshalb ich mich nach mehrmaliger Überarbeitung problematischer Skalierungen aus der gewonnen Erfahrung in der Deutekunst von GeistWelt-Gestaltungen eher für einfachere und damit übersichtlichere Einteilungen entschied und dabei die Gefahr von Ungenauigkeiten und eventuellen Mißgriffen bewußt in Kauf nahm. Wo dennoch mehrere Vorschläge der Skalierung vorliegen, darf auf meinen Zweifel, meine Verzweiflung bei ihrer Vornahme geschlossen werden. Abermalige Erwägungen zögen vermutlich neuerliche Korrekturen nach sich. Unter diesen Umständen erfordert der Mitvollzug der Gedanken in diesem Buch einigermaßen Geduld und Ausdauer, die Bereitschaft, einzelne Passagen geistig mehrmals zu durchgehen, unterschiedliche kombinatorische Möglichkeiten im Gedankenexperiment auszuprobieren und die sich jeweils ergebenden

Konstellationen zu vergegenwärtigen. Wollte man die von mir ein- und durchgeführten Strukturierungen und Graduierungen unter Berücksichtigung der jeweiligen Gesamtlehre eines Philosophen oder einer Schrift(gattung) inhaltlich detailliert erläutern, so müßte wohl ein Buch vom mehrfachen Umfang des hier vorliegenden, selbst schon nicht gerade dünnen Mehrfachbandes, geschrieben werden. Historio-doxographische und philologische Irrtümer oder Ungenauigkeiten des Autors, meiner Wenigkeit also, sind selbstverständlich niemals gänzlich auszuschießen, ja gewissermaßen unvermeidbar, da der Forschungsgegenstand äußerst komplex wie kompliziert ist und seine Erschließung über weite Strecken erstmals gewagt wird, die Lehrgehalte selbst innerhalb einzelner Quellenschriften mitunter ungenau, schwankend, unerschließbar oder gar unlogisch sind und sich Einzelheiten, wenn überhaupt, oft nur nach intensiver Forschung, die nicht in jedem Falle bis zum letzten Komma geleistet werden konnte, enthüllen lassen. Trotzdem versuchte ich die Zahl und Schwere von Fehlern jeglicher Art mit größtem Ernst so gering wie möglich zu halten und mir in den behandelten Themengebieten Spezialwissen anzueignen, das an das der Fachleute, welche ein ganzes Gelehrtenleben nur ein Gebiet und allenfalls dessen Umfeld beforschen, heranreichen sollte. Exegetische Unsicherheiten gelten insbesondere für Spekulationen, die der Sphäre des Mythischen oder Religiösen im gängigen Verständnis zugehören oder nahestehen oder mit diesen vermischt sind bzw. für solche, deren begriffliche Eindeutigkeit zu wünschen übrig läßt. Die Erschließung und Fixierung struktureller Invarianzen ist bei deren verwickelter Vielschichtigkeit und proteischer Veränderlichkeit eine Kunst für sich.

‣ Insofern hat die vorliegende Studie in mancherlei Hinsicht Experimentalcharakter und es geschähe mir gerade recht, dafür der wissenschaftlichen Tollkühnheit bezichtigt zu werden, weshalb ich es begrüßen würde, sachbezogene, ich wiederhole, sachbezogene Kritik und Anregungen zu erhalten, um ernsthaft prüfen zu können, ob es angezeigt ist, Korrekturen, Veränderungen und/oder Ergänzungen vorzunehmen. Die Exaktheit, die unter den gegebenen Umständen hoffentlich dennoch erzielt wurde, ist in erster Linie der Vorgehensweise zuzuschreiben, gezielt als relevant zu erachtende Gedankengänge, auch aus allgemein unklaren oder mißverständlichen Textstücken, herauszufiltern und systematisch anzuordnen. Allein daraus ist ersichtlich, daß meine Einteilung nicht notgedrungen dem Selbstverständnis des jeweiligen Denkers oder Vertreters einer spezifischen Denkrichtung entspricht, was bedeutet, daß diesen die von mir aus ihren Schriften erschlossenen Strukturen nicht immer und unbedingt methodisch bewußt gewesen sein mußten bzw. daß sie mit meinen Deutungen einverstanden gewesen sein müßten. Demzufolge bringt meine Vorgehensweise mitunter wissentlich die wissenschaftliche Seifenblase falsch verstandener Beobachter-Objektivität und Berichterstatter-Neutralität, die heutzutage auch innerhalb der Philosophie als Garant für metaphysische Werturteils- bzw. Metaphysikfreiheit vorgegeben wird, zum Platzen. Besonders in ihrer Eigenschaft als Rekonstruktion des Impliziten ist sie wissenschaftliche Konstruktion, theoretischer Artefakt. Solange die Wörter und Sätze von Texten nicht verstehend vergegenwärtigt, d.h. im gedanklichen Nach- und Mitvollzug vergeistigt und damit nachge- und wiedererschaffen werden, bleiben sie ein bedeutungsloses Gekrakel, Druckerschwärze auf weißem Papier. Sich in bisher wenig bekannte Gebiete des Geistes vorzuwagen, heißt jedoch nicht, der philosophischen Anomie zu huldigen und verantwortungslos die Gesetze des Denkens (Logik) zu verletzen, sowie die Standards des Verstehens (Hermeneutik) zu mißachten, wie weit das praktische Weisheitsstreben auch über das Rationale hinausführen mag.

e) Fehlendes Glossar und Sachregister

▸ Ich bedauere, meinen Büchern weder ein Glossar und Verzeichnis äquivalenter Termini verschiedener Philosophiesprachen noch ein umfassendes Sachregister beigeben zu können. Um diese zu erstellen, bedürfte es der Unterstützung, die nur durch die institutionelle Einbindung in den Apparat der Wissenschaft gewährleistet werden kann; sie wurde mir von Anbeginn meines Arbeitens weitgehend verweigert. Insbesondere eine daran gekoppelte Real- und Begriffskonkordanz wäre ein Desiderat von höchster Dringlichkeit und unerläßlich für künftige komparative Detail- und Spezialforschungen und einen leider nur beschworenen, weniger aber durchgeführten tiefgreifenden interkulturellen Austausch, der durch Auslandsaufenthalte von Studierenden und Forschern der Öffentlichkeit meist nur vorgegaukelt wird. Ob der Notwendigkeit, Begriffe aus den jeweiligen Textzusammenhängen zu erläutern, müßte man allerdings einen gewaltigen Aufwand an Fleiß, Wissen, Können und interdisziplinärer Zusammenarbeit betreiben und professionelle Forschungsbedingungen schaffen oder zur Verfügung haben. Bevor ich mich hier mit Notbehelfen zufrieden gebe, verzichte ich, bedauere, auf die Ausführung dieses Unterfangens lieber ganz. Aus demselben Grund wissenschaftlicher Einschränkungen, die natürlich auf die Ausführbarkeit gewisser Sonderleistungen durchschlagen, mußte ich auch darauf verzichten, nach der letzten notwendigen Konvertierung meiner Datensätze die gesamten Dokumentationstexte Buchstaben für Buchstaben nochmals zu überprüfen, im Vertrauen darauf, daß die verwendete EDV zuverlässig arbeitete.

f) Sonstige Unzulänglichkeiten

▸ Für eventuell verbliebene Flüchtigkeits-, Druck-, Schreib-, Abschreibfehler (besonders bei der Dokumentation fremdsprachiger Textstellen), unrichtige Stellenangaben etc. und durch computertechnische Verfahren bedingte Fehler drücke ich hier in der Hoffnung, daß es nur minimal wenige sind, und sie den Sinn meiner Aussagen wie die Nachprüfbarkeit meiner Verweise nicht beeinträchtigen, mein Bedauern aus, nicht aber ohne zu bemerken, daß es unmöglich ist, für ein Werk wie das vorliegende, in dessen Abteilungen I und II auf insgesamt ca. 2500 Seiten aus den Originalen mit den jeweiligen Sprachen gearbeitet, und in dem über weite Strecken hinweg ungewohntes abstraktes Denken und dem Objektwissenschaftler nicht vertrautes Re-flektieren (Meta-Theoretisieren) vollführt wird, einen Lektor oder eine Lektorin mit einschlägigen Sprach- und Fachkenntnissen zu finden, und wäre man in der Lage, dafür ein noch so hohes Honorar zu bezahlen. Eine Liste von Corrigenda zu meinen früheren Werken findet sich in der 2. Auflage der ›Widerspiegelung des Geistes I‹ aus dem Jahre 2014. Korrekturen und Ergänzungen zu den jeweils früheren Bänden der ›Widerspiegelung‹ sind, so mir erwähnenswerte Irrtümer irgendwelcher Art auffielen oder ich Hinzufügungen resp. Erläuterungen für nötig oder wenigstens für nennenswert erachte, immer auf den letzten Seiten der nachfolgenden Faszikel verzeichnet.

1 Vergleich und Vernunft

Nachdem ich dieser Studie in 7 Teilbänden oder Faszikeln ausführliche Erläuterungen zur formalen Gestaltung voranstellte, um insgesamt wenigstens den gröbsten vermeidbaren Mißverständnissen und Irrtümern, die diesbezüglich beim Lesen auftreten könnten, vorzubeugen, möchte ich auch meine inhaltlichen Ausführungen zum Thema erst nach einer Präzisierung beginnen. Diese bezieht sich auf die Festlegung der Forschungsreichweite und des Gegenstandsbereichs, die es erlauben, den Vergleich zwischen den genannten Lehrgehalten beim derzeitigen Stand und Zustand der Wissenschaft, den derzeit herrschenden Zuständen in der Forschung, auf eine der wissenschaftlichen Idealform entsprechenden Weise, d.h. unter konsistenten methodischen Rahmenbedingungen, durchzuführen. Da es sich bei den Lehren, in welche die zu betrachtenden Philosopheme eingebettet sind, ja sogar bei diesen selbst, nicht um geschlossene doktrinale Blöcke handelt, die aus einer logisch homogenen Wissensmasse bestehen, ist es erforderlich, zunächst die Aspekte der relevanten Kategoriengebilde in den Blick zu bekommen, die evidenterweise gewisse Ähnlichkeiten im Aufbau, funktionale Äquivalenzen und argumentative Parallelen aufweisen.

Dazu muß ich bei meinen Darstellungen selektiv verfahren, indem ich die mir wichtigen Argumente bestimmter Autoren herausgreife, andere aber weglasse, das geht gar nicht anders, will ich den Urtext nicht einfach nur verdoppeln. Der Unterschied zu vermeintlich neutralen Interpreten, welcher Doktrin auch immer, liegt darin, daß ich das in Methodenbemerkungen, wie dieser hier, explizit mache und die systematisch relevanten Gedankengänge auswähle, an denen eine Lehre gemäß re-flexionstheoretischer Kriterien insgesamt zu messen ist, will sie rational, d.h. denkerisch überprüfbar sein.

Dagegen steht natürlich die Meinung des Doxographen. Er mag zwar, wenn er sich seiner Profession einigermaßen verpflichtet weiß und seine Arbeit sorgfältig ausführt, gewisse Übereinstimmungen zwischen Weltanschauungen unterschiedlichster Kulturkreise feststellen, indem ihm alles irgendwie philosophisch in den Kopf Kommende gleich gültig und somit gleichgültig ist, wird er deren inneren (geistigen) Einklang aber nicht fassen können. Das Resultat lasse ich einen Indologen und Doxographen, und keinen geringen Kalibers, selbst aussprechen. Anläßlich eines kurzen Vergleichs der Philosophie von Immanuel Kant (1724-1804) und dem von einer gewissen Richtung des Hinduismus zutiefst verehrten Advaita-Protagonisten Śaṅkara (ca. 8./9. Jh.) faßt er zusammen: „Als Resultat eines Vergleiches der Lehren Shankaras und Kants ergibt sich, daß sie in einigen Punkten übereinstimmen, in anderen hingegen nicht. Es bestätigt sich hier also wieder die oft gemachte, noch öfter aber immer wieder übersehene Tatsache, daß jedes philosophische System aus einer Fülle von einzelnen Teilen zusammengesetzt ist, von denen die einen oder anderen wohl denen in anderen Systemen entsprechen können, daß die Gesamtkombination aller Teile aber eine einmalige geistige Schöpfung darstellt, die ohne Parallele ist.“[1] Um solch einem akademischen Patchwork-Denken zu entgehen, ist es nötig, categorial frameworks auf das categorial framework aller categorial frameworks, das »cognitional framework«, wie ich dies von nun an auch nennen werde, zurückzubeziehen.

Selbstverständlich kann auch die für echtes Philosophieren entscheidende, unumgängliche Wahrheitsproblematik und sich

---

1 H. v. Glasenapp, Kant und die Religionen des Ostens, p. 141.

daraus zwingend ergebende Wahrheitsforderung unterlaufen werden, indem man (zusammen mit neuen Ansichten) neue Wahrheitstheorien erfindet und durchsetzt oder den eigenen Standpunkt durch Relativierung und Aushöhlung des klassischen Wahrheitsbegriffs diskret immunisiert, wodurch dem Kontrahenten die Möglichkeit genommen wird, mit Hilfe rein theoretischer Mittel eine Entscheidung über den Wahrheitsgehalt von Behauptungen herbeizuführen. Auf diese Weise wird der machtpragmatisch gestützte Status (quo) der Systemkonformität zementiert.

Zur Bezeichnung einer solchen Unterhöhlung des Wahrheitsgeschehens schlage ich den terminus technicus »Immunisierungsstrategie« vor. Diese funktioniert freilich nur unter der Bedingung, daß der Wahrheitsanspruch derer, die die Anspruchslosigkeit hinsichtlich Wahrheit von anderen fordern, von ihrer eigenen Forderung ausgenommen, d.h. auf die alte dogmatische Weise fixiert bleibt, was in einem geistigen Klima intellectualer Umnachtung nicht schwer durchzusetzen ist. „Der Relativismus macht sich auf, jeden Grundzug der Absolutheit auf eine Relativität zu reduzieren, während er eine völlig unlogische Ausnahme zugunsten dieser Reduktion selbst macht. Tatsächlich besteht der Relativismus darin, als wahr zu erklären, daß es so etwas wie Wahrheit nicht gibt oder als absolut wahr zu erklären, daß nichts als das relativ Wahre existiert; …“[2]

Sollte diese Manipulation, eigentlich »Mentipulation«, nicht helfen, was, wie die Erfahrung lehrt, nur schwer vorstellbar ist, wird von seiten der ‚Schule‘ mit anderen Strategien attackiert. Beliebt ist dabei, das einzufordern, was vom Meinungsgegner methodisch ausgeschlossen wurde und werden mußte. Definiere ich meine Aufgabe, sagen wir einmal, 1 und 1 zu addieren,

---

[2] F. Schuon, Logic and Transcendence, p. 7.

und gelange zu dem Ergebnis 2, dann schreit man – sollte das Resultat mitsamt der Rechnung nicht insgesamt übergangen oder totgeschwiegen werden, was die wirkungsvollste aller Ausschaltungsmethoden ist – „nein, nein“, 3 mal 3 ergebe schließlich 9. Die 2 meiner Operation sei an der 9 der richtigen Rechnung zu messen – und im Verhältnis dazu falsch, selbst wenn sie an sich richtig wäre, was allerdings, wie erwiesen, gar nicht sein könne. Eine Posse, wird der Laie sagen, und der ‚Experte‘ wird ihm eilfertig und eifrig zustimmen ... Und wenn das alles nicht hilft, dann wird die Keule der Esoterik, der Verschwörungstheorie, der Intoleranz und anderer Diffamierungen und/oder Diskreditierungen, die von (Un-)Kultur zu (Un-)Kultur, soll sagen von Machtblock zu Machtblock je nach dessen Geschichte, Symbolik, Befindlichkeit, Stellung im Kräftesystem usw. verschieden sind, ausgepackt.

Prüfstein im Hintergrund, mit dem die Lehrgehalte gemessen werden, auch um ihre Auswahl zu treffen, ist letztlich die Grundform der Re-flexion. In späteren Detailstudien, die m. E. nur kooperativ und interdisziplinär, also, sage ich einmal in diesem Äon (skr. *kalpa*), oder etwas bescheidener Erdzeitalter (skr. *yuga*), nicht mehr durchgeführt werden können, und nach weiteren Vergleichen der in Frage kommenden Gedankengänge sind die Feinstrukturen inclusive unähnliche und ungleichartige, scheinbar unvergleichliche Elemente zu erfassen, wobei zu bemerken ist, daß Ungleichheit, ja Unvergleichbarkeit mit Sinn nur nach erfolgtem Vergleich festgestellt werden kann. Den vergleichenden Aspekt meiner Darstellung betreffend, schließe ich mich einer bisher nur sehr selten beherzigten Grundregel philosophischer Komparatistik an, „Ethno- und Eurozentrismus zu vermeiden, indem sie ... Ausdrücke wie ‚deutsche Philosophie‘ und ‚Ost‘ und ‚West‘ nur als Abkürzungen für »in Deutschland entwickelte und/oder formulierte Philosophie« oder »in Asien (und/oder in einer asiatischen

Sprache) formulierte Philosophie« verwendet."[3]

Der Grund dafür, warum sich Forscher, wie der eben zitierte, dennoch nicht dazu entschließen, in die sogenannte interkulturelle Philosophie wenigstens Fachterminologie aus den Philosophiesprachen der Stiftertraditionen aufzunehmen bzw. eine Konkordanz entsprechender Begriffe zu erarbeiten, zu verwenden und so über die westliche Sprechweise in der Philosophie hinauszugehen, kann m.E. nur in deren ureigenem eurozentrisch-akademischen Selbstverständnis liegen.[4]

Der Hinweis auf die Notwendigkeit der Spezialisierung zum Zwecke der Exaktheit ist im Zeitalter der Globalisierung in diesem Zusammenhang und damit verwandten Schwierigkeiten nur als Ausflucht zu werten. Was ich somit aufgrund meines Anspruchs an andere für mich selbst nicht erhoffen darf und auch nicht wünsche, ist eine gewisse Nachsicht von seiten der Experten hinsichtlich der Sachgemäßheit meiner Darstellungen

---

[3] G. Paul, Komparative und interkulturelle Philosophie und ihr Szenario im deutschsprachigen Raum, p. 407 (14. methodische Grundregel der philosophischen Komparatistik); cf. l.c.: „Im Übrigen gewinnen Ausführungen über Philosophiebegriffe, Ethno- und Kulturzentrismus signifikant an Klarheit, wenn statt europäischer, westlicher, griechischer oder chinesischer Philosophie etwa von *in* Europa oder *in* China entwickelter Philosophie gesprochen wird."

[4] G. Paul, Komparative und interkulturelle Philosophie und ihr Szenario im deutschsprachigen Raum, pp. 403-404, 407, listet 14 Methodenprinzipien der Komparatistik auf. Da trotz ausdrücklicher Begrenzung des Forschungsgegenstands auf den deutschen Sprachraum fremdsprachige Studien in die Diskussion aufgenommen sind, wäre zu erwarten, daß auch diesbezüglich die entscheidenden Aspekte des Forschungsstandes berücksichtigt sind. Leider tut der genannte Gelehrte hier genau das, was er anderen zu Recht vorwirft, nämlich wesentliche Ansätze des Genres nicht zu thematisieren. Das Bedauern der Begrenztheit menschlicher Schaffenskraft, das genannter Autor u.a. dadurch indirekt bekundet, daß er eingesteht, sich nicht genügend mit den indischen Quellen, zumal buddhistischer Philosophie, beschäftigt zu haben, kann angesichts seiner hohen wissenschaftlichen Ansprüche, die er an andere stellt, diesbezüglich nicht oder wenigstens nicht ganz überzeugen.

aufgrund ihrer Neuheit einerseits und des kaum zu bewältigenden Umfangs wie der ungeheuren Komplexität der in sie hineingearbeiteten Informationen andrerseits.

Selbst wenn ich, meine eigenen Fähigkeiten übersteigend, versucht hätte, diesen Mangel in der Studie hier zu vermeiden, wäre dies nur bis zu einem gewissen Grad und im Rahmen altgriechischer, lateinischer wie indischer Terminologie, auf dem Felde des Altchinesischen aber nur unzureichend gelungen. Dazu kommt, daß ich aufgrund allgemeiner forscherischer Gegebenheiten, des Standes der Philosophieentwicklung und meiner Stellung am Rand der akademischen Wissenschaft, genauer gesagt, über deren Rand hinaus, ein aus den Ursprungstraditionen der Philosophie und evtl. wenigen wesentlichen daran anschließenden Überlieferungen zusammengestelltes Universalvokabular beim Leser, sog. Fachleute eingeschlossen, nicht hätte voraussetzen können, vom durchsetzen ganz zu schweigen. Und schließlich ist einzuräumen, daß dieses Werk hier ebenfalls nur in einer, wenn auch für die Philosophie ob ihrer Nähe zu zweien der philosophischen Grundlagensprachen, Sanskrit und Altgriechisch, bestens geeigneten Nationalsprache verfaßt ist.

Indem auf die beschriebene Weise nicht nur das Fundament für eine komparative Auseinandersetzung geschaffen, sondern auch ein (für die heutige Zeit) neues Verständnis der jeweiligen Doktrinen selbst, auf welcher Seite des Vergleichs auch immer, gewonnen ist, werden die lehrinternen Verwerfungen, Inkonsistenzen und Defizite dieser sichtbar, die eventuell mit Hilfe eines veränderten und ergänzten Ansatzes inhaltlich weiter beforscht und wiederum mit philosophischen Entwürfen anderer ‚Kulturen' verglichen, letzten Endes aber in ihrem Wahrheitsgehalt bestimmt werden müssen,[5] um einen Maßstab dafür in

---

[5] Mit G. Paul, Komparative und interkulturelle Philosophie und ihr Szenario im deutschsprachigen Raum, pp. 410–412, teile ich die

die Hand zu bekommen, ob sie als Anleitung und Paradigma zur zielgerichteten Führung eines philosophischen Lebens taugen oder nicht.

Durch die Vorgehensweise, den Gedankenaufbau von Lehren an den Gültigkeitsbedingungen der Re–flexion per se zu messen – diese muß man natürlich erschlossen haben –, wird der Hintergrund philosophischer Konsistenz von offenbar (selbst-)widersprüchlichen Argumentationen einzelner Denker erkennbar und der Sinn ihrer jeweiligen Abweichungen erhellt:[6] Symbolisierungen und durch die jeweilige Traditionsausrichtung geprägte Analogien, approximative Varianten und Ausdrucksformen denkerischer Notwendigkeiten und partielle wie einseitige oder überdehnte und überfrachtete Auslegungen der Vernunftstruktur zu sein.[7] Das heißt auch, Gesamtlehren, sagen wir einmal die Platon's (428/7–348/7), der Upaniṣad-s oder des frühen Daoismus, an ihren äußersten und alles entscheidenden Erkenntnissen und Zielen zu messen, wonach das übrige nur Beiwerk sein kann. Wenn Platon vertritt, daß der Urgrund »jenseits des Seienden« liegt, dieser aber der grundlose, abgründige oder gar ungründige Grund von allem ist, das Ununterstellte (*anupótheton*) nämlich, dann kann ihm doch

---

Forderung, in der Philosophie, auch der komparativen und interkulturellen, die Frage nach der Gültigkeit zu stellen. Was ist jedoch zu tun, wenn die Frage gestellt wird, die Antworten aber unterschiedlich ausfallen, wie das bei Herrn Paul und mir leider der Fall ist, obwohl wir beide die Gesetze des Denkens, wie sie in der formalen Logik zur Anwendung kommen, uneingeschränkt akzeptieren und in metalogischen Erwägungen zu weitgehend übereinstimmenden Ergebnissen kommen? Antwort: Die Diskrepanz läßt sich in meta-metalogischen Überlegungen ausfindig machen.

6 Cf. P. K. Schneider, Die Begründung der Wissenschaften durch Philosophie und Kybernetik, pp. 8–11.

7 Cf. H. M. Baumgartner, Über die Widerspenstigkeit der Vernunft, sich aus der Geschichte erklären zu lassen, pp. 42, 57–58, 61–63.

nicht unterstellt werden, sich von den Buddhisten himmelweit zu unterscheiden, weil er außerdem z. B. eine Ideenzahlenlehre vertrat,[8] da diese, wie ein jegliches sonst und wie jegliches bei jenen, in letzter Konsequenz in die Standpunkt-, Standort-, ja Standlosigkeit (pāl. *appatiṭṭha* / skr. *apratiṣṭha*) hinein aufgehoben ist, der alles entscheidende Letztsinn beider also sehr wohl etwas miteinander zu tun hat, wenn nicht gar identisch ist.

Diese Erkenntnis kann dazu beitragen, der Kontrastierung metaphysischer Weltbilder an Schärfe zu nehmen und ihre jeweiligen Stärken hervorzuheben, wie auch ihre Schwächen nicht überzubetonen, und damit das Verständnis über Kulturen hinweg mehr zu fördern als eine Vielzahl von Inszenierungen interkulturellen Austauschs. Da die Form (Struktur) aller Formen (Strukturen) inhaltsleer ist, bietet sie Platz für viele, ja alle Inhalte, nur muß man sie dazu auch kennen. Verstand (Geist) vermittelt eben viel besser als alle Diplomatie und ist der einzig wahre Kommunist, der alles mit allen teilt.[9] Jeder inhaltlich-konkrete philosophische Logos ist dadurch gegenüber der formal-abstrakten Strukturtheorie samt minimalen Differenzierungen nicht nur als Separatismus und Sezessionismus, sondern als Mythos aufgedeckt, die Verwandtschaft zwischen Philosophie und Mythologie somit nicht nur historiographisch oder methodologisch, sondern gewissermaßen auch noologisch (wissens- bzw. geisttheoretisch) untermauert. Da die Bezeichnung Mythos für heutige Philosophien, Wissenschaften und das Alltagswissen gleichermaßen zurückgewiesen

---

8 So sinngemäß im Kontext hierarchischer Wahrheits- und Seinsschichtung exemplarisch bei F. Nef, La force du vide, pp. 281-282; die interkulturell-komparatistische Philosophiewissenschaft besteht fast ausschließlich aus solchen, buchstäblich zu nehmenden, Platitüden.

9 Cf. Herakleitos B2, B72, B114 = M3-4, M110 (wegen der Kürze der Fragmente, die vom Werk Heraklits übrig blieben, können die Zeilenangaben entfallen)

werden dürfte, füge ich eben noch schnell den seit einigen Jahrzehnten dafür verwendeten Terminus »Paradigma« und die neuere neutrale englische und somit wenigstens erkenntnistheoretisch weltweit opportune Benennung dafür an: *categorial framework,* was man mit Gedankengebäude übersetzen könnte, gebildet ausgedrückt: Kategoriensyntagma, Kategoriensyntaxis; gemeinverständlich: Kategoriensystem, Kategoriengefüge, Kategorienanordnung.

Diese Einsicht ermöglicht es, ernsthaft philosophisch gemeinte, doch nicht (ganz) konsistente Lehrgebilde vor dem Vorwurf völliger Irrationalität zu bewahren und ergänzt die allgemeine sprachlogisch-hermeneutische Regel: „Und wir sollten keinen Passus im Werk eines großen Philosophen in einer Weise interpretieren, daß ein krasser logischer Fehler das Ergebnis ist."[10] Allzu leicht(fertig) erhebt nämlich der moderne Analytische Philosoph, und nicht nur er, diese Anschuldigung gegen alte, religiös oder symbolisch gefärbte und östliche, generell als vorsintflutlich und phantastisch geltende Weisheitslehren, ohne selbst jedoch konsistenter oder rationaler zu argumentieren. Daß man das würde, glaubt man nur, wird dieser Glaube doch auf unselige Weise bestärkt und bestätigt, gar zur Wahrheit und Wirklichkeit selbst durch die Selbstverständlichkeitsinspiration des Hl. Zeitgeists, die alle weltanschaulichen Opportunisten aller Zeiten beseelt, erhoben. „Mit dem ständigen Aufruf zu einem ›neuen Verständnis‹ bzw. ›neuem Denken‹ dessen, was bisher als wahr galt, wird die natürliche Hinwendung der Menschen zur Erkenntnis fahrlässig oder böswillig erschüttert. Die perverse Wortverbindung ›neues Denken‹ soll das Denken, das niemals neu, sondern immer nur wahr oder falsch sein kann, von der Idee der Erkenntnis abziehen und auf den Weg uferlosen Meinens lenken. Wer ›neu denken‹ oder

---

[10] B. Galloway, Some Logical Issues in Madhyamaka Thought, p. 24.

›neu verstehen‹ kann, der hat gewiß noch nie gedacht oder verstanden. Er schreitet nur in einem Meinen fort, das er sich generalisiert denkt oder wünscht. Diese Generalisation ist die Zerstörung jeglicher Erkenntnis. Ein Aufgeben der Erkenntnis aber bedeutet auch ein Aufgeben verantwortbaren Handelns; es bedeutet den geistigen und physischen Tod der Menschheit. Wer die Wahrheit aufgibt, der gibt auch die Liebe auf: es geht dann nicht mehr um den Anderen, nämlich um sein letztes, alles bestimmendes Urteil, seine Überzeugung. Es geht weder um diese Überzeugung in ihrer Bedeutung *für ihn,* noch in ihrer Bedeutung *für mich.* Der lebenslange ›Dialog‹, zu deutsch: das monologisierende ewige Geschwätz, tritt an die Stelle der Erkenntnisbemühung; der Andere wird moralisch getötet. Die ›Interpretation‹, die respekt- und achtungslose Einordnung dessen, wofür der Andere in Erkenntnis und Liebe steht, als geschichtlich überholte ›Wahrheit‹ plündert danach den Toten noch aus, nicht seine Taschen, sondern seine intimste Sphäre, seinen Geist und sein Herz. Das ist die Welt von morgen, die uns die Reformer von heute bereiten, wenn ihre Meinung von der Geschichtlichkeit der Wahrheit obsiegen sollte. Es ist deshalb notwendig, auf diese tödliche Gefahr und ihre Gründe offen hinzuweisen.“[11]

---

[11] R. Lauth, Die absolute Ungeschichtlichkeit der Wahrheit, pp. 49–50.

2 Wissen, Wahrheit, Weisheit

Idealziel ist das Philosophieren mit und durch die Philosophien der Welt hindurch und ihre Transformation in lebendiges und gelebtes Wissen (Weisheit), d.h. die Philosophien aller Zeiten und Orte als Paradigma für eine weisheitliche Lebensführung, auch und gerade in unserer Zeit, nutzbar zu machen, oder, um es inspiriert durch den unvergleichlichen mittelalterlichen Mystiker und Scholastiker Meister Eckhart (1260–1327) zu sagen, keine Lese-, nicht einmal eine Lebe-, sondern eine Lese- und Lebephilosophie in einem. „Besser wäre ein Lebemeister als tausend Lesemeister; aber zu lesen und leben vor Gott, dem vermag niemand beizukommen.“[1] Es ist mir also um Philo-Sophie zu tun, die Hingabe an und den Entschluß zu gelebtem Wissen, das vor langer, langer Zeit unter dem Namen Weisheit bekannt war und dessen lateinische Bezeichnung »*sapientia*« im

---

[1] Meister Eckhart, Sprüche 8, ⟨ed.⟩ F. Pfeiffer, p. 599.19–20: *wêger wêre ein lebemeister denne tûsent lesemeister; aber lesen und leben ê got, dem mac nieman zuo komen.* Eine Umfunktionierung Meister Eckharts zum Lesemeister, vielleicht gerade indem man ihm zugesteht, alles Sprachliche dekonstruktionistisch ‚wegzulesen‘, leistet J. D. Caputo, Mysticism and Transgression: Derrida and Meister Eckhart; Kritik und Richtigstellung bei D. Loy, Dead Words, Living Words, and Healing Words, pp. 33–37, 47–51. Indem K. Flasch, Meister Eckhart, p. 188, den Begriff der »Mystik« in Zusammenhang mit der „Philosophie“ Meister Eckharts für „entbehrlich“ hält, vermeidet er zwar, diesen mit Schwärmerei und Psychologischem in Verbindung zu bringen, verkürzt ihn aber auch, indem er ihn von einem modernistischen historio-doxographischen Philosophie-Begriff aus interpretiert und die Tiefendimension des Mystischen, d.h. der durch dessen Theorie eröffneten Räume transrational-unmittelbaren Erfahrens, Ziel und somit das Wesentliche aller Philo-Sophie, übergeht.

Mittelalter mit Hilfe einer »Etymogelei«, einer falschen Etymologie also, sinnigerweise von »*sapida scientia*«, geschmecktes, gespürtes, empfundenes Wissen, abgeleitet wurde. Nur so kann man den kaum verstandenen Stiftertraditionen Asiens, die ein Gesamt von Lehre und Leben verkörper(te)n, gerecht werden, nur so auch, wie ich begründet annehme, zu den alten Weisheitsschätzen gelangen, die in Griechenland kaum minder mühevoll gesammelt wurden und das Leben wie Sterben derer schmückten, die sich darum bemühten, später aber wertlos wurden und nun gerade weggeworfen werden.

Die weisheitliche Lebenskunst, die hier angesprochen ist, hat mit bürgerlicher Alltagsklugheit und/oder postmodernen, mit popularisierten szientistischen Weltbildern, Wissenschaftsmythen und derzeitigen Wertvorstellungen, d. h. Verwertungsvorstellungen vereinbaren Lebensgestaltung und -bewältigung, als welche sie heute mitunter verstanden und mißverstanden wird,[2] nichts zu tun. In vielen ihrer Richtungen ging es ihr, gleich indischen Wegen der philosophischen Vervollkommnung und Teilen des chinesischen Weisheitsstrebens, nicht um Vorteilsvergrößerung, nicht um Nachteilsverminderung, nicht darum, sich durch das Leben hindurchzuwinden, ohne anzuecken oder steckenzubleiben, sondern um nicht weniger denn die vollständige Leidüberwindung (skr. *duḥkha-nirodha*), oder positiv ausgedrückt, Glückseligkeit (skr. *ānanda/sukha/mahāsukha*), die das griechische Philosophieren eines ganzen Jahrtausends unter der Bezeichnung Eudaimonie/Glückseligkeit (*eudaimonía*) auszeichnete.[3]

---

[2] So bei einem ihre gegenwärtigen Exponenten W. Schmid, Philosophie der Lebenskunst.

[3] W. Windelband, Geschichte der abendländischen Philosophie im Altertum, pp. 68sqq., nennt die gesamte Phase der griechischen Philosophie von der sophistischen Aufklärung bis zum Ende des Neuplatonismus (ausgenommen die ontologischen/physiologischen Spekulationen

„... so hat es .. auch in Griechenland etwas gegeben, was der »Aufgabe« der indischen Philosophie, nämlich zur Erlösung zu führen, entspricht. Man hat nämlich bei fast allen griechischen Philosophen seit Anaximander Zusammenhänge mit den Mysterien oder orphischen Lehren aufgespürt.“[4] „Denjenigen griechischen Philosophen“ – das zitiert Philon von Alexandrien (ca. 20 v.-50 n. Chr.) aus einem angeblichen Brief des indischen nackten Weisen (Gymnosophisten) Kalanya (griechisch Kalanos) an Alexander den Großen (356-323) – „Denjenigen griechischen Philosophen, welche Reden für eine festliche Volksversammlung einübten, sind wir nicht gleich; vielmehr entsprechen bei uns die Taten den Worten und die Worte den Taten. ⟨Unsere Taten erfolgen schnell und unsere Worte sind⟩ kurz, aber sie haben Kraft, da sie uns Glück und Freiheit gewähren.“[5] Und modern ausgesprochen: „Während sie sich seit Platon durch die metaphilosophische Reflexion hellenistischer Philosophen bis Plotin zieht, sagt uns eine *communis philosophorum opinio* [allgemeine Philosophenmeinung], daß es, um ein wahrer Philosoph zu sein, nicht ausreicht zu wissen, wie man sein Leben führen soll, sondern es ist auch unverzichtbar, in

---

der Anfangszeit) „Die eudaimonologische Periode“, die Periode der Glückseligkeitslehren.

4 W. Ruben, Indische und griechische Metaphysik, pp. 154-155.

5 Philon, Quod omnis probus liber sit 96: *'Ellēnōn dè philosóphois ouk exomoioúmetha, 'ósoi autōn eis panḗgurin lógous emelétēsan, allà lógois érga par' 'ēmīn akóloutha kaì érgois lógoi·* ⟨*érga mèn tachéa kaì lógoi*⟩ *bracheīs állēn échousi dúnamin kaì makariótēta kaì eleutherían peripoioūntes.* Übersetzung ⟨trr.⟩ L. Cohn et al., Die Werke in deutscher Übertragung, 7.28, mit einer minimalen Veränderung von mir; die Übersetzer machen an l. c., Note 2, auf verschiedene Übersetzungsmöglichkeiten auf der Basis von Textvarianten und -konjekturen aufmerksam. Zur Thematik cf. U. Wilcken, Alexander der Große und die indischen Gymnosophisten.

völligem Einklang mit diesem Wissen zu leben.“[6]

Innerhalb der Gelehrtenphilosophie gilt es als Selbstverständlichkeit, metaphysische Forschungsgegenstände doxographisch-berichtend oder logisch-(sprach)analytisch abzuhandeln und abzufertigen, was als Objektivität (miß)verstanden wird. Auf die derzeit vorherrschende interkulturelle Philosophie bezogen kann das nur heißen, daß es sich bei ihr bestenfalls um interkulturelle Doxographie, gepaart, womöglich, mit interkultureller Philodoxie handelt, die durch einen Euphemismus, m. E. einen Etikettenschwindel, kaschiert, daß sie die Philosophie um ihr eigentlich potentes Glied, die Wahrheitssuche und ihre lebens- wie kontemplationspraktische Erfüllung brachte, und uns unter diesem Namen nur noch einen Eunuchen übrig läßt, der des weisheitlichen Klimax nicht mehr fähig ist, sich selbst und dem Publikum aber vorgaukelt und damit protzt, einen Erkenntnishöhepunkt nach dem anderen zu erreichen, während sie den wirklich Weisheitsliebenden vorwirft, Versager und Schlappschwänze zu sein. „Es gibt absolut keinen Grund, automatisch zu glauben, daß akademische Philosophen und Psychologen Menschen von Erkenntnis und Weisheit sind. Der akademische Philosoph ist ein Wortklauber/Phrasendrescher (word-monger) und sonst nichts – laut eigener Definition – …“[7]

Mein Schaffen hat damit, wie man hier sieht, nur bis zu einem gewissen Umfange zu schaffen. Anders betrachtet bedeutet dies, daß es im akademischen Betrieb nicht viel verloren hat. „Es scheint, als sei der Weg zur Erkenntnis mit dem Leid derjenigen erkauft, die von engstirnigen *peers,* die in wenigen Jahren niemand mehr kannte, die aber als Mehrheit über die

---

[6] J. Domański, La philosophie, théorie ou manière de vivre?, p. 11, meine Übersetzung des Lateinischen in eckigen Klammern.

[7] R. Puligandla, An Encounter with Awareness, p. 46.

Macht – die Macht des Mittelmaßes – innerhalb der institutionalisierten Wissenschaft verfügten, nicht als einer der ihren anerkannt wurden."[8] Das indische Sprichwort, daß „nur die Wahrheit siegt" (*satyam-eva jayate*), mag durchaus zutreffen, es sagt jedoch nicht, wann das der Fall ist und auch nichts über den hier und jetzt der Wahrheit verpflichteten und für die Wahrheit kämpfenden Wahrhaftigen, und ob dieser, zumindest in diesem und mit Blick auf dieses Leben, nicht verliert. Denn gegen die Falschheit gibt es kein Mittel und wird es keines geben, solange fremde und eigene Gedanken nicht gemeinhin wahr-nehmbar, d.h. sicht- und einsehbar sind.

Die von mir vertretene transkulturale Strukturphilosophie versucht, den Wahrheitsanspruch, der mit der Metaphysik aller Völker und Epochen verknüpft war und ist, ernst zu nehmen und mitzubedenken, damit die innere Kraft, die dieses zeitlich und/oder räumlich oft weit entfernte Suchen antrieb und die Relevanz, die es für unser Leben hier und heute hat bzw. haben könnte, haben sollte oder haben müßte. Dabei werden jedoch zwei normalerweise nicht unterschiedene Vollzugsweisen des Theoretisierens analytisch gesondert, die philosophische Spekulation, wie sie bei den vorsokratischen Physiologen, bei Herakleitos von Ephesos (ca. 540–480), im frühen Pythagoreismus, im Veda und dem älteren Vedānta, Teilen des Pāli-Buddhismus oder des antiken Daoismus vorkommt, um hier nur einige der wichtigsten Beispiele zu nennen, von der methodisch kontrollierten philosophischen Re-flexion, die dadurch im Kontrast zu ersterer steht, daß in ihr die Gültigkeit aufgestellter Behauptungen durch logisches Denken und (metatheoretisches) Überlegen überprüft wird, um sie vorläufig zu begründen bzw. endgültig zu widerlegen, eine Vorgehensweise, die in der griechischen Philosophie im allgemeinen mit

[8] K. Fischer, Außenseiter der Wissenschaft, p. 561.

Dialektik in Verbindung steht, von welcher Aristoteles (384–322) annimmt, daß ihr Erfinder Zenon der Eleate (5. Jh.v. Chr.) war,[9] im Altertum aber auch vertreten wurde, daß ihre Vorkämpfer die Sophisten, besonders Protagoras aus Abdera (1. Hälfte des 5. Jh.v.Chr.),[10] gewesen wären.

Insofern nur die zweitere Art den Namen Philosophie im strengen Sinne verdient, habe ich mich bei meinem Unterfangen an diese zu halten, auch dann, wenn der Forscherblick auf ersteren, den spekulativen Modus, gerichtet ist. Entsprechend kann es sich dabei nicht um das Zusammenraffen einer Menge gleich gültiger und somit gleichgültiger Informationen und um deren Erwerb oder Besitz handeln, sondern um die Haltung des WissendSeins,[11] oder, wie Johann Gottlieb Fichte dies nannte, um die Lehre oder Theorie des Wissens in absolut bestehender, nicht zeitwörtlicher Bedeutung: des „Wißthums, Wißheit = Weißheit".[12] Im radikalen antiken Sinne verstanden und im Rückgriff auf die griechische Sprache würde ich sie Sophologie (Weisheitslehre), nennen. Sie ist, verehrter moderner Denker, mit dem ethischen und meletischen Streben nach Weisheit und deren Erlangung jedoch nicht deckungsgleich.

Einfach gesprochen, geht es mir nicht um irgendwelche Lagerbestände beliebigen historischen Faktenwissens, aus dem

---

9 Cf. Diogenes Laërtios, De vitis dogmatis ... 8.57, 9.25.

10 Cf. Diogenes Laërtios, De vitis dogmatis ... 9.51–53.

11 Cf. E. Fromm, Haben oder Sein.

12 Cf. J. G. Fichte, Gesamtausgabe, 2.7.70.11–16 (Vorlesungen der W.L. Im Winter 1804. 1ste.): „Aus nur Einem erklären: alles auf das Eine zurükführen; aus jedem Punkte vorwärts, rükwärts können: dies ist ihr [sc. der Wissenschaftslehre] Gang und Geist. – Sie ist daher *Lehre* – Theorie, erschöpfende, vollendete, auseinandersetzende, systematisch geordnete, erprüfte – des *Wissens,* u. da dies, wie Sie gesehen haben, hier nicht *zeitwörtlich,* sondern absolut bestehend genommen wird, der Wissen*schaft,* (Wißthums, Wißheit = Weißheit) *Wissenschaftslehre.*"

die Menschen nur selten etwas Lehrreiches für ihr gegenwärtiges und zukünftiges Handeln entnahmen. Wer etwas Bestimmtes sagte und an welchem genauen Ort und Jahr ist irrelevant, daß es innerhalb einer gewissen Zeitspanne überhaupt ausgesprochen (und vielleicht auch gedacht) wurde, zählt. Genauso wenig geht es mir um Gelehrtenwissen und dessen elitäre, scholastische oder museale Zurschaustellung, nicht um das Zusammenbasteln von bizarren oder trivialen Weltbildern, je nachdem, die in Expertengremien und öffentlichen Veranstaltungen zum Gegenstand gegenseitiger intellektueller Überbietung gemacht oder politisch und populistisch zur Lösung von Problemen jedweder Art angepriesen werden, welche vom Kreuzwort- bis zum Welträtsel reichen. Auf der anderen Seite geht es mir aber auch nicht um das alternativ dazu lamentierte, sich scheinbar bescheiden, tatsächlich jedoch heuchlerisch demütig oder wirklich ekelhaft ahnungslos auf Sokrates (470/69–399) berufende Eingeständnis, daß der Philosoph überhaupt nichts wisse und wissen könne, ja wegen des anhaltenden Meinungsstreits und der allenthalben feststellbaren Relativität und Perspektivik aller Gesichts- und Standpunkte in skeptizistischer (pseudo-skeptischer) Manier noch nicht einmal wisse, was seine Disziplin ausmache und ob es das überhaupt gebe, worauf sie abziele: Wissen und Wahrheit; von Weisheit gar nicht erst zu reden.

Argumente dagegen bleiben jedoch folgenlos, da sich die darauf Angesprochenen niemals als Angesprochene wahrnehmen, weil sie sich ja trotz ihrer Leugnung auf der Seite der Wahrheit wähnen, es also genau so ist, wie sie es (nicht) wissen, der Vorwurf, der Wahrheit nicht zu entsprechen, somit ungerechtfertigt an sie herangetragen werde und entweder überhaupt fehl am Platze sei oder nur auf die Meinung anderer zutreffe. Demgegenüber will ich mir von den zu Philo-Sophie und Sophía Entschlossenen, denen, die ihr Leben darauf setz(t)en, die Kunst der Re-flexion zu erlernen und sie im

Dasein umzusetzen, ‚zu denken geben' lassen. Ich darf diese von Martin Heidegger (1889-1976) geistreich in die Philosophie eingeführte Sprechweise verwenden,[13] ohne auf seine dem indischen Denken gegenüber bedenkliche, verständnis- und gedankenlose Art des ‚denkenderen Denkens'[14] etwas zu geben.

Institutionell eingebundenen philologisch-historisch, doxographisch, mathematisch-logisch und natur(wissenschafts)philosophisch orientierten Vertretern des Fachs gilt die von mir vertretene Erkenntnishaltung insofern für naiv, als sie ganz unaufgeklärt, eben ‚meta-physisch', was im Zeitalter platter Oberflächen ohne jegliches Dahinter des Physikalismus, der sogenannten Analytischen Philosophie und ähnlicher Fächer und Fachrichtungen ein Schimpfwort ist, davon ausgehe, daß es so etwas wie Wahrheit oder Wahres gebe. Wer sie pflegt, muß sich dessen eingedenk sein, als Dinosaurier der Disziplin zu gelten und dort vorgeführt zu werden, wo Überreste und Rekonstruktionen dieser tatsächlich oder vermeintlich kleinhirnigen ‚Monster' vergangener Erdzeitalter zur Schau gestellt werden: in paläontologischen Museen, Raritätenkabinetten –

---

13 Cf. M. Heidegger, Was heißt denken?, pp. 1-4.

14 Cf. M. Heidegger, Wegmarken, p. 367: „So liegt alles daran, daß zu seiner Zeit das Denken denkender werde." Bemerkungen zum indischen Denken in M. Heidegger, Zollikoner Seminare, pp. 223-225. Über J. L. Mehta, Heidegger and Vedanta: Reflections on a Questionable Theme; idem, Heidegger and the Comparison of Indian and Western Philosophy, hinaus halte ich nicht nur den Vergleich, das gegenseitige Verständnis und Gespräch zwischen Vedānta und Heideggers Denken für fragwürdig, sondern zwischen diesem und indischer Weisheit generell. Entsprechend sind die bisher veröffentlichten Studien zu dieser Thematik zu beurteilen. Meine Kritik folgt hier J. N. Mohanty, Reason and Tradition in Indian Thought, pp. 288-290 = idem, Essays on Indian Philosophy, pp. 319-321, nicht aber das Gesamt meiner Begründung, die ich (nicht aus mangelnder Kenntnis, Desinteresse oder Bedeutungslosigkeit der Sache) hier leider schuldig bleiben muß.

oder ‚Jurassic Parks'. Ein Philosophiewissenschaftler, der die Philosophie existentiell in der Weise ernst nimmt, daß sie seinen Lebenssinn und -zweck bestimmt, gilt eben als Bekenner oder Apologet und somit als wertend und befangen. Das ist der Grund, warum ich begann und nun auch durchhalte, streng zwischen Philosophiewissenschaft und Philosophie zu unterscheiden; Vertretern letzterer kann nicht egal sein, ob und wie man seine (hehren) Gedanken und Einsichten im Dasein umsetzt und verwirklicht, Vertretern der ersteren aber sehr wohl. „Während ich die relativen Verdienste des »immerwährenden« und des »szientistischen« Zugangs zur Philosophie beiseite lasse, ist all das, was ich hier feststellen will, ihre gegenseitige Unvereinbarkeit. Unsere »szientistischen« Philosophen sind sich dessen sehr wohl bewußt. Wir brauchen nur die Schriften von Empiristen, logischen Positivisten und Sprachanalytikern zu durchgehen, und es wird offensichtlich werden, daß die Feindseligkeit, die gegenüber einem Philosophen an den Tag gelegt wird, fast ein Maß für sein Interesse an Spiritualität darstellt. Und die Modernen haben in gewisser Hinsicht recht. Denn »immerwährende« und »szientistische« Philosophien stellen zwei qualitativ verschiedene Denkweisen dar, die fast nichts miteinander gemein haben, außer vielleicht einen gewissen Grad an Respektierung der Rationalität. Unsere Zeitgenossen versichern uns andauernd, daß die Spiritualphilosophen der Vergangenheit überhaupt keine »Philosophen«, sondern Träumer, Mystiker, Dichter usw. sind. Alles, was wir daraus schließen können, ist, daß das Wort »Philosophie« in zwei unvereinbaren Bedeutungen Verwendung findet: 1. Als Streben nach »Weisheit«. 2. Als »strenge« akademische Beschäftigung ohne viel vorgeblichen Zweck. »Weisheit«, wie sie hier gemeint ist, ist aus Erkenntnis und einem »guten Leben«

zusammengesetzt, …"[15]

Um diese schon etwas ältere Einsicht zu unterstreichen, schicke ich gleich eine ganz ‚neue' hinterher, die von der Konzeption der Philosophie ausgeht, wie sie derjenige griechische Philosoph vorlegte, dem zugesprochen werden kann, ihre argumentativen Fundamente auch in schriftlicher Form gelegt zu haben. „Das Wort 'Philosophie' scheint mir heute weit von seiner ursprünglichen Bedeutung entfernt zu sein und falsch gebraucht [misused] zu werden, wenn es verschiedene Autoren verwenden, um Systeme, Methoden und Erscheinungen zu beschreiben, die sich von dem unterscheiden, was Platon meinte. Der Mißbrauch [maltreatment] des Begriffs ist jetzt so allgemein geworden, daß die Leute nicht wahrnehmen, daß sie ihn verwenden, um ganz andere Betätigungen zu beschreiben. So veröffentlichte ein derzeitiger Wissenschaftler, A. Rosenberg, *The Philosophy of Science* (2000). Gleich zu Beginn seiner Studie schreibt Rosenberg, 'Die Wissenschaftsphilosophie ist zu einem großen Teil ein schwierig zu definierender Gegenstand, weil Philosophie schwer zu definieren ist' (p. 2). Die Schwierigkeit des Wissenschaftlers ist verständlich, da Philosophie wenig mit Wissenschaft zu tun hat. Philosophie selbst wird in Platon's Schriften sehr klar definiert: Sie ist das System von Erkenntnis und Praktiken, durch das ein Mensch dazu gelangt, sich selbst zu erkennen, seine göttliche Natur zu verwirklichen und Unsterblichkeit zu erlangen; so heißt es im *Timaios,* er kehrt in die Regionen der Götter, zu seinem Geburtsstern zurück und lebt in unvergänglicher Seligkeit (42B). Alles sonst ist streng genommen nicht 'Philosophie'. Es gibt ebenso Publikationen zur 'Philosophie' des Kochens oder Motorradfahrens und ähnliches: in einigen dieser versucht der Verfasser solche Betätigungen mit philosophischen Prinzipien zu verknüpfen.

[15] E. Conze, Buddhist Studies 1934–1972: Buddhist Philosophy and its European Parallels, 1.217.

Was passierte, ist, daß der Begriff übernommen und willkürlich auf verschiedene Arten von Disziplinen übertragen wurde, die nicht an Selbstverwirklichung interessiert sind (Aristoteles und seine Anhänger trugen dazu bei, aber das ist eine andere Geschichte). In all diesen Fällen bekommen Definitionsversuche, wie bei Rosenberg, Schwierigkeiten. Die moderne Wissenschaft (das Gesamt von Physik, Chemie, Biologie und ähnlichem) hat gewisse Charakteristika: ihre wohldefinierten Forschungsweisen, mit anderen Worten, ihre eigenen Methoden und ihr eigenes Wesen. Aber es kann kaum gesagt werden, daß sie 'Philosophie' hat, außer wenn der Begriff mißbraucht/falsch gebraucht [misused] wird."[16]

Zwar ist es ein Verdienst der Philosophiewissenschaft, Quelltexte und sogenanntes philosophisches Schrifttum auf verschiedene Weisen zu bearbeiten und zugänglich zu machen, indem sie die beforschten Lehren aus ihrer überlegenen Forscherposition heraus nicht selten als schales Gebräu vorsintflutlicher Spintisiererei erscheinen macht, dessen Wahrheitsgehalte sich als Märchen und deren Geltungsansprüche sich durch die Erkenntnisentwicklung der Neuzeit und Gegenwart als Kinderkram erwiesen, man denke nur an die Einschätzung früher indischer Weisheitslehren durch den westlichen Übervater der Indologie, F. Max Müller (1823-1900),[17] handelt es sich dabei jedoch nicht selten um die verkappte Ideologie des Herrschenden. Nicht viel anders verhält es sich bei der Form von Sinnieren über Gott und die Welt, die sich mit dem Namen der Philosophie schmückt und ich hier als grundverschieden von der Philo-Sophie einführen muß, ich nenne sie PhiloSophistik

[16] N. Kazanas, The Dialogues of Plato and the Upaniṣad-s, pp. 5-6, meine Einfügung von uneindeutigen englischen Originalbegriffen in eckigen Klammern; cf. idem, Greek Philosophy up to Aristotle, pp. 922-925.

[17] Dokumentation in W. Halbfass, Indien und Europa, pp. 101-102.

und verstehe darunter ein freies rhetorisch-literarisches Spekulieren und Fabulieren unter mehr oder minder ausgiebiger Bezugnahme auf philosophisches und Verwendung von philosophischem Gedankengut oder was dafür gehalten wird, wobei es durchaus einige Durchschnittsmengen mit der Philosophiewissenschaft geben mag.

Indem die philo-sophische Einstellung demgegenüber in der Gewißheit verankert ist, die Wahrheit oder das Wahre, auch und gerade in antiken Denkanstrengungen, ausfindig machen und selbst, wenn auch nicht inhaltlich-konkret, immerhin aber formal und strukturell, erfassen zu können, gilt sie solchen Fachvertretern, besonders den institutionalisierten, als anmaßend und in bezug auf das interkulturelle Verstehen, falls es überhaupt schon institutionell vertreten ist, als aggressiv und imperialistisch. Schlimmer: die Forderung, daß man sein Leben auf das Wahre hin ausrichten solle, erweckt ihren Argwohn, entweder weil man sich dadurch im Bewußtsein, ihm nicht zu entsprechen, peinlich berührt fühlt, was selten und gewissermaßen noch ehrenhaft ist, oder weil man sich dieser Forderung enthoben wähnt, da die Wahrheit entweder durch die Naturwissenschaft schon weitestgehend gefunden sei, mit der philosophischen nichts zu tun habe und man dieser voll genüge, was freilich nicht schwer ist bei der Minimalität dieses Überbleibsels, oder sie es gar nicht gebe. Am schlimmsten aber, die Überzeugung, daß man in und aus der Wahrheit leben, sie ‚erfahren' und ihr entsprechen könne: Mainstream-Gelehrten wie deren noch aufklärerischen Widersachern ein Ulk oder ein Fall für die Psychiatrie. Ihre Mißachtung, Mißbilligung und Verachtung sollte man deshalb nicht nur in Kauf nehmen, sondern sie im Gegenteil als Auszeichnung auffassen.

In einer Wissenswelt zwanghaften und erzwungenen Gegenstandsbezugs (‚Objektivitis') muß die im Anschluß an antikes Philosophieren in allen Regionen, besonders Südasiens (Indiens), als Selbstverständlichkeit vertretene Erreichbarkeit des Erkenntnisziels der Ungegenständlichkeit (Trans-Dimensionalität) natürlich als Größenwahn, als psychischer Kompensationsmechanismus oder schlechtweg als Irrsinn aufstoßen. „Die Seele muß nur in sich zurückgehen, um am Ende ihrer inneren Pilgerfahrt das Selbst wiederzufinden. Die shankarasche Sprache, die diese Suche beschreibt, ist eine radikaler intellectiver und spiritueller Innerlichkeit. Das ist der Zug, der uns eher «orientalisch» erscheint: die vollständige Transparenz der Seele gegenüber dem Absoluten, die mit einer rigorosen Überschreitung aller Dualismen einhergeht. Wir werden bald einen analogen Zug im Buddhismus von Nagarjuna wiederfinden. Und man dürfte ohne weiteres die Äquivalenz dieser Einstellung in den taoistischen Texten finden."[18] Das sollte hinsichtlich der Frage nach dem interkulturellen Verstehen und Verständnis, das die derzeitige akademische interkulturelle Philosophie an den Tag legt, zu denken geben. Daß und warum die Wächter der Denkbeschränkung auf die Reflexionen derer, die die Gedankenschranken niederreißen, mit geradezu panischer und phobischer Abwehr reagieren, wäre doch einmal wert, einem breiteren Publikum bekannt gemacht zu werden.

---

[18] G. Vallin, La perspective métaphysique, p. 97; die (sehr erhellende) erwähnte Darstellung zu Ārya Nāgārjuna (in Gegenüberstellung zu Śaṅkarāchārya) findet sich in o.c., pp. 111–122; einzelne Hinweise auf Nāgārjuna sind über das gesamte genannte Werk verstreut; cf. auch idem, Lumière du Non-dualisme, pp. 14 (Pourquoi le non-dualisme asiatique? (Eléments pour une théorie de la philosophie comparée)), 114 (La Gnose et ses simulacres); eine konzise Studie zu diesem Sachverhalt im Daoismus legt derselbe Autor mit idem, remarques sur quelques difficultés d'approche de la métaphysique taoïste, vor.

3 Wissen(schaft) – Mythos – Glaube

In ihrer Funktion als unhinterfragte und ob ihrer ideologischen Machtstellung mittlerweile fast unhinterfragbare Weltanschauung nehmen die mundanen, sogenannt positiven und mit Natur in einem ganz spezifischen, verkürzten, angeblichen Fakten im weitesten Sinne befaßten, objektiven Wissenschaften, die Natur- und mit Abstrichen auch die Gesellschafts- und Menschenwissenschaften, heute den Platz ein, den früher die Religion innehatte. Die Differenz liegt allenfalls im Quantitativen: keiner traditionellen Konfession ist es trotz Mission, Eroberung, Unterwerfung oder Ausrottung anderer Weltanschauungen irgendwann gelungen, das gesamte Erdenrund unter ihre Herrschaft zu zwingen und dem Wortsinne nach Weltreligion zu werden. „In vielleicht ungesundem Maße hat die Wissenschaft die Religion als Hauptquelle von Wahrheit und Werten in der heutigen Welt verdrängt."[1] Religion und Wissenschaft sind auf ihre je spezifische Art geprägt durch Strategien der Apologetik und Verschleierung, wobei es der jeweils akzeptierten Doktrin kraft ihrer Vorherrschaft gelingt, gegnerische und unliebsame Positionen dadurch zu eliminieren, daß sie diese nicht (nur und in erster Linie) als unrichtig, sondern als irrational, als unzeitgemäßes Glaubenssystem, Einbildung, Verrücktheit und als störend, gar schädlich, heutzutage vor allem als Verschwörungstheorie hinstellt, gewählt und zugleich schlagend ausgedrückt: diffamiert.

---

[1] W. Broad / N. Wade, Betrug und Täuschung in der Wissenschaft, pp. 258–259; cf. C. F. v. Weizsäcker, Die Tragweite der Wissenschaft, pp. 1–19.

Durch Ökonomie, Politik und Medien sowie leichtgläubige Konsumentenmassen in ihrer Besessenheit von Herstellung, Verbrauch und deren Steigerung (grenzenloses ‚Wachstum') bestätigt, bestärkt und angetrieben, halten viele Vertreter der derzeit dominierenden sogenannten harten Wissenschaften ihre Forschungsergebnisse, oft nur zusammengebastelte Hypothesen und Theoremchen, für objektiv, für die Wahrheit, ja die Realität, und erklären, daß sie frei von Wertungen und unbeeinflußt von irgendwelchen Sichtweisen geradezu die Dinge selbst und an sich sind. Für sie gilt, was Johann Gottlieb Fichte in einem zugegebenermaßen ganz anderen Zusammenhang formulierte: „Ihr Ding ist durch ihr Denken hervorgebracht; nun aber soll es gleich darauf wieder ein Ding an sich, d.i. nicht durch Denken hervorgebracht seyn. Ich verstehe sie wahrhaftig nicht; ich kann mir weder diesen Gedanken denken, noch einen Verstand denken, mit welchem man diesen Gedanken denkt, und ich wünschte wohl durch diese Erklärung auf immer mit ihnen abzukommen."[2] Im Vollzug ist Wissenschaft Szientismus.[3] „Szientismus fügt zur Wissenschaft zwei Begleitsätze hinzu: erstens, daß die wissenschaftliche Methode, wenn nicht die *einzig* verläßliche, so doch zumindest die *am meisten* verläßliche Methode ist, zur Wahrheit zu gelangen; und zweitens, daß die Dinge, mit denen sich die Wissenschaft beschäftigt – materielle Entitäten –, die grundlegendsten Dinge

---

2 J. G. Fichte, Gesamtausgabe, 1.4.244.5-10 (Zweite Einleitung in die Wissenschaftslehre 1797/98) = Fichtes Werke, 1.491; cf. Gesamtausgabe, 1.2.109* (Ueber den Begriff der Wissenschaftslehre) = Fichtes Werke, 1.29; Gesamtausgabe, 1.2.412.20-30, 414.8-17 (Grundlage der gesammten Wissenschaftslehre) = Fichtes Werke, 1.281, 283; Gesamtausgabe, 1.6.245.32-247.28 (Die Bestimmung des Menschen) = Fichtes Werke, 2.238-240.

3 Cf. H. Smith, Why Religion Matters, p. 69.

sind, die existieren."[4]

Bekräftigen will ich meine philosophische Zurückweisung des objektivistischen Dogmatismus mit den Warnungen einiger bedeutender Naturwissenschaftler des 20. und 21. Jahrhunderts. Ich beginne mit keinem Geringeren als dem zu den Vätern des wichtigsten neuen Naturwissenschaftsparadigmas zu zählenden österreichischen Physiker und Nobelpreisträger Erwin Schrödinger (1887–1961), und das aufgrund der Bedeutung seines Urteils mit einem sehr ausführlichen Zitat. „Der Gegenstand, den wir wissenschaftlich untersuchen können, ist allemal nur das Nicht-Ich, das Objekt, wie Sa*n*kara es nennt, das Objekt katexochen. Und so ist denn auch die Methode der Forschung allemal die naturwissenschaftliche, angepaßt der jeweiligen Art des Objekts. Der Sprachforscher sieht heute in der Sprache einen lebenden Organismus, der sich auf sozialem und politischem Nährboden entwickelt. Die Gedankengänge der vergleichenden Sprachforschung sind denen der Paläobiologie zum Verwechseln ähnlich. Vom Psychologen, dem »Seelenforscher«, gar nicht zu reden.

Wenn so das Ich, der Geist, nie im eigentlichen Sinn Objekt der Forschung sein kann, weil objektive Kenntnis vom Geist ein Widerspruch im Beiwort ist, so ist doch anderseits alle und jede Erkenntnis auf ihn bezogen oder recht eigentlich in ihm, und dies ist der einzige Grund unseres Interesses an irgendeinem Wissensgebiet, welches es auch sei. Das Wissen oder mindestens das Fühlen um diesen Sachverhalt ist wohl so alt wie der Wissensdrang überhaupt. Es ist das Naive und Natürliche, alles in Beziehung auf uns selbst, auf das eigene Ich zu denken. Aber dieser naive Standpunkt war eine Zeitlang verschüttet im unglückseligen naturwissenschaftlichen Materialismus. Die ungeheuren, sprungartig vorwärtseilenden Erfolge

---

4 H. Smith, Why Religion Matters, pp. 59–60.

der Naturwissenschaft verleiteten einige ihrer besten Geister, zu glauben, daß sie im Begriff sei, die Gesamtheit alles überhaupt Wissenswerten aufzuhellen, daß es außer ihr bald überhaupt nichts Interessantes mehr geben werde, und insbesondere, daß sie uns bald auch das »Problem des Geistes« lösen und uns ganz objektiven Aufschluß bringen werde, was es eigentlich mit dem Vorgang des Denkens in Wirklichkeit für eine Bewandtnis habe. Die Verschüttung der naiven, natürlichen und philosophisch korrekten Beziehung alles Wissens auf das, selber nicht direkt erforschbare Subjekt des Erkennens, auf das allgemein menschliche Ego wurde vielleicht noch unterstützt durch einen Verdrängungsprozeß. Die gedankliche Beziehung des Wissens auf das Ich wurde durch eine physische verdrängt. Durch seine oft an das Wunderbare grenzenden technischen Nebenprodukte erwies sich das Wissen um die Natur dem physischen Ego dienstbar. So trat ein materieller »Egoismus« an die Stelle des idealen und machte vielleicht den Ausfall des letzteren weniger fühlbar.

Lassen Sie mich in eine kurze Formel zusammenfassen, wozu wir geführt wurden durch die Diskussion einer nicht ganz passenden, aber wohl durch nichts Besseres zu ersetzenden Terminologie – Naturwissenschaft – Geisteswissenschaft:

Das Objekt einer jeden Wissenschaft ist die Natur im weitesten Sinn, d.h. unsere räumliche und zeitliche Umgebung, unter was immer für einem besonderen Aspekt.

Das Subjekt einer jeden Wissenschaft ist immer der Geist und – um ein bekanntes Wort Kants zu variieren – es steckt in ihr nur so viel echte Wissenschaft, als Geist in ihr steckt.

Diese Erkenntnis ist in zweifacher Hinsicht wertvoll. Erstens werden wir nicht in den Fehler der Inder verfallen, die Naturwissenschaften ganz beiseite zu setzen, wenn uns um den Geist zu tun ist – als gehörten sie da nicht zur Sache. Sie haben damit nicht weniger zu tun als die sogenannten

Geisteswissenschaften – etwa weil der Geist nicht ihr Objekt wäre. Denn das ist er überhaupt nie. Aber sie sind ein Produkt des Geistes, in dem sie getrieben werden und der in ihnen waltet.

Wir werden aber auch anderseits von der Naturwissenschaft nicht erwarten, daß sie uns direkten Aufschluß darüber geben könne, was eigentlich der Geist sei; wir werden nicht hoffen, daß wir seine Natur ergründen können, wie viel wir auch über Physik und Chemie der körperlichen Prozesse herausbringen, mit deren Ablauf wir das Wahrnehmen und Denken objektiv verknüpft finden; und wir werden nicht fürchten, daß eine noch so genaue Kenntnis des Mechanismus dieser Vorgänge und der Gesetze, nach denen sie sich abspielen – eine Erkenntnis, deren Subjekt der Geist ist und immer bleibt – etwa ihn selbst in Fesseln schlagen, d.h. uns zwingen könnte, ihn als unfrei, seine Lebensbetätigung als »mechanisch vorherbestimmt« zu erklären, etwa deshalb, weil sie mit mechanisch vorherbestimmtem, den Naturgesetzen unterworfenem physiologischem Geschehen einherginge. Ein solcher Schluß wäre eine παράβασις εἰς ἄλλο γένος, eine Übertragung der Eigenschaften des Objekts auf das Subjekt, wie Sa*n*kara sie mit Recht als gänzlich verfehlt verbietet."[5]

[5] E. Schrödinger, Gesammelte Abhandlungen, 4.381–383 (Der Geist der Naturwissenschaft); cf. o.c., 4.433–453 (Die Besonderheit des Weltbilds der Naturwissenschaft); ich weise darauf hin, daß die Seitenangaben der beiden Stellen, auf die in H. P. Sturm, Die vier Stadien des Ent–Setzens, p. 238[163], lediglich verwiesen wurde, nach der Paginierung der ursprünglichen Essays angegeben sind, nicht nach der dem Band hinzugefügten durchlaufenden Seitennumerierung, die hier Verwendung findet; zudem wird der Titel dort nicht ganz korrekt ›Gesammelte Aufsätze‹ genannt. In idem, Gesammelte Abhandlungen, 4.444–445 (Die Besonderheit des Weltbilds der Naturwissenschaft), wird zur Lösung des Zahlendilemmas von vielen denkenden Ichen und der einen Welt bzw. dem einen Selbst die Monadologie und die Identitätslehre vorgeschlagen; letztere behaupte, daß es nur ein Bewußtsein gebe, die Vielheit nur

Es ist bezeichnend, daß sich der philosophische Zeitgenosse von Physikern bzw. Natur-, d.h. Objektwissenschaftlern erklären lassen muß, worum es in der Philosophie geht. „Die größte Schwachstelle der Naturwissenschaften zeigt sich, wenn sie sich der subjektiven Seite der Realität annehmen – oder sie zu umgehen versuchen. ... Die Wissenschaften versuchen sich auf Ich-es-Beziehungen zu beschränken, auf die Welt aus der Sicht einer dritten Person. Ich-du-Beziehungen, das heißt Erfahrungen in der zweiten Person oder gar persönlichen Erfahrungen, also Erfahrung in der ersten Person, spricht man besser gar nicht erst an. Unser Innenleben – Träume, Hoffnung, Liebe, Hass, Schmerz, Begeisterung, Intention, Freude und Kummer – kommen nur als Kurven eines Elektroenzephalogramms, als Konzentrationsänderungen bestimmter Stoffe an

---

Schein sei, so z.B. die Upanischaden oder die Mystik. Die Identitätslehre habe der Monadologie voraus, daß das Bewußtsein empirisch immer nur im Singular gegeben sei; dieser Sachverhalt wird im Fortgang dieser Studie nicht weiter verfolgt, sondern nur von der Hirnphysiologie aus andiskutiert, doch in idem, Was ist Leben?, pp. 123–127, unter abermaligem Verweis auf die Upanischaden und die Mystik kurz verdeutlicht. Wie behauptet werden kann, daß die Inder die Naturwissenschaft ganz beiseite gesetzt hätten (siehe zitierten Haupttext und idem, Gesammelte Abhandlungen, 4.380), und daß Monadologie wie Monismus „im Rahmen des griechisch-naturwissenschaftlichen Denkens in der Tat beide wahnsinnig anmuten" (idem, Gesammelte Abhandlungen, 4.444), auch der Monismus „seinem Ursprung nach ganz ungriechisch" (l.c.), „dem westlichen Denken .. diese Vorstellung fremd geblieben" sei „trotz Schopenhauer und andern" (idem, Was ist Leben?, p. 124), ist nur so zu erklären, daß einerseits ausschließlich die derzeitige Doxographie zum Standard und die altgriechische Doktrin vom Absoluten, Einen und Überseiendem wie vom Kosmos als Schatten, Schein und bloßem Namen (*skiá/pseudós/dóxa/ónoma*), andrerseits die beachtlichen naturwissenschaftlichen Leistungen der alten Inder nicht zur Kenntnis genommen wurden. Zum Ausgleich der angenommenen Einseitigkeiten schlägt idem, Gesammelte Abhandlungen, 4.445, vom heutigen Standpunkt aus berechtigterweise vor: „Es ist das aber genau die Stelle, wo m.E. das griechisch-naturwissenschaftliche Denken wirklich einer Korrektur, einer »Blutmischung mit dem Osten«, bedarf."

den Nervenenden oder als Gehirnquerschnitte am Computerbildschirm vor. So wird aus unserem Geist ein »Es«, ein Objekt."[6]

Und ich ergänze mit einem Vertreter der Physik und Universalgelehrten unserer Tage, der sich nicht scheute, von den Gipfeln naturwissenschaftlicher Klarheit in die Niederungen nebulöser Geistgehalte herabzusteigen, um sich zu philosophischen, mythologischen, religiösen und meditativ-yogaspezifischen Themen zu äußern,[7] Carl Friedrich von Weizsäcker (1912–2007): „Viele Bewunderer der Wissenschaft meinen, sie unterscheide sich gerade darin von der Religion, daß sie Glauben durch Vernunft ersetzt. Eben diese Meinung ist nach meiner Ansicht eine Äußerung ihres Glaubens. Wir dürfen nur den Begriff des Glaubens nicht zu eng fassen ..."[8] Abrundend dazu noch eine Feststellung aus einer soziokulturellen Perspektive. „Die in der Wissenschaft offenkundige Rationalität wurde auch dahingehend fehlinterpretiert, daß die Wissenschaft die einzige rationale Verstandesübung in der Gesellschaft oder zumindest die anspruchsvollste und aussagefähigste sei. Beim Auftreten mancher Wissenschaftler in der Öffentlichkeit kann man feststellen, daß sie sich in dieser Rolle gefallen, die sie als Päpste der Vernunft zu salben scheint, die einer irrationalen Allgemeinheit das Heil predigen. Es ist vermutlich eine Mißdeutung zu glauben, die Wissenschaft sei von ganz anderer Art als sonstige menschliche Verstandesübungen."[9]

---

6 R. Sheldrake, Der Wissenschaftswahn, pp. 437–438 (Text nach dt. Ausgabe); ⟨engl.⟩ pp. 333–334.

7 Cf. C. F. v. Weizsäcker, Der Garten des Menschlichen, pp. 533–550 (IV.8. Gespräch über Meditation); idem, Einleitung zum Buch von Gopi Krishna: Biologische Basis der Glaubens-Erfahrung, pp. 5–45.

8 C. F. v. Weizsäcker, Die Tragweite der Wissenschaft, p. 4.

9 W. Broad / N. Wade, Betrug und Täuschung in der Wissenschaft, p. 258.

Ideologiekritisch ausgedrückt: Jeder Glauben hält sich für wahr und das darin Geglaubte für das Wahre, ja für die Wirklichkeit selbst, anderen Glauben aber für Aberglauben, wobei der Glaube, daß der eigene Glauben kein Aberglaube ist, dessen schlimmste Form darstellt. „Die moderne Welt hat die Verhältnisse zwischen den verschiedenen Ordnungen der Dinge genau umgekehrt; noch einmal: Abwertung der intellectuellen Ordnung (und sogar Abwesenheit der reinen Intellectualität) und Übertreibung der materiellen und gefühlsmäßigen Ordnung, all das paßt zusammen und es ist all das, was aus der gegenwärtigen westlichen Zivilisation eine Abnormität, um nicht zu sagen eine Monstrosität macht. … Von allem Aberglauben, der von genau denen gepredigt wird, die sich dazu bekennen, bei jeder Gelegenheit gegen den «Aberglauben» zu wettern, ist der der «Wissenschaft» und der «Vernunft» der einzige, der auf den ersten Blick nicht auf einer gefühlsmäßigen Grundlage zu ruhen scheint. Aber es gibt mitunter einen Rationalismus, der nichts als ein verkleideter Sentimentalismus ist, wie es nur allzu gut die Leidenschaft beweist, welche ihre Verfechter da hineinlegen, der Haß, den sie gegen alles hegen, was ihre Neigungen durchkreuzt oder ihr Verständnis übersteigt. Da der Rationalismus übrigens in jedem Falle einer Verminderung der Intellectualität entspricht, ist es natürlich, daß seine Entwicklung Hand in Hand mit dem des Sentimentalismus geht, wie wir es erklärt haben …“[10]

Doch ist in jeder Wissensbemühung, in jedem Ringen um Wahrheit und jedem Weisheitsstreben Glauben als Momentum enthalten, nämlich als der anfängliche Drang nach Wissen, Wahrheit oder Weisheit, der Kunde davon gibt, daß man, ohne bereits genau zu wissen, in irgendeiner Form davon überzeugt ist oder darauf vertraut, eins davon, mehrere oder alle diese in

[10] R. Guénon, Orient et Occident, pp. 36–37 … 43.

einem gewissen Umfang erlangen zu können, ansonsten ließe es doch ein jeder von Anfang an mit dem Istzustand bewenden. „Von den Göttern philosophiert keiner, noch auch begehrt einer, weise zu werden (denn er ist es), und auch wenn sonst einer weise ist, philosophiert er nicht. Nicht auch philosophieren umgekehrt die Unwissenden, und sie begehren auch nicht, weise zu werden. Denn das ist eben das Schlimme an der Unwissenheit: weder schön noch gut, noch auch einsichtig zu sein und zu meinen, sich selbst genug zu sein. Wer allerdings nicht glaubt, bedürftig zu sein, begehrt auch nicht, wessen er nicht bedürftig zu sein glaubt.“[11]

Daß heute und in unseren Breiten kaum noch jemand nach der durch den römischen Schriftsteller Horaz (65–8) bekannt gewordenen, auf den altgriechischen Tragödiendichter Aischylos (525–456) zurückgehenden Aufforderung: „Wage weise zu sein, fang an!“[12] das Risiko eingeht, tatsächlich weise zu werden, spricht nicht gegen die Erreichbarkeit des Ziels und die Philosophie an sich, sondern gegen deren heutige Auslegung und gegenwärtigen Verfechter, die zu einem geistigen Klima weisheitlichen Kleinmuts, oder wie dies ein moderner indischer Guru, der erste, der zahlreiche Westler in den Yoga einführte, vor einiger Zeit nannte, spiritueller Feigheit, beitrugen. Man

---

[11] Platon, Symposion 204a1–7: *theõn oudeìs philosopheĩ oud' epithumeĩ sophòs gnésthai (ésti gár), oud' eí tis állos sophós, ou philosopheĩ · oud' aũ ʻoi amatheĩs philosophoũsin oud' epithumoũsi sophoì gnésthai · autò gàr toũtó esti chalepòn amathía, tò mḕ ónta kalòn kagathòn mēdè phrónimon dokeĩn ʻautõj eĩnai ʻikanón · oúkoun epithumeĩ ʻo mḕ oiómenos endeẽs eĩnai oũ àn mḕ oíētai epideĩsthai.*

[12] Q. Horatius Flaccus, Epistulae 1.2.40–41: *sapere aude, incipe.* Von Fachgelehrten wird der Spruch auf Aischylos, Prometheus vinctus (Promētheùs desmṓtēs), Verse 999–1000, ⟨ed./tr.⟩ O. Werner, pp. 470/471, zurückgeführt, wo es (auf das Wesentliche kontrahiert) heißt: *tólmēson, õ mátaie, … orthõs phroneĩn*: „wage, o Törichter, richtig klug/weise zu sein“ oder „wage, o Unvernünftiger, den rechten Sinn zu haben“ oder „wage, o Narr, recht abzuwägen“.

könnte den Aus- und Angriff des Gegenwartsmenschen auf das, was nicht er ist, geradezu für eine Flucht vor der Beschäftigung mit und Arbeit an sich selbst halten, die, je unbewußter sie ist, desto aggressiver durch das Bedrängen des anderen, zu dem nicht nur die sogenannt unbelebte Natur, sondern auch die belebten, beseelten und verstandesbegabten Wesen gehören, kompensiert wird.

Indem der pathologische Glaube des Durchschnittswissenschaftlers an die Objektivität, die in der Wissenschaftstheorie längst schon in Inter-Subjektivität umgemünzt wurde,[13] was einen von der pandemisch verbreiteten und dadurch unbemerkt bleibenden Bewußtseinsstörung der ‚Objektivitis' Befallenen trotz der darin zum Ausdruck kommenden vollständigen Umpolung jedoch nicht beeindrucken kann, ist das Subjekt, außer natürlich sein eigenes, für ihn doch auch nur Objekt, übersieht oder übergeht der darunter (Nicht-)Leidende gar zu leicht, daß diese durch theoretische und methodische (ideelle) Vorannahmen sowie fach- und sachfremde Faktoren, gesellschaftliche (politische, ökonomische) Zwecksetzungen und Organisation(en) bestimmt ist, und er als ihr Vollzugsorgan die darin geltenden Normen und Werte zu vertreten hat und zu seinem persönlichen Vorteil, gemessen selbstverständlich an der gegenwärtigen Präferenzskala mit der Tugend materieller und immaterieller Habgier an oberster Stelle, denn auch wahrlich anstandslos vertritt.[14]

Im Fachjargon wird die Floskel vom Hypothesencharakter aller wissenschaftlichen Theorien und Wirklichkeitsannahmen zwar nicht fehlen, an seinen Früchten, d.h. seinem Handeln und Verhalten, sobald die Scheinwerfer nach den offiziellen

---

13 Cf. R. Puligandla, Jñāna-Yoga – The Way of Knowledge, pp. 30-32.

14 K. Fischer, Wahrheit, Konsens und Macht, pp. 54-55, listet wissenschaftlich feststellend zwölf „Erscheinungen, die den funktionalen Normen der Wissenschaft zutiefst widersprechen", auf.

Zurschaustellungen abgeschaltet sind, der schöne Schein akademischer Inszenierung verschwunden ist und das unbekümmerte und für den einzelnen Gelehrten folgenlose intellektuelle Treiben der wissenschaftlichen Bühne den Anforderungen des niedrigen Alltagslebens Platz macht, sollt ihr die Geisteshaltung des mit beiden Füßen auf dem Boden der Realität stehenden, ich will sagen, zum flachen Realisten herabgesunkenen Wissenschaftlers jedoch erkennen.

Diese institutionelle Verfaßtheit bricht sich zusammen mit der Methodik der Wissenschaften ganz allgemein, Phänomene, auch seelisch-geistige, ausschließlich unter dem Aspekt raumzeitlicher Kraft-Masse-Werte, meßbarer und berechenbarer Größen und Beziehungen dieser gelten zu lassen, in einer gleichermaßen verdinglichend-bestandsichernden und vor allem bestandmehrenden wie herabsetzend-verwaltenden, nicht selten vergewaltigenden Haltung ihrer Vertreter Bahn, die bis zum manischen Bemächtigungszwang, selbst das Unverfügbare durch Mathematisierung und Technifizierung verfügbar machen, haben und unter ihre Kontrolle bzw. Gewalt bringen zu wollen und bis zu einem exzessiven, vom Ge-Wissen unkontrollierten Machbarkeitswahn, alles und jedes nach Belieben und Gutdünken zu produzieren, manipulieren oder destruieren, reicht.

„Wir haben uns bisher überhaupt noch nie ernsthaft eine Frage vorgelegt – die Frage nämlich, ob nicht unser ganzer westlicher Zivilisationsprozeß, dieser so einseitig und überaktiv nach *außen* gerichtete Prozeß, nicht letzten Endes ein *Versuch mit untauglichen Mitteln* sein *könnte,* auf den Geschichtsprozeß als Ganzes hin gesehen, wenn ihm nicht die entgegengesetzte Kunst der *inneren* Machtgewinnung über unser ganzes, sonst automatisch ablaufendes untergeistiges, psychophysisches «Leben», eine Kunst der Versenkung, der Einkehr, der Duldung, der Wesenskontemplation zur Seite geht. Könnte es – ich setze einen Grenzfall – nicht sein, daß der Mensch, der *nur* auf äußere Macht über Menschen und Dinge, über Natur und Leib ausgerichtet ist, *ohne* die genannten Aktionen und Gegengewichte einer Machttechnik über sich selbst, an dem *entgegengesetzten* Ziele schließlich endet, als er erstrebte: daß er in eine immer steigende *Versklavung* an den Naturmechanismus versänke, den er selbst in die Natur als idealen Plan seines aktiven Zugriffs erst hineingesehen und hineingewirkt hatte?“[15]

Dürfen wir wirklich hoffen, daß die indische Einstellung gegenüber Mensch und Welt hier ein Gegengewicht bilden wird? „Während die Welt des Westens in ihrer einseitigen technisch-konstruktiven Subjektivität in der Haltung der subjectio, der Weltunterjochung den Geist der Macht beschwor, den sie nun nicht los wird, einen wahrhaft verheerenden Geist, wie sich in zwei Weltkriegen erwies, ist durch Indien dieser Welt aus den Wurzeln gewaltlos-innerlichen Denkwesens, wie es R. Tagore zuletzt verkündete, aus einer im Grunde religiösen Subjektivität die Macht des Geistes offenbar geworden als gewaltlos waltendes Sein im Schicksal der Menschheit und des Menschen.“[16] Hoffen darf man schon.

Die nach außen gerichtete Machttechnik hat sich schon längst gegen den Menschen gekehrt und sein Inner(st)es eingenommen. Ihr Rüstzeug, ihre Waffen sind die »Wissenschaften« und ihre raffinierten Strategien wie Anwendungsformen. „Die Gegner der immerwährenden Philosophie bevorzugen, sich als »wissenschaftlich« zu beschreiben. Es kann jedoch nichts Unwissenschaftlicheres geben, als das Ziehen extravaganter und vermessener Schlüsse über Vernunft, Seele und Geist des Menschen und über das Schicksal und den Zweck

---

[15] M. Scheler, Gesammelte Werke, 9.161 (Philosophische Weltanschauung).

[16] L. Gabriel, Einführung in indisches Denken, pp. XLVI-XLVII; man wünschte, die Indien Regierenden und Beherrschenden hätten dies gehört und würden dies erhören.

des Lebens aus ein paar Beobachtungen über die Ausdehnung von Gasen, die Ausbreitung von Motten und die Spiegelung von Himmelskörpern in kleinen Glasscherben. Wenn ich auf den Teil von mir reduziert würde, der in kleinen Glassplittern gesehen werden kann, würde ich sicherlich empfinden, daß der größte Teil meines Seins weggelassen wurde. Warum sollte das nicht auch für andere Dinge neben meinem eigenen teuren Selbst gelten?“[17] Es bedarf schon eines besonderen Menschenschlags oder einer ausgiebigen Gehirnwäsche, wenn auf Dauer verborgen bleiben soll, daß das, was für das Realste gehalten wird und die Realität alles anderen verbürgt, Zahlen, Relationen zwischen diesen und die Operationen mit ihnen, mit einem Wort: Mathematik, das eigentlich Ideelle ist, aus keinem Boden, auf keinem Baum gewachsen, in keiner Mine abzubauen, keinem Reagenzglas zu mischen und von keinem Hersteller zu beziehen. „Aber in deinem Satz steht doch Zahl, also ist sie real! “, wird der Schlaukopf entgegnen. „Bedeutungslose Striche“, gibt der Schlauere zurück, „nichts als Gekritzel und Schmiererei.“

Man möge mir nachsehen (oder nicht), daß ich mich nicht dazu hergebe, zu dem ■■■■■■■■■■ Geschäft der Militärforschung, die einen nicht unerheblichen Teil von Forschung überhaupt ausmacht, Stellung zu beziehen. Genauso wenig zu der nach wie vor weltweit existierenden Art von Forschung, die diese in unterschiedlich engen Kreisen umgibt und aus der nicht allzu fernen deutschen Geschichte wohlbekannt, doch aus leicht einzusehenden Gründen in hohem Maße tabuisiert ist, so daß man jegliche Stellungnahme dazu besser unterläßt. Indem ich, durch die neuere Geschichte belehrt, die Ansicht vertrete, daß die Protagonisten und Propagandisten geschilderter Wissenschaftsausrichtungen nicht aus ihrer (persönlichen)

---

[17] E. Conze, Buddhist Studies 1934–1972: Buddhist Philosophy and its European Parallels, 1.215^{3}.

Verantwortung entlassen werden sollten, weil das Resultat ihres Treibens kein unerklärliches Geschick darstellt, aus dem uns nur eine durch ein „anderes Denken" veranlaßte höhere Macht – „ein Gott" – erretten könnte, weicht meine Analyse und Evaluation von der verwandten, auf die Objektwissenschaften und deren metaphysische Implikationen zielenden seinsgeschichtlichen Technikkritik unter dem Schlagwort des »Ge-stells«, die Martin Heidegger in seinem Spätwerk geradezu sibyllinisch propagierte,[18] ganz beträchtlich ab.

Der wissenschaftliche Objektivismus und seine Begleit-, Neben- oder Folgeerscheinungen: Materialismus, Realismus, Positivismus, Energetismus, Sensualismus, Determinismus, Mechanizismus, Empirismus, Evolutionismus, Physikalismus, Biologismus, Behaviorismus usw. bis hin zum Pragmatismus und plattesten szientistischen Common sense hat heute zusammen mit einflußreichen, sich dieser fleißig bedienenden, doch aus dem Hintergrund agierenden fundamentalistischen, eschatologischen, messianistischen, und apokalyptischen religiösen Zirkeln, Gruppierungen und Bewegungen, deren totalitäre Tendenzen geradezu handgreiflich sind, in der Sphäre globaler Dogmen- und Ideologiebildung Konjunktur.

Er wuchs zu einem gottlosen Glauben, nein, ich muß mich korrigieren, zu einer Hochreligion des Gottes Mammon (Raffgier) heran, dessen Verehrung in den Ritualen und Liturgien von ‚Profitismus' ‚Potentismus' und ‚Prestigeismus' vollzogen wird.[19] Da die Bezeichnungen Habgier, Machtwahn und

---

[18] Cf. M. Heidegger, „Nur noch ein Gott kann uns retten", p. 209; idem, Vorträge und Aufsätze, pp. 8-40 (Die Frage nach der Technik).

[19] Cf. R. Guénon, La crise du monde moderne, pp. 143-163, ⟨dt.⟩ pp. 121-139; die letzten drei Seiten des mit „Une civilisation matérielle" überschriebenen Kapitels 7 sind in meinem Hinweis ganz bewußt nicht enthalten, da ich sie ohne ausführliche Erläuterungen für nicht zutreffend bzw. für irreführend erachte.

Geltungssucht veraltet und/oder ordinär – nein, das gilt seit den Zeiten der Weltfinanzkrise und des Derivate-Kapitalismus ab Ende 2008 gar nicht mehr, seither ist Geiz geil –, zudem offen wertend und in dieser Hinsicht auf die gemeinten Phänomene nach dem Selbstverständnis der modernen Wissenschaftswelt auf diese gar nicht anwendbar sind, weil sich diese völlig (mehr-)wertfrei und subjekt-, ichlos, entpersonalisiert wie entpersonifiziert (= objektiv und systemisch) gebärdet und keine Verantwortlichen für irgend etwas mehr ausfindig und dingfest zu machen sind, stütze ich mich hier auf geschraubte Neologismen, die die Sache aussprechen, ohne daß sich davon jemand, was heißt da noch »jemand«?, angesprochen oder angegriffen fühlen muß.

Zwar ist diese Religion in ihren Inhalten und ihrem Kultus neu, doch besteht sie, wie das Religionen so an sich haben, formal aus den alten, den klassischen Teildisziplinen von Mythos, Ritus und Magie, nun Theorie, Akademismus und Technik genannt. „Das »wissenschaftliche Weltbild« im Unterschied vom mythischen war selber jederzeit ein neues mythisches Weltbild mit wissenschaftlichen Mitteln und dürftigem, mythischem Gehalt."[20] Im Anschluß an diese Feststellung von Karl Jaspers wäre sein die Implikationen dessen bedenkendes Urteil zu erinnern: „In meinem Vortrag hatte ich gegen Sie die Thesen gerichtet, die ich noch einmal formuliere: ein modernes Weltbild gebe es nicht; was Sie die Bestimmtheit des modernen Weltbildes durch die Wissenschaft nennen, sei nichts anderes, als was es seit Jahrtausenden an materialistischem, sensualistischem, realistischem Denken gebe; mit moderner Wissenschaft habe der heute universale Wissenschaftsaberglaube kaum etwas zu tun, außer dem, daß ein sachlich kleiner Ausschnitt dieser Wissenschaft durch seine technischen Folgen derart imponiere,

---

[20] K. Jaspers, Einführung in die Philosophie, p. 59.

daß der Wissenschaftsaberglaube darin die stärkste Stütze erhalte; und hier in dem technischen Denken über garnicht technisierbare Handlungen und Verhaltungsweisen führe der Wissenschaftsaberglaube zu einem spezifischen, dem unzerstörbaren magischen Unfug analogen, verwüstenden Tun."[21] Nach sechs Jahrzehnten, die seit seiner Formulierung ins Land gingen, wäre diese Einschätzung mit Blick auf die Idealvorstellungen von einer realistischen Wissenschaft, die darin offenbar zum Ausdruck kam,[22] und nach den mittlerweile weiteren Kreisen bekannt gewordenen Entwicklungen, auf den Gebieten der Quanten- und Energiephysik, Biologie wie Biochemie, sowohl wissenschaftsintern[23] als auch wissenschaftstheoretisch, auf der Basis ont-epistemologischer (re–flexionstheoretischer) Gegebenheiten nämlich, (neu) zu bewerten.

Dem stelle ich den Ausspruch eines geachteten Gelehrten neuester Zeit gegenüber, um darauf aufmerksam zu machen, wieviel der „heutige universale Wissenschaftsaberglaube ... mit moderner Wissenschaft" tatsächlich gemein hat. „Die Mythologie der Naturwissenschaft ist eine unbewußte Mythologie. Denn wo wir, wie ich meine, mythologisch reden, glauben wir gar nicht, daß das mythologisch ist. Ich will nicht ausschließen, daß ganz in der Tiefe sich zwischen beidem, zwischen Mythologie und Naturwissenschaft, ein Zusammenhang herstellen

---

21 K. Jaspers, Die Frage der Entmythologisierung, pp. 106–107 (Erwiderung auf Rudolf Bultmanns Antwort).

22 Cf. K. Jaspers, Die Frage der Entmythologisierung, pp. 10–11, 21 (Wahrheit und Unheil der Bultmannschen Entmythologisierung); siehe dazu meine Diskussion in Zusammenhang mit dem verkappten Realismus des von Karl Jaspers so genannten transzendierenden Denkens im Gegensatz zur mystischen Verwirklichung in H. P. Sturm, Die vier Stadien des Ent–Setzens, pp. 86–87.

23 Eine Übersicht dazu liefert R. Sheldrake, The Science Delusion = Science Set Free, ⟨dt.⟩ Der Wissenschaftswahn.

ließe."[24] Die Frage dabei ist allerdings, ob nicht jeder Mythos unreflektiert sein muß, um als solcher zu gelten. Sobald seine Gültigkeit hinterfragt, er also reflektiert worden ist, spricht man bekanntlich von Logos. Wenn Platon ankündigt, einen Mythos zu erzählen, so hat das seiner Gültigkeit nach einen ganz anderen Stellenwert als ein traditioneller Mythos, auch dann, wenn es sich bei seiner Erzählung tatsächlich um einen derartigen handelt, weil er eben im Sinnzusammenhang des Logos steht (auf die Problematik Mythos im Verhältnis zum Logos werde ich im Faszikel II/3 zurückkommen und sie dort etwas anders artikulieren).

„Die (Natur-)Wissenschaft ist mit ihrem praktischen Drang wie die Magie, indem sie die direkte Kontrolle über die Welt in Angriff nimmt ..."[25] In deren Kanon und Kult wird man in den wissenschaftskonfessionellen Priesterseminaren: Hochschulen, Akademien und Forschungsanstalten, eingeweiht. Ihr weltanschaulicher Würgegriff ist nicht minder fest um die Hälse derer angesetzt, die nicht glauben oder widersprechen wollen, als dies in früheren Zeiten bei der Landes- und Staatsreligion der Fall war, nur nicht ganz so eng, d.h. man drückt den derart ‚Umarmten' heutzutage und in unseren Breiten, sollten sie, welchen Vormacht- und Vorteilsinteressen auch immer nicht akut in die Quere kommen, die Luft meist nicht auf der Stelle, endgültig, eigenhändig und ostentativ ab, sondern hält sie im anonymen Schwitzkasten der Überlebensnot, was herrschaftspragmatisch den gleichen Erfolg zeitigt, aber gleichzeitig so freiheitlich und menschlich daherkommt, daß die Opfer den Tätern dafür geradezu noch dankbar sein müssen, z.B. dafür,

---

[24] C. F. v. Weizsäcker, Im Gespräch mit Peter Koslowski, p. 61; cf. R. Sheldrake, Science Set Free, pp. 291–292, ⟨dt.⟩ pp. 381–382; zur Selbstcharakterisierung der Naturwissenschaft (Hirnforschung) als Mythologie cf. A. Newberg et al., Der gedachte Gott, pp. 231–234.

[25] F. M. Cornford, From Religion to Philosophy, p. 158.

daß ihnen bisweilen die Möglichkeit eingeräumt wird, von ihren Erkenntnissen abzulassen, ihrer Lebens- und Arbeitsweise eines geistigen Spitzenleisters abzuschwören, die Meinung des Herrschenden anzunehmen und einen anständigen Brotberuf zu ergreifen oder eben an ihrem Schicksal, geräuschlos, schleichend und ganz sachte hingerichtet zu werden, selbst schuld zu sein. Ihren Schergen noch dankbar sein, das mußten die auf dem Scheiterhaufen und anderen Hinrichtungsstätten endenden Anders- oder Gar-nicht-Gläubigen vergangener Epochen allerdings auch, wurden sie von den Glaubenstreuen doch aus Mitleid und zur Rettung ihrer Seele so lange gequält, bis sie alles, was ihnen vorgeworfen wurde, gestanden, ob sie es vertraten bzw. begangen hatten oder nicht, und dann auf brutalste Weise zu Tode gebracht, um so gottgefällig von ihrem sündhaften Fleisch erlöst zu werden.

Wer nun vermeint, die für exakt und sachgemäß gehaltene Naturwissenschaft bilde hier eine Ausnahme, der befindet sich in einem verhängnisvollen Irrtum. Bei ihren Erklärungsmodellen, besonders denen von großer oder maximaler Reichweite, handelt es sich meist um Theologie mit andern Mitteln, gepredigt von einem Klerus in neuem Habit: Jackett oder Anzug und Krawatte. „Bacons Vision einer wissenschaftlichen Priesterschaft ist jetzt weltweit verwirklicht worden. Aber sein Vertrauen, daß die Kraft des Menschen über die Natur »von gesunder Vernunft und wahrer Religion« geleitet sein würde, war unangebracht.“[26] Als Beispiel genügt es, die argumentations-

[26] R. Sheldrake, Science Set Free, p. 16; ⟨dt.⟩ p. 29; zur wissenschaftlichen Priesterschaft cf. o.c., pp. 13–16, ⟨dt.⟩ pp. 25–29; idem, The Rebirth of Nature, pp. 29–32. In idem, Science Set Free, pp. 6–8, ⟨dt.⟩ pp. 15–18, sind in einer Liste „die zehn Kernglaubenssätze, die die meisten Wissenschaftler als selbstverständlich voraussetzen“, zusammengestellt. „Zusammen bilden diese Glaubenssätze die Philosophie oder Ideologie des Materialismus, dessen Kerngedanke ist, daß alles seinem Wesen nach materiell oder physisch ist, auch Geistiges.“ Sie werden in genanntem

strukturell nahezu deckungsgleichen All-,Erklärungen' beider Disziplinen zu nennen, die Ur~~furz~~knall-,Theorie'[27] auf der einen Seite und den kosmologischen Gottesbeweis[28] auf der andern. Beide wurden zwar von Vertretern eines gewissen (Ein-)Bildungsniveaus ersonnen und sind hinsichtlich ihrer vorgeblichen ,Nachvollziehbarkeit' dem Bereich der Bildungsreligion zugehörig, erzeugten durch Popularisierung aber ein Massenwähnen, einen Massenwahn fürchterlichen Ausmaßes.

Wie nahe vulgarisierte Ausdrucksformen der szientistischen Profanreligion: mediale und den Bildungseinrichtungen angepaßte Trivialisierung, Banalisierung und damit einhergehende

---

umfangreichen Buch diskutiert und als solche, als Glaubenssätze nämlich, entlarvt, das allerdings ohne expliziten Rekurs auf transzendentalphilosophische Überlegungen und – das muß ich als Vertreter des Fachs Philosophie genanntem Naturwissenschaftler noch mitgeben, leider indem er den ursprünglichen Sinn der o. c., pp. 86–88, 94–95, 295–297, 327, ⟨dt.⟩ pp. 120–123, 130, 387–388, 429, in Anspruch genommenen Lehre von Platon, wie sie speziell im Höhlengleichnis und den pythagoreisierenden Aspekten gefaßt ist, gnoseologisch nicht (deutlich) gegen deren Vereinnahmungen durch den modernen mathematisierenden Physikalismus absetzt.

[27] O. Oesterle, Goldene Mitte, p. 37 (Fettung durch andere Schriftfamilie ersetzt): „…: wenn ein Modell einen einzigen Null- oder Unendlichkeitsparameter enthält, ist es falsch. Das Urknallmodell enthält u. a. Zeit gleich Null. Deshalb kann es auch nicht erklären, welches die Ursache des Urknalls war. Das Urknallmodell ist das Beispiel einer »zerrissenen« Ursache-Wirkungs-Kette, die der Ganzheit der Welt widerspricht." Cf. C. F. v. Weizsäcker, Im Gespräch mit Peter Koslowski, pp. 61–62; E. P. Fischer, Vorwort zu: Halton C. Arp, Der kontinuierliche Kosmos, p. 112.

[28] Cf. die fünf Beweisgänge (*quinque viae probari*) zur Demonstration, daß Gott ist (*Deum esse*), d. h. der Existenz Gottes bei Thomas de Aquino, Summa Theologiae, I[a] q. 2 a. 3 co. [28318], besonders den zweiten: Setzung irgendeiner ersten Wirkursache, von denen alle Gott hießen (.. *est necesse ponere aliquam causam efficientem primam, quam omnes Deum nominant.*); in deutscher Übersetzung komprimiert bei H. J. Störig, Kleine Weltgeschichte der Philosophie, pp. 255–257.

Geltungserschleichung und Dogmenbildung, der dem Volk zugewandten Seite herkömmlicher Glaubenslehren stehen und wie sich beide nachgerade wundersam ergänzen, will ich gar nicht erst anfangen zu erörtern. Man denke nur an die fabulösen Wirtschaftswissenschaften und ihre Prognosen, die in ihrer Exaktheit und Wirkung der Mantik und Prophetie früherer Zeiten das Wasser nicht reichen können,[29] und das von deren Protagonisten ersonnene oder wenigstens ‚theoretisch' gerechtfertigte System der Erschaffung von Geld (fiat money), das seine Existenz buchstäblich einer wundergleichen Schöpfung aus dem Nichts (*creatio ex nihilo*) verdankt, deren theologisch-kosmogonische Variante des Hl. Augustinus (354–430) in einem späteren Faszikel der ›Widerspiegelung‹ strukturtheoretisch analysiert werden wird. Ihre Kompatibilität drückt sich nicht zuletzt darin aus, daß die Naturwissenschaft nach einer gewissen Anlaufzeit, den sie für ihren Vormarsch und ihre Machtergreifung benötigte, nun als Religion etabliert ist und von ihren Verfechtern je nach Argumentationsrahmen das eine oder andere Credo in die Diskussion geworfen werden kann.

Routinierten Wissenschaftlern ist es, da sie kraft ihrer Profession sowieso schon gewissen Formen des (Aber-)Glaubens ergeben sind, aufgrund der ‚Desubstantiation' der Religion(en) außerdem mühelos möglich, sich gerade geltenden religiösen Konventionen anzupassen und als bibel-, gar konfessionstreu hinzustellen und ihren Materialismus und Mechanizismus mit einem Hütchen von Religiosität aufzuputzen, der Art nach

[29] Geradezu kabarettistisch wirkt, um hier nur ein einziges Beispiel anzuführen, die ernst gemeinte ‚wissenschaftliche' Glosse von K. F. Zimmermann, Gefährliche Zahlen, p. 2, dem Präsidenten des Deutschen Instituts für Wirtschaftsforschung, anläßlich der in seiner Amtszeit, dem Jahr 2008, ‚ausgebrochenen' weltweiten Finanz- und Wirtschaftskrise, wären die darin offenbarten ‚Fakten' zur Leistungsfähigkeit der Wirtschafts- und Finanzwissenschaften nicht für jeden Steuerzahler, der diese zu finanzieren hat, zum Heulen und Zähneknirschen.

denen vergleichbar, die bei Karnevalveranstaltungen in den rheinischen Hochburgen des Fastnachtstreibens mangels voller Maskerade aufgesetzt werden, um wenigstens nach außen hin als dem Narrenhaufen zugehörig zu erscheinen.

Das von Otto Normalverbraucher unvorstellbare Phänomen bewußter Täuschung und Fälschung in den Wissenschaften, das nicht nur dazu taugt, daraus einen direkten Nutzen zu ziehen, sondern in erheblichem Maße auch dazu, unliebsame Erkenntnisbemühungen und -ergebnisse anderer zum Zwecke einer indirekten Vorteilsverschaffung und Machterhaltung zu unterdrücken und auszuschalten, kann in der einschlägigen Literatur, die ob gewisser Umstände, welche sich jeder selbst ausmalen darf, meist unbekannt bleibt, doch durchaus, wenn auch nicht sehr zahlreich, vorhanden und (noch) verfügbar ist, vergegenwärtigt werden.[30]

„... daß sich die Wahrheitsliebe auch damals in Grenzen hielt, legt die Veröffentlichung eines kleinen, systematischen Mogelkatalogs im Jahr 1830 nahe – bis auf den heutigen Tag scheint er die einzige Darstellung dieses Phänomens aus der Feder eines kompetenten Wissenschaftlers zu sein: Charles Babbage, der große Mathematiker und Rechenmaschinenvirtuose, hatte in seine »Betrachtungen über den Niedergang der Wissenschaft in England« auch ein Kapitel über den wissenschaftlichen Betrug eingefügt. Seine Klassifikation kann bis auf

[30] Zur ersten Orientierung cf. R. Sheldrake, Science Set Free, pp. 309–312, ⟨dt.⟩ pp. 404–408; E. Ercivan, Gefälschte Wissenschaft; G. Falk, FRAUD, pp. 1–83; F. Di Trocchino, Der große Schwindel; H. Zankl, Fälscher, Schwindler, Scharlatane; M. Finetti / A. Himmelrath, Der Sündenfall; W. Broad / N. Wade, Betrug und Täuschung in der Wissenschaft; das o.c., p. 263, vorgeschlagene Mittel gegen diesen Zug der Wissenschaften, die Privatisierung und Kommerzialisierung der Grundlagenforschung, dürfte seit dem Erscheinungsdatum des Werkes zum schlimmsten Förderer genau von diesem geworden sein, wenn er es nicht schon seit langem gewesen sein sollte.

den heutigen Tag einigen Anspruch auf Gültigkeit erheben: Da ist zunächst der schnöde Betrug, der dem Fälscher zu wissenschaftlicher Reputation verhelfen soll durch Beobachtungen oder Entdeckungen, die er niemals gemacht hat. ... Als nächstes, vergleichsweise harmloses Übel führt Babbage das »trimming« an, die weit verbreitete Datenschönung, bei der abweichende Meßwerte einfach weggelassen werden, um einen größeren Grad an Genauigkeit vorzutäuschen. Babbage hält diese Methode nicht unbedingt für schändlich, wenn dabei die Mittelwerte halbwegs korrekt herauskommen. Schlimmer ist dagegen das sogenannte »Kochen« der Meßwerte, die »Datenmassage«, bei der die Zahlen so lange manipuliert werden, bis sie zu dem gewünschten Resultat passen. Und schließlich gibt es als versöhnliche Variante noch den gekonnten wissenschaftlichen Jux, indem man den Kollegen einen Bären aufbindet und sie, wenn sie darauf hereingefallen sind, dem Gelächter preisgibt.“[31] Aber das ist doch Schnee von gestern!? „Selbst der überaus phantasievolle Sir Charles [Babbage] hätte sich wohl jedoch nicht träumen lassen, welchen Niedergang die Wissenschaft oder anders: welchen Triumphzug der wissenschaftliche Betrug dann in der zweiten Hälfte unseres Jahrhunderts [des 20.] erlebt hatte.“[32]

Der Fakt, daß durch die Erforschung, Aufdeckung und Bekanntmachung etwelchen Betrugs in den Wissenschaften nicht selten noch viel gravierendere Unregelmäßigkeiten und Mißstände als die aufgedeckten verdeckt werden (sollen), wurde

---

[31] A. Fölsing, Der Mogelfaktor, pp. 16–17, unter Bezugnahme auf C. Babbage, Reflections on the Decline of Science in England, pp. 174–183. Ebendiese Information aus dem ›Mogelfaktor‹ wurde in späteren deutschsprachigen Publikation zum Thema Wissenschaftsbetrug gerne wiederholt.

[32] M. Finetti / A. Himmelrath, Der Sündenfall, pp. 18–19, meine erläuternden Ergänzungen in eckigen Klammern.

bisher interessanterweise nicht in Erwägung gezogen oder recht erfolgreich unterdrückt. Nicht minder der, daß eine vorgebliche Entlarvung von Unredlichkeit selbst unter der Annahme etablierter Anschauungen stattfindet und somit schon auf seiten der Irreführung stehen kann, die kraft ihrer weitgehenden Akzeptanz, und dies nicht selten unter Mitwirkung einflußreicher Interessengruppen, die an allem Möglichen Interesse haben, nur nicht am Wahren, von den meisten als solche nicht durchschaut wird. Was wurde nicht alles erstunken und erlogen, verfälscht und vertuscht, um die geradezu futuristisch anmutenden, doch reproduzierbaren Entdeckungen und technischen Entwicklungen des ingeniösen serbisch-stämmigen Energieforschers und Erfinders Nikola Tesla (1856–1943)[33] als Täuschung hinzustellen! Da braucht man sich kaum zu fragen, auf welcher Seite die Scharlatane sitzen. Neuere, von mutigen Forschern erbrachte Ergebnisse auf diesem Feld der Technologie tragen gerade wacker dazu dabei, die angeblichen Enttarner dieser Täuschung selbst als Täuscher zu enttarnen.

Weil ich hier schon einmal dabei bin, noch eine Nachfrage zu Betrug, Täuschung u.ä. in der und durch die Wissenschaft: Ist es nicht wahrscheinlich, daß deren schwerwiegendsten und häufigsten Fälle nicht in ihrer aktiven Begehung bzw. Ausführung zu finden, sondern in der Behinderung, Verhinderung und Unterdrückung von Forschung sowie der Verheimlichung, Unterschlagung, dem Verschwinden-Lassen und der als Unglücksfall oder höhere Gewalt kaschierten Vernichtung von Forschungsergebnissen, Entdeckungen und Erfindungen und deren Urhebern zu suchen sein werden? Da dazu selbstverständlich keine Dokumente vorliegen oder vorhandene offiziell als unglaubwürdig hingestellt werden, kann dieser Tatbestand natürlich rundweg abgestritten und unumwunden gegen den

[33] Cf. N. Tesla, Mein Werk; M. Cheney, Nikola Tesla.

gewendet werden, der auch nur darauf hinweist: Verschwörungstheorie! ›Might is Right or The Survival of the Fittest‹[34].

Wer sich über Verstöße gegen die öffentlich beschworenen und gefeierten Regeln der Wissenschaft lieber anhand von Film- und Videomaterial informieren möchte, dem sei, solange noch einigermaßen frei verfügbar, das Internet empfohlen, wo höchst integre Wissenschaftler und geniale Forscher zu diesem abstoßenden Thema Stellung beziehen und unter Inkaufnahme erheblichen existentiellen Risikos und gravierender Nachteile für ihre Person samt deren Umfeld Licht in dieses vernebelte Terrain zu bringen suchen, auf dem gegen sie – von wem auch immer – in Stellung gebrachte Diffamierungs- und Diskreditierungsportale agieren, anonym und von rechtsfreien Räumen aus, vor keiner Verdrehung, Verfälschung und Verleumdung der scheinbar sachlich kritisierten Positionen und Personen zurückschreckend, ideologische Cliquen, die sich z.B. hochtrabend »Skeptiker« nennen (eine Verhöhnung und Beleidigung der antiken Skepsis und all derer, die sich wahrlich des σκέπτεσθαι, des Spähens, Suchens und Forschens befleißigen)[35], in Wirklichkeit aber Pseudo-Skeptiker sind, und (bezahlte) Mainstream-Skribenten, die ihr verwerfliches Geschäft des Täuschens, Verwirrens und Verunsicherns der Öffentlichkeit ob seiner Immoralität und Kriminalität undercover betreiben.[36]

Der Übergang vom Illegitimen zum Illegalen ist allerdings fließend. Zwar ist Gesetzeswidriges nichts Wissenschaftsspezifisches, zumindest dann nicht, wenn man die Definition der

---

34 Cf. R. Redbeard, Might is Right or The Survival of the Fittest.

35 Was die Skepsis, d.h. die antike griechische Skepsis wirklich war, und wie sie zu einer Zweifellehre verfälscht wurde, habe ich ausführlich, fast erschöpfend, in H. P. Sturm, Urteilsenthaltung oder Weisheitsliebe zwischen Welterklärung und Lebenskunst, dargestellt.

36 Zur ‚modernen' (Pseudo-)Skepsis auch R. Sheldrake, Science Set Free, pp. 253-257, 312-315, 327, ⟨dt.⟩ pp. 331-337, 409-412, 429.

allenthalben bejubelten theoretischen Idealvorstellung von Wissenschaft als eines herrschaftsfreien Diskurses, vollzogen innerhalb einer Gemeinschaft gleich Zugangsberechtigter und Gleichberechtigter, zugrundelegt, als eine Hauptform der kulturellen bzw. gesellschaftlichen Äußerung instrumentalisierter Rationalität ist sie jedoch unumgänglich mit deren Ausdrucksformen behaftet, was in der Ausübung denn auch ihren notorischen Mißbrauch erzeugt, weshalb in einem einschlägigen Sachbuch auch schon vom „Betrug als Strukturmerkmal der Wissenschaft“[37] gesprochen wurde.

Dieses Kapitel soll nicht geschlossen werden, ohne die Verhältnisbestimmung zwischen Glauben und Wissen aus dem Munde eines Humanisten und naturwissenschaftlichen Vordenkers zur Kenntnis genommen zu haben, dem die Ehre zuteil geworden war, im Jahre 1987 den Right Livelihood Award („Alternativen Nobelpreis“) verliehen bekommen zu haben. Anläßlich der Erkenntnisse auf dem von ihm beforschten Gebiet, der Elementarteilchen- bzw. Quantenphysik stellt er fest: „Das Neue an dieser Einsicht war, daß die Wirklichkeit nicht wißbar ist im allgemeinen. Das heißt, daß es nicht so ist, daß wir nur mehr lernen müssen und verstehen müssen, um die Wiss/ die Wirklichkeit zu verstehen, sondern daß es ganz natürliche Grenzen gibt für das Wissen selber, so daß uns gar nichts anderes übrig bleibt, als andere Betrachtungsweisen unserer Wirklichkeit auch wieder einzuführen und gelten zu lassen, um wirklich zu verstehen, was Wirklichkeit ist; aber verstehen in dem alten Sinne werden wir ’s nicht mehr können. Das heißt, Wissenschaft und Religion rücken wieder näher zusammen, aber nicht auf die Art und Weise, daß Religion nun ähnlicher der Wissenschaft wird, sondern eher umgekehrt, daß die Wissenschaft ähnlicher der Religion wird. Oder eigentlich

[37] W. Broad / N. Wade, Betrug und Täuschung in der Wissenschaft, p. 250; cf. o.c., p. 9 et passim.

beide müssen Federn lassen bei diese/ auf diese Art und Weise, bei dieser, bei dieser Zusammenführung. ... Aber, wir haben also heute doch eingesehen, daß was die katholische Kirche damals sich angemaßt hat [gemeint ist die Inquisition und der Fall Galilei], daß das einfach ein bißchen abwegig war, daß sie auch ihre eigene Religion in dem Sinne nicht gut verstanden hat, daß Religion ja in dem, was sie aussagt, letzten Endes immer in Form von Gleichnissen reden muß. Aber ich kann im Nachhinein auch sagen, wir hab'n heute eine andere Situation und doch in gewisser Weise auch wieder eine ähnliche Situation, nur vielleicht mit dem Unterschied, daß die Wissenschaft heute die Inquisition ist, daß sie sagen, endlich sind jetzt auf dieser Welt Menschen, die wirklich etwas über das Wahre und Falsche sagen können, ja, das ist selbstverständlich dieselbe Anmaßung wie damals auch von der katholischen Kirche. Das heißt, Gott sei Dank verbrennen die Wissenschaftler nicht diejenigen, die ihre Wissensch/ die Wissenschaft nicht glauben, aber sie kriegen zumindestens kein'n Job und das bedeutet in manchen Fällen dann auch ziemlich dasselbe. Das heißt, wir wissen heute, daß auch die Wissenschaft selber nur ein' Art Gleichnis ist für die Wirklichkeit und nicht mit der eigentlichen Wirklichkeit verwechselt werden soll."[38]

---

[38] H.-P. Dürr, Wir erleben mehr als wir begreifen – Naturwissenschaftliche Erkenntnis und Erleben der Wirklichkeit, Vortrags-Video (genaue Daten in meiner Literaturliste), Zeitabschnitt: Minuten 6:18–9:00, mit kurzer Auslassung; Versprecher und sprachliche Holprigkeiten sind nach Audio-Transkriptionsregeln eins zu eins wiedergegeben; meine erläuternde Ergänzung im eckigen Klammern.

„Art 5

(1) Jeder hat das Recht, seine Meinung in Wort, Schrift und Bild frei zu äußern und zu verbreiten und sich aus allgemein zugänglichen Quellen ungehindert zu unterrichten. Die Pressefreiheit und die Freiheit der Berichterstattung durch Rundfunk und Film werden gewährleistet. Eine Zensur findet nicht statt.

(2) Diese Rechte finden ihre Schranken in den Vorschriften der allgemeinen Gesetze, den gesetzlichen Bestimmungen zum Schutze der Jugend und in dem Recht der persönlichen Ehre.

(3) Kunst und Wissenschaft, Forschung und Lehre sind frei. Die Freiheit der Lehre entbindet nicht von der Treue zur Verfassung.“[39]

Verfassung?

---

[39] Grundgesetz für die Bundesrepublik Deutschland, Artikel 5.

4 Logos – interkulturell?

Die an das ignorante und arrogante (Vor–)Urteil Hegels[1] (1770–1831) anknüpfende und durch die brutale globale Durchsetzung des ökonomistisch geprägten Welt- und Menschen(zerr)bilds, d.h. durch die Verwechslung und Vertauschung von Wahrheit(stheorie) und Bewährung(stheorie)[2] als zutreffend erscheinende Behauptung gewisser westlicher Gelehrter, die zwar Einfluß auf den Gang der Forschung und somit auch auf die Unterbindung bestimmter Ansätze aber kein Wissen über andere philosophische Traditionen haben (wollen) und nicht selten keine einzige Originalaussage aus diesen kennen – ihre Zahl ist, man möchte es im Zeitalter globaler medialer Vernetzung nicht glauben, so hoch wie eh und je –, die Behauptung nun, daß die östlichen Weisheitsbemühungen durch ein fehlendes Begreifen (Vernunft, Rationalität) gekennzeichnet seien, wird angesichts meiner Dokumentation

---

1 Cf. C. Dragonetti / F. Tola, On the Myth of the Opposition between Indian Thought and Western Philosophy, pp. 25–68; siehe meine diesbezügliche Darstellung und Dokumentation im Kapitel 10.

2 R. Sheldrake, Science Set Free, p. 318, ⟨dt.⟩ p. 418: „Der Materialismus schöpft seine Überzeugungskraft aus den technischen Anwendungen der Wissenschaft. Aber der Erfolg dieser Anwendungen beweist nicht, daß diese Ideologie wahr ist.“ P. Kondylis, Wissenschaft, Macht und Entscheidung, pp. 94–95, deckt die Verklärung des Verhältnisses zwischen Wahrheit und Bewährung in Form des Beweises physikalischer Theorien durch praktisch-technische Anwendbarkeit schonungslos auf. Im Computermagazin des Radiosenders B(ayern) 5 aktuell vom 10. 01. 2010 sagte der österreichische Erfinder des Transistor-Computers, Prof. Dr. Heinz Zemanek (1920–2014) in wienerischem Sprachkolorit: „Wir versteh’n oft gar nicht wirklich, was mer da tun, aber wenn ’s funktioniert, sin’ mer zufried’n: typische Ingenieur-Philosophie.“

als haltloses Überlegenheitsgebaren entlarvt. Ein indischer Vertreter seiner und der Philosophietradition des Westens macht auf dieses bei den einflußreichsten abendländischen Philosophiegelehrten mit unmißverständlichen Worten aufmerksam. „Es ist wirklich zum Kotzen, Philosophen anzutreffen, die eine These über ein Gebiet vertreten, über das sie fast gar nichts wissen – und so unvermeidlich Argumente verwenden, die a priori aus ihren methodologischen Vorannahmen folgen, dabei erwartend, daß keine empirische Evidenz sie als falsch erweisen könne.“[3]

Solche Vorurteile knechten die Entwicklung des Geistigen seit die meditative (in der heutigen Bedeutung), kontemplative, mentaldisziplinäre, paideutische, meletische, erfahrungshafte, lebenspraktische, weisheitliche und heilspragmatische Komponente aus der Philosophie Europas verdrängt und ausgeschieden wurde und, in aufdringlichen Fällen, wie dem Kynismus, allenfalls noch als eine zu belächelnde Kuriosität am Rande Erwähnung findet. Da die Fixierung dieses Moments auf der Zeitachse metaphysischer Ausdrucksformen von der Definition philosophischer Soteriologie abhängig ist, will ich jedem selbst überlassen, sie vorzunehmen.

In Kreisen der sogenannten interkulturellen Philosophie ist heutzutage geradezu eine Bewunderung für die nur der Einbildung westlicher Philosophiegelehrter und ihrer internationalen akademischen Nutznießerschaft entstammende unbekümmerte Mißachtung logischer Gesetze in außereuropäischen Philosophietraditionen entstanden. Sie wird gerne zusammen mit ihrem ebenso unbegründeten Pendant in die Öffentlichkeit getragen, daß es im westlichen Denken womöglich an Ergriffenheit (Gefühl, Intuition, Religiosität) mangele. Beide Meinungen sind, wie ein auch im Westen anerkannter indischer

---

3 J. N. Mohanty, Reason and Tradition in Indian Thought, p. 288.

Gelehrter und Denker sagt, „Stereotypen oder Klischees“[4], nichts als ein Wahn, einerseits von Rationalität, andrerseits von Emotionalität, der sich die Wirklichkeit nach einem aggressiven Kompensationsglauben und -aberglauben der Superiorität oder konträr bzw. komplementär dazu nach nostalgischen Paradiesesvorstellungen vernunftspezifischer Unbedarftheit und Unschuld mit einem leise begleitenden Seufzer über die heute vermeintlich vernachlässigten Sentimente zurechtdichtet.[5] „... wir verfechten die These, daß der *Gegensatz* zwischen *Denken* für Indien, das durch Religiosität und Irrationalität gekennzeichnet sei, und *Philosophie* für den Westen, die durch Rationalität und Geistesfreiheit gekennzeichnet sei, eine Täuschung darstellt, die auf der Unkenntnis indischen philosophischen Denkens und ethnozentrischen Vorurteilen basiert. Diese Täuschung wurde speziell und maßgeblich von Hegel verbreitet und viele europäische Philosophen und Bücher über Philosophie und Philosophiegeschichte schlossen sich ihr an. ... wir vertreten die Meinung, daß jener Gegensatz ein *Mythos* ist, der verdient, zurückgewiesen zu werden, da indische und westliche Philosophie viele thematische und methodische Übereinstimmungen, dieselben Ansprüche/Anmaßungen und dieselben

---

4 J. N. Mohanty, Reason and Tradition in Indian Thought, p. 290.

5 F. S. C. Northrop, The Complementary Emphases of Eastern Intuitive and Western Scientific Philosophy, pp. 215–221; idem, The Meeting of East and West, pp. 436–458, betont den Unterschied zwischen dem „Osten in seiner Intuition und Kontemplation der Dinge in ihrer ästhetischen Unmittelbarkeit und dem Westen in seiner Verfolgung der theoretisch gewußten Komponente“ (o.c., p. 454), und schlägt einen Ausgleich durch Kombination dieser beiden Erkenntnis- und Kulturtypen vor; ob diese Forderung wiederum nur aus der ‘theoretischen Komponente’, einer unzutreffenden, da auf doxographischer wie strukturtheoretischer Unkenntnis basierenden Theorie nämlich über die vermeintliche östliche Kultur und Philosophie, abgeleitet ist, möge man durch die Lektüre der Schriften des genannten Gelehrten selbst entscheiden.

Schwächen aufweisen."[6]

Der gefühlsduselig verzierte pseudo-rationalistische Überlegenheitshabitus des ideologischen Globalisierers bricht sich, so befremdlich das im ersten Augenblick klingen mag, auch und gerade in den Richtungen der interkulturellen Philosophie Bahn, die mythischen, magischen und schamanistischen Weisheitstraditionen aus Gründen ‚kultureller Korrektheit' eine Philosophie (im strengen Verständnis von Logos als einer Sonderform, einer reflektorisch prüfbaren Form des Mythos) zubilligen und somit aufdrängen müssen. Damit wird auf subtilste Weise demonstriert, daß man selbst, als Angehöriger einer (mißverstandenen) ‚Philosophie'tradition, nicht im geringsten bereit ist, nicht-philosophischen Ausdrucksformen des Geistes den gleichen Wert und die gleiche Würde zuzugestehen wie philosophischen oder was man dafür hält. Ein untrügliches Indiz für die Plausibilität dieses Vorwurfs liegt darin, daß die Förderer besagter Forschungsentwicklungen nicht einmal daran denken, durch ihre gelehrten Traktate und Show-Veranstaltungen Verfahrensweisen, Erklärungsmuster, fachsprachliche Ausdrücke usw. aus diesen Traditionen in die interkulturelle Philosophie einzuführen und deren weltweite (akademische) Anerkennung einzufordern.

Stattdessen deuten sie, um das einmal exemplarisch vor Augen zu führen, mündliche Stammesüberlieferungen subsaharischer Regionen des Schwarzen Kontinents, die unter Verwischung klarer Einteilungsraster zur *sage philosophy,* der »Liebe zur Weisheit der Weisen«! umgemünzt werden oder totemistisch-schamanistische Clantraditionen der Neuen Welt mit Hilfe schwer verständlicher Kunstsprachen gegenwärtiger Richtungen von Philosophiewissenschaft und PhiloSophismus,

---

[6] C. Dragonetti / F. Tola, Essays on Indian Philosophy in Comparative Perspective, p. XV; cf. eadem / idem, On the Myth of the Opposition between Indian Thought and Western Philosophy, pp. 17–23.

der hermeneutisch-existentialphilosophischen Terminologie der Fundamentalontologie oder extravaganter akademischer Selbstgefälligkeitsphilosopheme respektive hochtrabender Kulturwissenschaftsjargons,[7] ohne die Lächerlichkeit ihres Treibens und seine erniedrigende Wirkung auf die Betroffenen wahrzunehmen.

Verschleiert und verschlimmert wird diese Gedankenlosigkeit durch Vertreter solcher Weisheitstraditionen selbst, wenn sie Philosophie oder was man dafür hält an einer westlichen oder verwestlichten Bildungseinrichtung studieren, deren Wissensbestände aufnehmen, zum Teil übernehmen, und damit ihre eigenen Überlieferungen ausdeuten und in der Gelehrtenwelt rund um den Globus weiterverbreiten. Sind solche, überwiegend mündlichen Kulturgüter Philosophie, dann sind es die altorientalischen Mythen, die Religionslehren aller Orte, die Epen und Sagen der Indeuropäer, viele Dichtungen und Märchen der Menschheit bis auf unsere Tage auch. Und damit ist die Philosophie als Philosophie eskamotiert. Chapeau!

Soll das vermieden werden, so ist zu fordern, daß Philosophie, welcher Zeit und welchen Orts auch immer, wenigstens von der generellen Grundlage der klassischen zweiwertigen Logik ausgeht, die jedweder Aussage Ordnung und Verstehbarkeit verleiht. „Wird das Wort »logisch« in seiner normalen Bedeutung verwendet, in der es Strukturen bezeichnet, die mit logischen Regeln übereinstimmen, so ist die Rede von unlogischen oder nicht-logischen Kulturen unsinnig. ... Wollen wir eine fremde Kultur verstehen, so müssen wir nämlich voraussetzen, daß ihre Mitglieder (im von mir gemeinten Sinne) logisch

---

7 Einschlägige Autoren und Schriften sind in Spezialistenkreisen bekannt, für interessierte Nicht-Fachleute mit Hilfe neuester Informationsmedien nicht schwer zu finden und müssen hier aus Gründen der Höflichkeit persönlich bekannter Gemeinter gegenüber nicht eigens genannt werden.

denken können und es im allgemeinen auch tun. Dies ist im übrigen ein unumgängliches method[olog]isches Prinzip allen Verstehens überhaupt."[8]

Und das sollte auch dann gelten, wenn es um Sachverhalte geht, die das Kulturelle insgesamt überschreiten, weil sie im wörtlichen Sinne ins Meta-Physische hineinreichen oder von dort verlautbart werden. „Wir müssen hier jedoch eine Unterscheidung zwischen der Metaphysik selbst als rein intellectueller Anschauung und ihrer in Worte gefaßten Darlegung einführen: während sich erstere individuellen Begrenzungen, also der Vernunft, vollkommen entzieht, kann zweitere, soweit es möglich ist, nur in einer Art Übersetzung metaphysischer Wahrheiten in die diskursive und rationale Vorgehensweise bestehen, denn die Konstitution aller menschlichen Sprache selbst erlaubt nicht, daß es anders wäre. Die Logik, wie übrigens die Mathematik, ist ausschließlich eine Wissenschaft der Vernunft; die metaphysische Darlegung kann in ihrer Form einen analogen Charakter annehmen, aber ausschließlich in ihrer Form, und wenn sie nun den Gesetzen der Logik entsprechen muß, dann deshalb, weil diese Gesetze selbst ein grundlegend metaphysisches Fundament besitzen, in Ermangelung dessen sie wertlos wären. Aber gleichzeitig muß diese Darlegung, um wahren metaphysischen Belang zu haben, immer in einer Weise formuliert sein, daß ... sie Anschauungsmöglichkeiten offen läßt, die so grenzenlos sind wie das Gebiet der Metaphysik

---

[8] G. Paul, Der Kulturstreit um die Universalität Aristotelischer Logik, p. 125, Einfügungen in runden und eckigen Klammern sind die des Originals. Weitere Argumente und Dokumente dazu aus seiner eigenen Forschung gibt der zitierte Autor in fast all seinen Publikation, weshalb hier kein Verzeichnis seiner Studien gegeben werden muß; besonders einschlägig: Idem, Argumente für die Universalität der Logik. Cf. die achte der zehn Regeln einer interkulturellen Hermeneutik von E. Holenstein, Vergleichende Kulturphilosophie, p. 146.

selbst."[9]

Dem sollte nur hinzugefügt werden, daß der Übergang von einem Bereich zum andern, vom metaphysischen an sich zu seiner formalen Artikulation, in beide Richtungen erfolgen können muß. Einerseits hat sich jemand, der Erkenntnisse aus transrationalen Bewußtseinssphären mitteilen will, sollen sie denkerisch stringent nachvollziehbar sein, an die Form des Reflektierens zu halten, andrerseits stößt die konsequente Anwendung formaler Überlegung bzw. mehrfach metatheoretischer Kognition an ihre eigene Grenze und somit auf die Einsicht, daß es auf der anderen Seite ihrer selbst noch etwas geben muß. Wenn sich nun das Nachsinnen als das Begrenzte, mehr noch, als das Begrenzende begreift, was könnte dann das, was es nicht ist, nach der Logik des Definierens anderes sein als das „Grenzenlose" oder „Unbegrenzte", gar „Unbegrenzbare"?

Und was ist mit der absoluten Grenze, die man doch bestens aus dem Urknallglauben, aber auch der Mär vom expandierenden Universum oder All etc. kennt? Während ich den zum erstgenannten Mythos strukturell gleichen mittelalterlichen oben bereits nannte, möchte ich hier nur noch kurz darauf hinweisen, daß der zweitgenannte seinen formal gleichen mittelalterlichen in der Theologie von der Weltschöpfung nach außen (*ad extra*) hat, der von Thomas von Aquin (ca. 1224-1274) zwar nicht plump propagiert, doch in einer Weise suggeriert wird, die ihn explizit umgeht, indem er erklärt, daß die Schöpfung keine bereits vorliegende Materie (*materia praeiacente*) voraussetze und deshalb im eigentlichen Sinne weder eine Bewegung noch eine Veränderung (*non sit motus neque*

[9] R. Guénon, Introduction générale à l'étude des doctrines hindoues, p. 120; man beachte, daß sich der von mir verwendete Metaphysik-Begriff nur mit Guénon's „in Worte gefaßten Darlegung" der Metaphysik und „Übersetzung metaphysischer Wahrheiten in die diskursive und rationale Vorgehensweise"deckt.

mutatio, proprie loquendo) impliziere.[10] Das soll man sich einmal vorstellen! Sie kommt einer Schöpfung aus dem Nichts (*creatio ex nihilo*), wie sie der Hl. Augustinus propagierte, gleich (dazu im Faszikel II/3).[11] Das bedeutet, daß in einem solchen Falle Gott entweder gar nicht schaffen oder eben doch eine präinexistente Materie, genannt Nichts, voraussetzen müßte.

Die Kabbalisten haben die damit einhergehende Absurdität erkannt und mit einem Schöpfungsmodell konterkariert, das denkerisch zwar genauso absurd ist, in seiner Verrücktheit jedoch irgendwie an Genialität grenzt, die von Isaak Luria (1534-1572) propagierte Vorstellung von der sich in sich selbst zusammenziehenden/kontrahierenden, in sich selbst einen überhaupt nichts enthaltenden Leerraum, ein Nichts, schaffenden Gottheit, die in ihren derart erzeugten hohlen Bauch hinein (*ad intra*) die Schöpfung vollzieht. Die hebräische Bezeichnung dafür lautet »Zimzum«.[12] „... gedanklich wäre

---

[10] Thomas de Aquino, Summa contra Gentiles lib 2 cap. 17 n. 2 [24548]; damit ist das Verhältnis der Trinität zur Weltschöpfung (*creatio*: ökonomische Trinität) dem Auseinander-Hervorgehen der göttlichen Personen (immanente Trinität), das in idem, Summa Theologiae, 1[a] q. 27 a. 1 arg 1-1[a] q. 27 a. 5 ad 1 [29570-29607], als kein Hervorgehen (*processus*) und keine Bewegung (*motus*) und keine Unterschiedenheit (*diversitas*) definiert wird, analog und es handelt sich beide Male um eine Hervorbringung, die keine Hervorbringung sein darf.

[11] Cf. G. Scholem, Schöpfung aus Nichts und Selbstverschränkung Gottes, pp. 91-94 ≈ idem, Über einige Grundbegriffe des Judentums, pp. 56, 59 (Schöpfung aus Nichts und Selbstverschränkung Gottes)

[12] Cf. G. Scholem, Schöpfung aus Nichts und Selbstverschränkung Gottes, pp. 93-94, 115-119 ≈ idem, Über einige Grundbegriffe des Judentums, pp. 59-60, 84-89 (Schöpfung aus Nichts und Selbstverschränkung Gottes). A. K. Coomaraswamy, Ṛgveda 10.90.1 *áty atiṣṭhad daśāṅgulám*, p. 147[5], stellt mit Verweis auf Śatapatha-Brāhmaṇa 11.2.3.3, ⟨ed.⟩ A. Weber, p. 838, fest, daß die Theorie des Rückzugs Gottes, um den Raum freizumachen, in den hinein Schöpfung, Offenbarung und Verkörperung vollbracht werden kann, schon im späten Vedentum vorfindlich ist.

eine absolute Grenze wie eine Türe mit nur einer Seite, eine unmögliche Vorstellung."[13] Grenzen, die etwas von nichts sondern, Schranken zwischen einem Hüben ohne Drüben, ein Innen und kein Außen, Diesseits ja, Jenseits nein: die Weltbilder eines ganzen Zeitalters basierend auf Kategorienfehlern.

Die »Strukturtheorie der Re-flexion« stellt, indem sie das ‚Physische' und das ‚Meta-Physische' vermittelt, sozusagen das Bindeglied zwischen beiden Sphären dar und ist insofern das wahre Zwischen-Erkennen (*diá-noia*),[14] das Platon im Übergang vom gegenstandsbezogenen Meinen (*dóxa*) zur unmittelbaren Ideenschau oder Geisteinsicht (*nóēsis*) im Liniengleichnis ausschließlich unter dem abstraktiven Gesichtspunkt der Geometrie, nicht aber unter dem der Metatheorie, des re-flexiven Gesichtspunkts also, geltend macht.[15]

---

13 H. Smith, Nasr's Defense of the Perennial Philosophy, p. 144.

14 Cf. R. Rufener, Platon, Der Staat, Anmerkung 1 zu Seite 352, (Artemis) Jubiläumsausgabe, 4.544.

15 Formales (Geltungsspezifisches) dazu in H. P. Sturm, Die vier Stadien des Ent-Setzens, pp. 161, 276-277; Genaueres mit Blick auf das Liniengleichnis im Faszikel II/4.

5 Faktizität und Normativität

An den letzten Rückzugsorten der Begriffsphilosophie und des doxographischen Expertentums, in einigen Studierzimmern und Hörsälen wissenschaftlicher Anstalten, wo man als Fachmann täglich mit Texten der Tradition umgeht, ihnen als Gelehrter mit akribischer Exaktheit nachspürt und das in und an ihnen Gefundene mit den Formulierungen des Spezialisten ausspricht, zum Teil in Originalsprache und ohne Übersetzung wiedergibt, tut man die Philosophie qua Eudaimonologie und Soteriologie, die sie, wenigstens im Altertum, überall gewesen war, gerne als amateurhaft ab, ohne sich dessen bewußt zu sein, daß sie das im wörtlichen Sinne von *philo-sophía,* Liebe zur Weisheit, auch ist. Bekanntlich ist der Amateur ein Liebhaber und das, was er mag, ihm ein Geliebtes, das Liebste.

Das Gut aller Güter, das Platon das Gute (*tò agathón*) und von Natur Wunderschöne (*thaumastòn tēn phúsin kalón*) nennt und damit Übersein, Absolutgeist, Wahres an sich, Eines, Weisheit und so das Beste im Sinne der Transzendentalien meint, ist nicht das, was hier und jetzt ist, sondern das Wünschenswerte, Erwählungswürdige (*tò 'airetón*),[1] das, was sein soll (*tò agathòn kaì déon*)[2]. „Die sogenannte Rückführung des Guten auf das Eine scheint .. zu besagen, das Gute habe, sofern es von der Mannigfaltigkeit her gedacht wird, immer den Charakter des Hen. Daß das Gute aber den Soll-Charakter der gesamten Wahrheit zum Ausdruck bringt, wird darin

[1] Cf. Platon, Philebos 22a5–22e4; A.-J. Festugière, Contemplation et vie contemplative selon Platon, p. 349.

[2] Cf. Platon, Phaidon 99c6.

übergangen."[3]

Was bei Platon erwählt werden und dann auch sein soll, das ist das kosmisch-hyperkosmische Zusammenstimmen, die Harmonie und Ordnung des Ganzen im pythagoreischen Sinne, die von ihm, vielleicht sogar unter dem indirekten Eindruck des vedischen Gedankens von *ṛta,* dem Wohlgefügten, Rechten, Richtigen und Ordnungshaften oder des später gängigen hinduistischen Konzepts des *dharma,* der universalen Ordnung, Gesetzlichkeit oder richtigen Lehre, nach gegenwärtigem Sprachverständnis – das außer acht läßt, daß im frühen Griechisch 'Díkē Weg bedeutet'[4] und mit Weisung, zeigen (gr. *deíknumi* / lat. *dicere, dicare* / skr. *diś,* zeigen, Richtung, Region) zusammenhängt – irreführend Gerechtigkeit (*dikaiosúnē*) genannt wird, und wiederum nahe, zu nahe am indischen Vorbild, in Richtung tatsächlich vorstellbarer, erwünschter und sein sollender Verhältnisse eines vermeintlich perfekten, durchorganisierten Staatswesens expliziert wird.[5]

---

[3] H. M. Baumgartner, Von der Möglichkeit, das Agathon als Prinzip zu denken, p. 98; Entsprechendes hinsichtlich des Neuplatonismus bei W. Beierwaltes, Procliana, pp. 31-35 (Das Eine als Norm des Lebens. Zum metaphysischen Grund neuplatonischer Lebensform).

[4] Cf. F. M. Cornford, From Religion to Philosophy, pp. 172-177, mit vergleichender Dokumentation: gr. *díkē;* chin. *dào;* ved. *ṛta,* skr. *dharma;* pers. *aša.*

[5] Cf. Platon, Politeia 432b3-434d1, 443c9-444a9. Trotzdem die konkreten Beschreibungen des Idealstaats in der ›Politeia‹ z. Tl. schauderhaft sind, nehme ich zur ideologischen Strategie, Platon unter die Feinde von so etwas wie der offenen Gesellschaft einzureihen, cf. K. Popper, Die Feinde der offenen Gesellschaft, Bd. 1: Platons Zauber, pp. 126-227, hier mit keinem Wort Stellung, weil es mir fern liegt, mich in einer (transzendental)philosophischen Schrift in Politisches außerhalb von Wissenschaftspolitischem, wie in diesem Faszikel geschehen, einzumischen. Wer das als Billigung meinerseits versteht und mißversteht, dem ist genauso wenig zu helfen wie dem, der in Ermangelung analytischen Bewußtseins abstrakte Reflexion von konkretem, gegenstandsbezogenem Nach- und Vordenken oder gar Handeln nicht unterscheiden kann. Als ob die

Der Bedeutungsgehalt eines der Zentralbegriffe indischer Metaphysik: *sat* (Sein, Seiendes, Wahres, Weises, Gutes, Ehrwürdiges, Schönes)[6] und seiner philosophisch relevanten Ableitungen, *sat-ya* (Wahrheit, Seiendheit, Wahrhaftigkeit, Gutheit, Ehrlichkeit), *sat-tā* (Seinsheit, Tugend, Güte, Vortrefflichkeit) und *sat-tva* (Sein, Seiendes, Wesen, Groß-, Edelmut, Reinheit, Gutheit), wie der Bedeutungsgehalt der Zentralbegriffe chinesischer Philosophie, genauer gesagt, des Daoismus: 道 *dào* (nominal: Weg, Pfad, Lauf, Methode, Prinzip, Grundsatz, Art und Weise, Moral, Ethik; verbal: gehen, ausdrücken, äußern, sagen, verbalisieren, denken, vermuten, sehen) und 德 *dé* (Tugend, Tüchtigkeit, Wirkkraft, Potenz, Moral, Gesetz, Güte, Charakter, Wille, Geist) erstreckt sich nicht minder auf das, was Norm ist und wert, verwirklicht zu werden,[7] enthält mehr oder weniger deutlich ausgesprochen also das Postulat einer mit allem im Einklang stehenden Gesinnung und Haltung, die Aufforderung zum rechten Verhalten und den Anspruch richtigen Denkens wie angemessenen Handelns, das von alters her bemühte, durch Empedokles (ca. 490–430) berühmt gewordene »Gleiches durch Gleiches« (*'ómoion 'omoíōj*),[8] das Wahrhaftigkeit und Wahrheit untrennbar aneinanderschweißt. Und selbst im

---

richtigen Rechnungen eines Mathematikers und ihre Anwendung in der Physik falsch wären/würden, wenn dieser z.B. ein Verbrecher wäre/würde!

6 Cf. H. P. Sturm, Weder Sein noch Nichtsein, pp. 176, 245–256.

7 Cf. G. Vallin, remarques sur quelques difficultés d'approche de la métaphysique taoïste, pp. 179d, 182s, 183s; ⟨tr.⟩ J. Grill, Lao-tszes Buch vom höchsten Wesen und vom höchsten Gut (Tao-tĕ-king), p. 123[2]: „Weit mehr als das indische dharma (de Harlez), vergleicht sich mit *tao* der Fundamentalbegriff der altvedischen Weltanschauung: ṛta. Man beachte ṛtasya panthās (pathyā, vartanis): der Weg des Rechten."

8 Cf. Aristoteles, Metaphysica 1000^{b}6; idem, De anima 404^{b}17–18; Sextos Empeirikos, Adversus mathematicos 7.121.

vermeintlich pessimistischen, ja negativistischen Buddhismus läßt sich das Seinsollen des Guten und Besten in den Vier Heiligen Wahrheiten (pāl. *cattāri ariya-saccāni*) als Leitgedanke finden, wenn auch in der Art einer Vermeidungsformel, als Einsicht nämlich in die Leidhaftigkeit weltlichen Daseins (pāl. *dukkha-ariya-sacca*), den Erweis von deren Entstandensein (pāl. *dukkha-samudaya-ariya-sacca*) und somit Beendbarkeit (pāl. *dukkha-nirodha-ariya-sacca*), und ihre Beendigung dann auch praktisch herbeizuführen (pāl. *dukkha-nirodha-gāmiṇī-paṭipadā-ariya-sacca = magga*).

Die zu erwartende Kritik, derart verfahrend ein unangemessenes Werturteil zum bestimmenden Faktor der Argumentation zu machen und damit die wissenschaftliche Neutralität zu verletzen, geht ins Leere, da sie nicht nur den Tatbestand unberücksichtigt läßt, daß dieses Argumentieren nicht beliebig, vielmehr reflexionsgeleitet ist, sondern auch, daß es gar nicht anderes denn normativ sein kann. Den potentiellen und aktuellen Kritikern gelingt es aufgrund der ideologischen Rahmenbedingungen derzeitiger Forschung nur besser, den evaluativen Aspekt ihres Arbeitens zu kaschieren.[9] Gerade in der und für die Philosophie ist die Entscheidung, die theoretischen von den praxisbezogenen Lehrgehalten als auch beide von darin implizierten tatsächlichen Daseinsvollzügen zu isolieren, ein Werturteil fatalsten Ausmaßes. Nicht daß man einer Norm folgt, kann man sich aussuchen, wohl aber, welcher man folgt, und daß man wenigstens versucht, sich dessen bewußt zu werden/sein.

---

[9] Zur Normativität von Vernunft bzw. Wissenschaft zwei Beispiele aus einer Zahl von Publikationen: P. K. Schneider, Theorie normativer Vernunft bei Karl Marx oder Worauf die Linke nicht verzichten kann, pp. 35–79; P. Kondylis, Wissenschaft, Macht und Entscheidung, pp. 83–93; beide Ansätze haben von ihren Prämissen aus ihre jeweilige Begrenztheit, ersterer qua (links)hegelianistisch-dialektischer, zweiterer qua psychologistisch-soziologistischer Vorurteile; gemeinsam ist ihnen jedoch, daß sie ihre eigene Reflexion nicht reflektieren.

Aus der beschriebenen Überlegung heraus dürfte ja auch die hochoffizielle gutachterliche Stellungnahme der Deutschen Forschungsgemeinschaft (DFG) zu meinen Publikationen bis zum Jahre 2003 besser zu verstehen sein, die sich in erster Linie auf meine ersten beiden großen Werke, meine überarbeitete und erweiterte Dissertation und Habilitationsschrift beziehen. Daraus mache ich hier die zentrale Aussage dem Publikum bekannt, um es vor meiner Forschung, deren unangemessenen Werturteilen und sprachlich prätentiösen Präsentation, die bisher insbesondere von Literaturspezialisten, also musisch aufgeschlossenen Rezipienten, öffentlich wertgeschätzt wurde, zu warnen: „... müsse man feststellen, dass, wie es in einem der Gutachten heißt, Interessierte an einem interkulturellen Vergleich sich schwerlich der belehrenden Führung durch die ganze Philosophiegeschichte – in langen Wort- und Satzkaskaden – unterziehen wollten, der ohnehin nur Fachleute folgen könnten. Fachleute aber sähen sich auf missliche Weise gegängelt und belehrt, zumal das Urteil hier trotz vielfältiger und ausgiebiger Textbelege zum Teil laienhaft bleibe ...“[10]

Könnte es nicht sein, daß die Laienhaftigkeit, die hier konstatiert wird, aufgrund der Vorreiterrolle meines Schaffens und der Alleinstellung meines methodischen Ansatzes selbst von Laien auf dem von mir beforschten Gebiet ausgesprochen

---

[10] Deutsche Forschungsgemeinschaft (DFG), Auszug aus der schriftlichen Ablehnung vom 27. 02. 2003 meines Antrags auf Forschungsförderung eines Projekts zur Ethik der Gelassenheit in interkultureller Perspektive (Brief-Dokument bei mir einsehbar); daß die hochgelehrten Verantwortlichen der DFG für das, was sie mir unterstellen, einen Wortschwall, eine wortreiche, geschwätzige, nichtssagende Äußerung, nicht den exakten Ausdruck wissen, Tirade nämlich, sondern unspezifisch von einer Kaskade, einem stufenförmigen Wasserfall, im übertragenen Sinne einer Flut, Unzahl sprechen, darf wohl nicht auf ihre eigene Sprachkompetenz zurückgewendet werden.

wurde?[11] Offensichtlich soll hier die methodische Redlichkeit, mit der Normativität des angeblich Faktischen auch normativ zu verfahren und vorliegende Lehrgehalte dementsprechend zu beurteilen, was in den etablierten und institutionalisierten Wissenschaften aus Gründen der Erhaltung bestehender Machtverhältnisse und Profitinteressen hochgradig tabuisiert ist, in den Dreck gezogen werden. Dazu kommt, daß mittlerweile sogenannte Wissenschaftler, und gerade diese, ihren studentischen Nacheiferern in Sachen Sprachbeherrschung beispielhaft schon einen Schritt voraus, nicht mehr Willens oder in der Lage sind, zum Zwecke gedanklicher Verdichtung komplex komponierte Satzgebilde zu analysieren, mit- und nachzuvollziehen. Den Sprachstil meiner Werke betreffend darf ich zudem anmerken, daß ich als jemand, der lange zwischen Beruf und Berufung zu Musik oder Philosophie schwankte, Melodie und Rhythmus meiner Sätze, wo irgend möglich, nach harmonikalem Gespür komponiere und mich insofern dem Geschmacksempfinden bzw. der Geschmacksunempfindlichkeit

[11] Einen Eindruck davon, welche Zustände in der derzeitigen akademischen ‚Philosophie' herrschen, bekommt man, wenn man die zur DFG diametral entgegensetzen Charakterisierungen meines Schaffens aus der Feder zweier bekannter Fachgelehrter, dem schweizer Mediävisten und Mystikforscher A. M. Haas, cf. Fußnote mit Referenzstellen im Kapitel hier und H. P. Sturm, Die vier Stadien des Ent–Setzens, p. 49[27], und einem der führenden Vertreter der interkulturellen Philosophie zur Kenntnis nimmt, cf. R. A. Mall, Nagarjunas Philosophie interkulturell gelesen, pp 31[9]-32: „Diese beiden Bücher von Sturm [gemeint sind ›Weder Sein noch Nichtsein‹ und ›Urteilsenthaltung‹], der eine für die akademische Welt im weltphilosophischen Kontext seltene indologische und philosophische Kompetenz aufweist, sind Pioneerarbeiten auf dem Gebiet einer interkulturell-philosophisch orientierten vergleichenden Philosophie." In o.c., p. 123, wird auch von einem „wegweisenden Versuch" in Zusammenhang mit einer mystischen Fragestellung und in idem, Philosophie: Vom Denkweg zum Lebensweg unter besonderer Berücksichtigung der indischen Philosophie, pp. 1035-1036, in bezug auf meine beiden genannten Werke von „bahnbrechenden Schriften" gesprochen.

der wissenschaftlichen Leserschaft aussetze, die sich bekanntlich durch eine ausgesprochene Feinsinnigkeit für das aus ihrem Blickwinkel des Materialismus, Realismus, Mechanizismus etc. betrachtet eingebildeten wie unsinnigen Ästhetischen und Musischen auszeichnet.

Das Faktum, daß die Beschreibung des erstrebten Ziels weisheitlich-praktischer Philosophie schließlich in gleicher Weise paradox und/oder privativ bzw. negativ sein muß wie die Beschreibung des Endpunkts der Buchstabenphilosophie, der theoretischen also, darf nicht verwundern. Das liegt an der Bindung an die Struktur des begriffsvermittelten Erkennens, über die die Praxis nicht hinwegspringen kann, solange nur gedacht und sie bedacht wird. Das durch konsequentes selbstreferentielles Denken (Re-flexion) entstehende Paradoxon liegt eben darin, daß das Geforderte gerade die Aufhebung des Forderns und damit des Geforderten selbst erfordert, perfekte Ethik folglich in ihrer Verwindung, der Non-Ethik (nicht Unethik!), die Anweisung dazu am ehesten in der Goldenen Regel in der Form einer Vermeidungsregel, die ich in Absetzung von Kants »kategorischem Imperativ«[12] den »kategorischen Prohibitiv« nenne (»Was du nicht willst, daß man dir tu', das füg' auch keinem andern zu«), und vollkommenes Wissen im apodiktischen ‚Nicht'-Wissen, seine Darstellung optimalerweise in Verneinungsformeln, besteht.

Doch muß ich daran erinnern, daß diese scheinbare Widersinnigkeit notwendig aus dem logischen Denken in rückbezüglicher Anwendung folgt und somit weder etwas mit irgendeiner vermeintlich antinomischen, absurden oder sonstwie anomalen, paranormalen, überrationalen, transkategorialen, ekstatischen, enthusiastischen bzw. ‚mystischen' Sprechweise zu tun

---

[12] Zu den drei Formulierungen des kategorischen Imperativs cf. I. Kant, Grundlegung zur Metaphysik der Sitten, BA 51–52, 66–67, ⟨ed.⟩ W. Weischedel, 6.51, 6.61.

hat,[13] wie nicht selten groteskerweise und wider alle Vernunft behauptet, noch willkürlich herbeizuführen oder vermeidbar ist. Freilich hat der, der überhaupt nicht reflektiert, das Problem nicht, ihm entsteht es nämlich gar nicht, weshalb er es weder für sich erkennen noch bei anderen wiedererkennen kann.

Innerhalb des denkerisch Erschlossenen ist es eigentlich nicht lösbar. Das Denken bis zu dieser Grenze durchdacht, das systematisch gemeinte »Sokratische Nichtwissen« erlangt zu haben, ist jedoch die denkerische Lösung. Sie kann den entschlossenen Wahrheitssucher aber deshalb nicht befriedigen, weil sie nicht darüber hinauskommt, die Entstehungsbedingungen und die Lösungsmöglichkeit des Problems anzugeben. Als Resultat des Denkens ist sie, wie jeder Gedanke, Ausdrucksform dieses und an es gebunden. Das Problem ist insofern – welch eine Merkwürdigkeit! – als das Denken selbst im Sinne intentional gerichteter psychisch-mentaler Vorgänge kognitiven, voluntativen und affektiv-emotionalen Charakters erkannt.

Dies ernst zu nehmen, d. h. den Sinn des Strukturproblems der Re-flexion durchdringen zu wollen und sollen, ist selbst den Fachleuten auf dem Gebiet der mathematischen Logik bisher kaum eingefallen, die an der logischen Lösung einzelner Ausdrucksformen der genannten Schwierigkeit, Paradoxien und Antinomien, arbei(te)ten – warum ihnen eher? –, was eben ein Indiz dafür ist, daß sie den darin verborgenen Sinn nicht wahrnehmen. Insofern sollte man sich von der etablierten

---

13 Diese kann selbstverständlich unter dem Titel »rhetorische Paradoxien« (sprach)wissenschaftlich untersucht werden, cf. A. M. Haas, Mystik als Aussage, pp. 127–171 (Das mystische Paradox; Überlegungen zum mystischen Paradox), idem, Mystik im Kontext, pp. 81–104 (Rhetorik und Mystik; Mystik und Literatur; Das Nichts Gottes und seine Sprengmetaphorik), was allerdings nicht direkt mit der Erforschung logischer bzw. re-flektorischer Paradoxien, die für die Strukturtheorie relevant sind, zu tun hat.

mathematischen Logik, nicht einmal von der begrüßenswerten neuerdings entwickelten mehrwertigen Reflexionslogik,[14] die aufgrund ihres Aufweises der Formalisierbarkeit und auch der durchgeführten Formalisierung metatheoretischer Problemstellungen für diejenigen, die Symbole, Operatoren und deren mechanische Handhabbarkeit bevorzugen, zu einer großen Hilfe bei der Darstellung, Erläuterung und Plausibilisierung der Strukturtheorie der Re-flexion oder Transzendentalphilosophie werden könnte, nicht kirre machen und für verrückt erklären lassen, wenn man dazu auffordert, die (äußerste) Konsequenz aus der (selbstreferentiellen) Anwendung logisch stimmiger Re-flexion zu ziehen: Auflösung des Denkens, oder genauer, Loslösung von seinen Vergegenständlichungen.

Wie die indirekte bzw. negative Bestimmung der Grundbedingung, die Begrenzung des Wissens durch das und im Wissen, Anzeige für den Offenheitscharakter der philosophischen Erkenntnis darstellt und somit auf die Wichtigkeit der menschlichen (Willens-)Freiheit deutet, so weist die indirekte bzw. negative Bestimmung des Handlungsziels des kategorischen Prohibitivs auf die Weite der Entscheidungsräume, die in gleicher Weise die Freiheit zum Unrechten wie Rechten, aber auch zu keinem von beiden, dem Jenseits davon, gewährleistet. Ein Buddha (ca. 560-480) ist nicht ethisch/gerecht, weil er nicht zwischen richtig und falsch, gut und böse entscheiden

---

14 Formalisierungsansätze von Paradoxien durch eine Reflexionslogik auf der Basis mehrwertiger Logiksysteme bei U. Blau, Die Logik der Unbestimmtheiten und Paradoxien; cf. A. Dumitriu, The Logico-Mathematical Antinomies: Contemporary and Scholastic Solutions, insbesondere pp. 325-328. Fragen der Mehrwertigkeit von Logik diskutiert G. Günther, Beiträge zur Grundlegung einer operationsfähigen Dialektik (Die Theorie der „mehrwertigen“ Logik), 2.181-202. Übersichtlichkeit und Deutlichkeit bei der formalen Darstellung durch exakt unterscheidbare Referenz-Ebenen bietet die Schreibweise nach H. W. Enders, Einführung in die Repräsentations-Notationen; idem, Saarnios epistemische Notation, „Lambertinis Kalkül“ und das Interpretationsproblem.

muß, sondern er ist, jenseits von gut und böse,[15] die Ethik/ Gerechtigkeit oder wie es bei den Buddhisten heißt, der (pāl.) *dhamma* / (skr.) *dharma* selbst.

Nur durch ihre Ungeschlossenheit ist diese scheinbare Unlösbarkeit restlos auflösbar und es kann ihre Aufdringlichkeit abgeleitet, ihr Andrang letztlich abgeführt werden. Mit Unlogik oder Irrationalität hat das nichts zu tun, da beiden nur innerhalb der Denkwelt, also innerhalb von Logik und Rationalität, Bedeutung zukommt und ein angenommener Panlogismus, so man ihn überhaupt zugestehen wollte, auf die Phänomenwelt beschränkt bleiben müßte. Wer diese weisheitliche Maßnahme Aufhebung des Denkens nennt, sollte sich im Klaren darüber sein, daß es sich nicht um die hegelisch-dialektische (denkerische!) mit ihren synthetischen Implikationen handelt, sondern um eine ana-lytische (auflösende, loslösende und erlösende) im außerordentlichen Verständnis.[16] Das habe ich in meinen bisher veröffentlichten Werken ausführlich vorgeführt und erläutert[17] und ich werde in einem Kapitel zum Konstruktcharakter der Begriffsphilosophie im Indien-Faszikel noch einmal kurz darauf zu sprechen kommen.

---

[15] Nachweise dafür, daß die Formel »jenseits von Gut und Böse« nicht von Friedrich Nietzsche stammt, sondern schon in der antiken Philosophie, West wie Ost, im Gebrauch war, natürlich auch im Buddhismus, der Nietzsche hierbei inspiriert haben dürfte, finden sich in H. P. Sturm, Weder Sein noch Nichtsein, p. 92[220]; cf. K. Bhattacharya, L'*ātman-brahman* dans le Bouddhisme ancien, pp. 143-146.

[16] Cf. G. Vallin, remarques sur quelques difficultés d'approche de la métaphysique taoïste, p. 183s.

[17] Eine tabellarische Zusammenfassung gab ich in H. P. Sturm, Urteilsenthaltung oder Weisheitsliebe zwischen Welterklärung und Lebenskunst, p. 60.

6 Form als Inhalt (Metatheorie)

Schon der erste notwendige Schritt zur Fundierung eines (neuen) Erkenntniszweiges, und als solche verstehe ich mein Arbeiten, die formale Erschließung des Gegenstandsbereichs und die Suche nach, Prüfung und Bewertung von wie Auswahl der dazu erforderlichen methodischen Prämissen, diese unabdingbare Vorgehensweise wird von den sogenannten Spezialisten mit herkömmlichem Fachverständnis, wenn sie überhaupt zur Kenntnis genommen wird, ganz einfach als Simplifizierung abgetan: Weil nicht sein kann, was nicht sein darf! Die Etablierten verlangen in dieser Hinsicht von den Pionieren, deren wissenschaftliche Bemühungen in Teilen selbstverständlich Versuchs- und Übersichtscharakter haben müssen, wohlüberlegt das Unmögliche, absolut fundierte, buchstaben- wie satzzeichengenaue Kenntnisse der Originale wie der gesamten, besonders der neuesten Sekundärliteratur und unterwürfige Anerkennung des darin manifestierten Gipfelpunkts der Forschungsentwicklung, sind über ihren engen Themenhorizont hinaus selbst aber nicht bereit oder in der Lage, auch nur Durchschnittliches zu leisten, wobei die hochoffiziellen Hüter der Wissenschaft, wie leicht belegt werden kann, nicht davor zurückschrecken, die Protagonisten des weltphilosophischen Verstehens als Laien oder Spinner (Esoteriker) zu diffamieren.[1]

---

1 K. Fischer, Außenseiter der Wissenschaft, zeigt konzise und ungeschminkt die eingefahrenen Abläufe auf, die innovative Wissenschaftler ausschalten und plädiert o.c., p. 563, dafür, „(1) Wissenschaft als System der institutionalisierten Ketzerei so zu gestalten, daß sie der abweichenden Meinung – … – eine faire Chance gibt; (2) die strukturell bedingte Meinungsmacht der Orthodoxie durch geeignete Mechanismen

Wer vermeint, daß Analoges in den Naturwissenschaften nicht vorkomme, der möge sich in deren verschiedenen Disziplinen, sei es Physik, sei es Physiologie oder irgendeine andere ‚exakte' Fachrichtung, genauer gesagt, an deren Randgebieten kreativer Wiederaufnahmen alten Wissens und deren Weiterentwicklung wie auch gänzlicher Neuentwicklungen, einmal umsehen …

Da die Betrachtung des Formalen, von Umrissen also, nur unter Absehung von der Buntheit aller (Welt-)Bildinhalte, die Betrachtung des Strukturellen nur unter Abstraktion von Veränderlichem und Reduktion auf das Irreduzible möglich ist, auf das starre Skelett, das alles wärmedurchpulste Fleisch leib-seelischen Erfahrens trägt, sind diejenigen, die ihr Auge nicht vom Augenscheinlichen, Handgreiflichen, Sinnlichen und seinen fortwährenden Wandlungen losreißen können und/oder wollen, nur allzu schnell bereit, diese als blutleeren Formalismus, als konkrete Details, ihre Spezifika und Differenzen mißachtenden Abstraktionismus, als Mangel an zeit-, geschichts- und kulturbezogenem Bewußtsein, Lebensferne und eingleisigen Reduktionismus abzufertigen. Für die Strukturtheorie der Reflexion gilt dies in verschärftem Maße, da sie nicht nur abstrakt im Sinne der Verwendung bloßer geistiger Gebilde wie Zahlen (Algebra) und des Absehens von Konkretem, wie bei der Geometrie verfährt, sondern weil ihre Abstraktheit oder Formalität zusätzlich der Methode der Re-flexion, d.h. der Metabetrachtung, dem Denken über Gedachtes geschuldet ist.

Das ist aber alles andere denn der übliche Reduktionismus. „Warum ist die westliche Auffassung des Reduktionismus undurchdacht und absurd? Der Grund liegt in dem, daß sein Ziel darin besteht, alle Arten von Phänomenen restlos auf eine bestimmte Art von Phänomenen zu reduzieren, nämlich die sogenannten physi(kali)schen (materiellen). Was der westliche

---

zu begrenzen."

Reduktionist zu fragen unterläßt, ist: Physisches, Mentales, Emotionales ist mir alles gleichermaßen als Phänomene gegeben; wenn dem so ist, wodurch bin ich berechtigt zu denken und behaupten, daß irgendeine Art von Phänomenen ontologisch fundamentaler als andere Arten von Phänomenen ist (und zu welcher sie alle reduziert werden müssen)?"[2]

Nicht nur das, sämtliche Phänomene sind zudem miteinander verknüpft, was die Reduktion auf wenige Grundtatbestände oder gar nur auf einen, schlechterdings unmöglich macht. „Alles ist miteinander verflochten. Nichts ist beständig und getrennt von allem anderen. Es besteht eine wechselseitige Abhängigkeit aller Dinge und aller Organisationsebenen. Das klingt ganz wie die buddhistische Lehre des Bedingten Entstehens oder der Bedingten Entstehung, wonach alle Phänomene in einem wechselseitigen Beziehungsgeflecht von Ursache und Wirkung auftreten."[3]

Verhängnisvoll an der von mir vertretenen Position der Nicht-Position (skr. *adṛṣṭi-vāda*) ist jedoch, daß den Vorwurf der unzulässigen Generalisierung und Mißachtung wie Verkennung und Verzerrung des in der Erfahrung Vorfindlichen nicht nur die Vertreter der empiristisch-sensualistischen Seite vorbringen, sondern auch diejenigen der spiritualistisch-intuitiv ausgerichteten, indem auch diese Sinn und Notwendigkeit von Abstraktion, Formalismus und Strukturdenken verkennen und die von ihrer Glaubensrichtung und ethisch-meditativen Praxis (und vielleicht auch Erfahrung) aus geforderte Einzigartigkeit und Ausschließlichkeit gewisser Lehrgehalte in meiner Darstellung nicht, falsch oder nur unzureichend berücksichtigt finden.

Die inhaltliche Detailanalyse des Konkreten, und sei sie noch so subtil, ist deshalb nicht hinreichend, weil sie mit der

---

2 R. Puligandla, Reality and Mysticism, p. 68.

3 R. Sheldrake, Science Set Free, p. 324, ⟨dt.⟩ p. 425.

Nichtbeachtung des Strukturellen keinen Geltungsmaßstab zur Messung der Wahrheitsansprüche jeweiliger Behauptungen und Gedankengebäude in die Hand bekommt und oft vor lauter Bäumen von Buchstaben, Wörtern und doxographischem Material den Wald des das Dasein betreffenden Textsinns nicht sieht, ganz zu schweigen von den üblichen zeitgeistlichen, parteiischen Projektionen religiösen, bürgerlichen und (natur-) wissenschaftlichen Weltverständnisses in spekulative Schriften früherer Epochen und fremder Traditionen, die in der Folge davon entweder als überholt oder bedeutungslos abgetan werden oder umgekehrt unter Mißachtung ihrer Gesamtgehalte für die philosophische Garnierung moderner ‚Rationalität' herhalten müssen und so zu einer Farce im ursprünglichen Wortsinne von Füllsel werden. Wie die Philosophie früher zur Magd der Theologie (*ancilla theologiae*) degradiert wurde, so ist sie heute Sklavin der sogenannten exakten Wissenschaften und ihrer Popularisierung (*ancilla scientiae*). „Man hat immer wieder die Magdrolle der Philosophie im christlichen Mittelalter beklagt, aber eine reine szientistische Befreiung, die ihre Aufgabe in der Analyse, Erklärung und Begründung der vorwiegend naturwissenschaftlichen Theorien sieht, macht die Philosophie erneut zu einer Magd der Wissenschaften."[4]

In die stereotypen Vorhaltungen allgemeiner Vergröberung dürfte der Vorwurf bezüglich der Konstituenzien der Formaltheorie von Re-flexion einstimmen, daß Dreier- oder Vierergruppierungen von Sachverhalten selbstverständlich überall vorfindlich seien und ihre Aneinanderreihung oder Nebeneinanderstellung null Information liefere, weshalb es sich bei meinem Projekt weder um interkulturelle Philosophie noch um Philosophie überhaupt, sondern um eine pauschale Kollektion von Oberflächlichkeiten und Abstraktionen handle. Der Rest

---

[4] R. A. Mall, Essays zur interkulturellen Philosophie, pp. 38–39.

meiner Forschungsresultate, falls überhaupt einer verbliebe, kann, da und solange sie in ihrer Gänze nicht zur Kenntnis genommen werden, natürlich mit zufälligen und bedeutungslosen Übereinstimmungen wegerklärt werden. Es ist klar, daß diejenigen, die die Grundstruktur der Re-flexion und deren alles entscheidenden metaphysischen Sinn nicht kennen, diese in metaphysischen Lehren, welcher Provenienz auch immer, auch nicht wiedererkennen können. Man kann sich vorstellen, was für eine Vorstellung sie von Metaphysik haben.

Dabei ist die Analyse von verschiedenen Haupt- und Unterschemata, selbst von in sich geschlossen scheinenden Lehren, allein schon unter rein formal-strukturellen (das Bindestrichwort ist eigentlich ein Hendiadyoin) Gesichtspunkten äußerst schwierig, stellen sie doch nicht nur Konglomerate von Philosophemen verschiedener Denkrichtungen dar, da Geistmetaphysik die Disziplinen Ontologie, Kosmologie, Gnoseologie und philosophische Psychologie, ja zusätzlich noch Theologie, Mystizismus, Mystagogie, Ethik und, was weiß ich noch alles, einschloß, wurden die Paradigmen all dieser Disziplinen zu Mischmodellen kombiniert, ja amalgamiert, die nicht selten widerstreitende Elemente enthalten, weil sie aus Materialien und inhaltlichen Bestimmungen unterschiedlichster Objekt- und Methodenbereiche wie Denkrichtungen zusammengefügt sind. Diesbezüglich darf ich auf das Zitat eines bekannten deutschen Indologen zurückverweisen, das ich zu Anfang des ersten Kapitels in einem ganz anderen Sinnkontext kritisch gemeint wiedergab, das hier jedoch sehr wohl im bestätigenden Modus passen würde.[5]

Bekanntlich erfordert jeder Gegenstandsbereich zum allgemeinen Kanon von Methoden noch ganz spezifische der Erschließung und fordert seine besonderen Geltungsbedingungen

---

[5] Hier noch einmal der Stellennachweis: H. v. Glasenapp, Kant und die Religionen des Ostens, p. 141.

ein. Aufgrund dessen sind die gewonnenen Einsichten unaufbereitet kaum kompatibel und es entsteht dem Mainstream-Doxographen der Eindruck, als wären die darin ausgedrückten Wahrheitsbehauptungen willkürlich, beliebig und vor dem Hintergrund seines Weltbilds bestenfalls kulturelle Antiquitäten. Wurden solche Unvereinbarkeiten alter Lehren von ihren Exponenten nun zu Dogmensystemen zusammengezwungen, so mußte das verständlicherweise unter Umgehung oder Vernachlässigung von Logik, Kohärenz und Konsistenz geschehen, was dann um so leichter gelang, wenn der strenge Anspruch denkgesetzlicher Stimmigkeit und Nachprüfbarkeit gegenüber anderen vermeintlichen Kriterien der ‚Gültigkeit' zurücktrat. Gerade als der Rationalität gegenüber immune Glaubenssysteme schrieben viele solcher zusammengeklaubten Dogmengemenge, wie der Blick in die Historie lehrt, Geistes-Geschichte, sie machen diese geradezu aus.

Das hier präsentierte Forschungsprojekt fällt in einen Bereich des Philosophierens, den es vor meinen bisherigen Arbeiten, was wissenschaftlich bereits anerkannt wurde, in Reinform nicht gab,[6] der durch diese vielmehr erst erschlossen und als solcher zu Bewußtsein gebracht wird. Zur Diskussion will ich es, wie aus dem Untertitel des Werks ersichtlich ist, unter der genauen Bezeichnung »Strukturphilosophie der Re-flexion in transkulturaler Anwendung (Transkultural-Philosophie)« stellen. Den kulturübergreifenden Aspekt davon finden wir in methodischer Hinsicht, zumindest für die Philosophie des Ostens, von einem japanischen Denker schon vor einigen Jahrzehnten vorformuliert. Aufgrund seiner Bedeutung für mein gesamtes Forschungsprogramm habe ich ihn schon in der Vorbemerkung der ersten Abteilung dieses Werks zusammenfassend zitiert, und exakt aus demselben Grund tue ich das hier

6 Cf. A. M. Haas, »...das Letzte unserer Sehnsüchte erlangen.«, p. 38[98]; idem, Wind des Absoluten, p. 36.

noch einmal. Zu ergänzen ist allerdings, daß ich über ihn hinaus die Anstrengung unternommen habe, das Projekt auf die Stiftertraditionen von Orient und Okzident auszudehnen. Dabei kann ich mich auf die antike Philosophie beschränken, weil die von ihr gelegten und im theoretischen Grundlegungsband ›Widerspiegelung des Geistes I‹ von mir freigelegten Fundamente (Struktur) alle späteren Philosophien mit Beiwort (christliche, tibetische, analytische, politische, um nur einige Beispiele zu geben) entweder strukturell prägten und damit in diesen vorhanden sind oder sich diese so weit von den Grundformen entfernten, daß nicht mehr von Philosophie gesprochen werden kann und sie folglich unter einer philosophischen Fragestellung nicht beachtet und beforscht zu werden brauchen.

„... es ist, denke ich, sehr wichtig, daß die verschiedenen Philosophien des Ostens auf systematische Weise mit der Blickrichtung studiert werden, zu einem umfassenden Strukturrahmen zu gelangen, einer Art Metaphilosophie östlicher Philosophien, mit Hilfe deren die orientalischen Hauptphilosophien zu einem gewissen Niveau struktureller Einheitlichkeit heraufgeführt werden können. ... Der wichtige Punkt ist, daß diese gemeinsame Grundstruktur in der Weise verschieden gefärbt ist, daß jede Schule oder jedes System von anderen durch die Betonung unterschieden ist, die es auf gewisse Spezialaspekte der Struktur legt und ebenso durch den Grad, bis zu dem es seinen Nachdruck auf diese oder jene besondere Hauptkategorie legt. Nun, durch eine weitere Ausarbeitung der Begriffsanalyse der Grundstruktur dürften wir, indem wir gleichzeitig die zwischen verschiedenen Systemen auffindbaren Hauptunterschiede berücksichtigen, hoffentlich zu einer umfassenden Anschauung, wenigstens eines der wichtigsten Typen östlicher Philosophie gelangen, die ferner ertragreich mit ähnlichen Philosophietypen im Westen verglichen werden können. Es ist meine Überzeugung, daß ein wirkliches, tiefes Verständnis zwischen Ost und West nur auf der Basis einer Anzahl von derartigen konkreten Forschungsarbeiten möglich wird, die auf verschiedenen Feldern der Philosophie, westlichen und östlichen, beiden, durchgeführt werden."[7]

Die Idee der Strukturtheorie verfolge ich, um hier noch kurz den zweiten Aspekt der »Transkultural-Philosophie« zu erwähnen, seit dem Beginn meines philosophischen Bemühens. Sie manifestiert sich im zeitlichen Verlauf ihrer Veröffentlichungen in meinen Schriften immer deutlicher. An ihre vollständige reflexionsphilosophische Fundierung ging ich aber erst in dem Teilband ›Widerspiegelung des Geistes I‹, der mittlerweile in einer durchgängig überarbeiteten, verbesserten, gründlich präzisierten und stark erweiterten zweiten Auflage aus dem Jahre 2014 vorliegt, die streng genommen ein neu geschriebenes Werk darstellt, doch auf den in der Erstpublikation von 2004 entfalteten Formelementen aufbaut. Alles Wichtige zur in der vorliegenden Abteilung vorausgesetzten Strukturtheorie oder Strukturphilosophie selbstreferentiellen Denkens ist darin niedergelegt. Da dieses Buch selbst schon unter Anwendung transkultural-philosophischer Methodik verfaßt ist, indem die Re-flexionssystematik hauptsächlich und augenscheinlich entlang Gedanken aus der indischen, indo-sinitischen und indotibetischen Weisheitstradition rekonstruiert wird, während die Transzendentalphilosophie des Westens, zu der ich die Vorläuferentwürfe der Eleaten, Megariker und Sophisten zähle, die in der Platonik, deren verleugneter Schatten die Skepsis war, zur Reife gebracht wurden und im sogenannten Deutschen Idealismus und darauf fußenden Erkenntnistheorien wiedererblühte, beiläufig einfließt, ist es ratsam, ja fast unabdingbar, sich die Ausführungen im vorliegenden Drittelband erst nach dessen Kenntnisnahme zu Gemüte zu führen.

---

[7] T. Izutsu, Creation *and the* Timeless Order *of* Things, pp. 2 … 34-35 (The Basic Structure of Metaphysical Thinking in Islam).

7 Philosophie und Kultur(en)

Die Charakterisierungen der interkulturellen Ausrichtung westlicher (akademischer) Philosophie mit den Titeln 'Eurozentrismus' und 'koloniale Global-Moral' in einem von einem westlichen Gelehrten verfaßten akademischen Werk philosophischer Komparatistik aus dem Jahre 2001, das den Vergleich zwischen einigen Konzepten der abendländischen und der daoistischen Denktradition wagt,[1] greifen zusammen mit ähnlichen europäischen Selbstbezichtigungen[2] insofern immer noch viel zu kurz und gewissermaßen auch daneben, als das Phänomen des kulturellen und machtmotivierten Sichbehauptens und der Expansion mittels dessen, was man bei uns heute unter Philosophie versteht, nicht auf das Abendland und die Neue Welt beschränkt bleibt, sondern global oder interkulturell ist, interkultureller jedenfalls als die gegenwärtige interkulturelle Philosophie in ihren Inhalten und Methoden. Rigorose und/oder verkappte Unterdrückungs- und Ausschaltungsmechanismen sind in abweichenden Formen nämlich auch in anderen Weltregionen, (Hoch-)Kulturen und Erkenntnis(verhinderungs)-traditionen wirksam (gewesen).

In so mancher asiatischen, afrikanischen und lateinamerikanischen Gesellschaft verband sich zudem der auf Sinekuren bedachte (importierte) Akademismus der Gebildeten, die Meinungsdiktatur in herrschaftsfreier Diskursverkleidung und das

---

[1] Cf. G. Wohlfart, Der Philosophische Daoismus, pp. 12–15.

[2] Wovon ich eine kulturhistorisch orientierte kurze, literarisch anspruchsvolle, nennen will: V. Zotz, Auf den glückseligen Inseln. Buddhismus in der deutschen Kultur, pp. 9–31.

ideologische Cliquenwesen mit Weltanschauungen, Gewohnheiten, Herrschafts- und Unrechtsverhältnissen traditioneller Art, um sich auf diese Weise noch zu verstärken. Dies betrifft und trifft das Philosophische überhaupt, wenn es nur den Anspruch auf Wahrheit erhebt, auf Wahrheit im Daseinsvollzug, welche Wahrhaftigkeit voraussetzt. Es muß allerdings zugegeben werden, daß die Bedingungen, unter denen die dieserart an und über den wissenschaftlichen, und in Folge davon meist auch gesellschaftlichen Rand Gedrängten, weiter forschen und leben können, so sie weiter forschen und leben können, sehr unterschiedlich sind. Das ist jedoch weniger auf kulturelle, denn auf machtpolitische Faktoren und profitspezifische Verwertungsmechanismen zurückzuführen.

Die übliche Vorstellung von Kultur, die im Modus der Unhinterfragtheit durch Ausschluß des vermeintlich Fremden bestimmt ist, entstammt meiner Meinung nach einer kollektiven Amnesie betreffs dessen, woraus sie ehedem wurde, woraus sie jetzt besteht und was endlich davon übrig bleiben wird, d.h. wie die jeweils ‚unsrige' Kultur unablässig und durch die verschiedensten (anders-kulturellen) Einflußfaktoren bedingt im Entstehen, in der Veränderung und im Vergehen ist. „Kulturelle Traditionen sind keine kompakten, deutlich voneinander abgehobenen und homogenen Einheiten. Sie sind in aller Regel kontinuierlich ineinander übergehende und übergreifende und entsprechend heterogene Gebilde. Die Grenzen von Kontinenten, Klimazonen, Populationen (*alias* »Rassen« und Ethnien), Staaten, Wirtschaftsregionen, Sprachen, Religionen und anderen (ethischen oder ästhetischen) Wertegemeinschaften decken sich nicht."[3]

In Abwandlung eines Ausspruchs aus dem Munde einer Persönlichkeit des öffentlichen Lebens: „Völker gibt es nicht,

---

[3] E. Holenstein, Komplexe Kulturen, p. 175.

sie machen sich."[4], behaupte ich deshalb: „Kulturen gibt es nicht, sie werden gemacht." Und ich ergänze: „Vertreter der interkulturellen Philosophie machen dabei mit." Im Gegensatz zu Kultur macht sich Weisheit nicht mit aller Macht. Darum ist zu fragen, ob sie nun einen Absurditätsbeweis des Evolutionsglaubens darstellt oder ob sie diesem gemäß einfach nicht ‚fit' genug ist. Insofern ist Kultur, besonders wenn sie sich nicht ausschließlich gegenüber Natur, was ich für utopisch halte, da diese immer Natur nach einem spezifischen kulturellen Vorverständnis ist, sondern gegenüber Kultur(en) absetzt, keineswegs direkt und starr mit Philosophie im allgemeinen oder einer ihrer Ausdrucksformen verbunden.

Hinrichtung, Folter, Verfolgung, Unterdrückung oder Ausgrenzung ihrer Vertreter, Bücherverbrennungen, Einschränkung der Meinungsfreiheit und Zensur geschieht durch die Jahrhunderte hindurch genauso gut innerhalb des Kulturkreises, dem sie zugehören, wie durch Eroberer. Ja die griechische Philosophie begann sozusagen exemplarisch und von dem Betroffenen, Sokrates, durch seinen Tod und die Art und Weise, wie er zustandekam, pointiert, mit dieser intrakulturellen Unvereinbarkeit. In China gab es bereits im Jahr 213 v. Chr. durch den Kaiser Qín Shǐhuángdì eine Hinrichtung aller unliebsamen Bücher („Bücherverbrennung"). Die römischen Imperatoren und christlichen Ketzerjäger der Spätantike waren keinen Deut zimperlicher.

Natürlich gab es auch interkulturelle Ausrottungen von Büchern samt ihren Verfassern. Ob die Vernichtung der Bibliothek zu Alexandria im Jahr 642 überhaupt stattgefunden hat und zudem einem muslimischen Kalifen und Eiferer anzulasten ist, wird kontrovers diskutiert. Daß aber eine der zu ihrer Zeit weltweit größten Bibliotheken, die der buddhistischen

---

4 Franziska Augstein, zitiert bei K. Walf, Sentencias breves. Fundsachen 2003, p. 22.

Universität zu Nālandā (Bihar/Indien), um das Jahr 1200 von turk-islamischen Eroberern zusammen mit der gesamten Schulungsstätte und vielen tausend dort Lernender und Lehrender plattgemacht wurde, steht außer Zweifel. Über die sonstige und spätere unvorstellbar reiche Geschichte der Vernichtung von Kulturgütern und Schriften samt deren Schöpfern möge sich der ob der Ungeheuerlichkeit solcher Fakten verstörte und hoffentlich empörte Leser bitte selbst informieren, um seine Abscheu vor der Niedertracht und Niedrigkeit der jeweils Mächtig(er)en weiter zu erregen. Trotz all dem bin ich nicht bereit, die ‚Fitness' von Kultur in die ‚evolutionäre' Rubrik des Überlebens (gr. *zōḗ* / engl. *survival*) einzureihen, vielmehr bevorzuge ich, sie unter die Gattung des gestalteten, und damit auch verunstalteten, entstalteten Lebens (gr. *bíos* / engl. *life*) zu subsumieren.

Während sich echte Philosophie nicht in den Vordergrund der Humanentwicklung drängt und eher rezessiv denn aggresiv ist, zeichnet Kultur, was immer das sein mag, Kultur als gesellschaftliche Inszenierung, eine dezidierte Durchsetzungskraft aus, die sie bis zu einem gewissen Grad auch aus der Philosophie im weitesten Sinne schöpft, indem sie diese ausschlachtet, schamlos umwertet oder eigentlich entwertet und zur ideologischen Waffe im Dienste von Herrschaftsinteressen pervertiert. Anders ausgedrückt: Was an philosophischen Tiefengehalten, die vornehmlich auf das Zeitlose gerichtet sind, an die kulturelle und damit historisch verengte und beschränkte Oberfläche aufsteigt, ist plakativ gesprochen entweder meist Unphilosophie oder verdrehte, entgeistete, vulgarisierte Philosophie, also keine Philosophie.

Dies ist nicht als Lamento über den Verlust des elitären Charakters von Philosophie gemeint, den es gar nicht geben kann, der ihr aber von jeher unterstellt wird, welche Unterstellung der wahre Philosoph verkraften kann, weiß er doch, daß ihn eine solche Denk- und Existenzform geistig, seelisch und moralisch derart in Anspruch nimmt, daß sich ihr in unserem Zeitalter nur wenige zuzusprechen vermögen, demzufolge ihm nicht selten Argwohn, Neid und Mißgunst gerade von denen entgegengebracht wird, die in materiellem Reichtum schwelgen und dennoch nicht glücklich sind. Wir nennen die Leistung eines Olympiasiegers im Marathonlauf ja auch nicht elitär, weil sie ein Beinamputierter, Siebzigjähriger, ein vollzeitberufstätiger Einzelhandelskaufmann, eine Schwangere, ein Mount-Everest-Bezwinger, ein Klaviervirtuose oder ein Mathematik-Genie nicht erbringen kann.

Diesbezüglich hat sich Aristoteles, wie die Erfahrung bis zum heutigen Tag lehrt, gewaltig getäuscht, wenn er zum besten gibt, daß man in der Philosophie in kurzer Zeit (*ex olígou chrónou*) Fortschritte (*proelēluthénai*) an Genauigkeit (*taĩs akribeíais*) erziele, das Philosophische eine Leichtigkeit sei (*tẽs perì tèn philosophían eĩnai 'rajstṓnēs*), sich in der Philosophie alle gerne aufhielten (*philochōreĩn*) und mit ihr beschäftigen wollten (*boúlesthai scholázein*), indem sie alles andere sein ließen (*apheménous tõn állōn 'apántōn*), obwohl er weiß, daß der knechtische Mensch (*andrapodõdés ge*) nach dem Leben, und nicht nach dem guten Leben trachtet (*toũ zẽn allà mè toũ zẽn eũ glíchesthai*), den Meinungen der Masse folgt (*taĩs tõn pollõn autòn akoloutheĩn dóxais*), statt von der Masse zu verlangen, den eigenen Meinungen zu folgen (*allà mè toùs polloùs axioũn taĩs 'autoũ*), und Besitz begehrt (*chrẽmata zēteĩn*), sich um Edles jedoch überhaupt nicht kümmert (*tõn dè kalõn mēdemían epiméleian poieĩsthai tò parápan*).[5]

Als Vorbild für den Umgang mit metaphysischen Entwürfen philosophischer Überlieferungen der gesamten Menschheit will ich hier zunächst einen Denker, Historiker, Enzyklopädiker und Literaten herausstellen, den in der neueren Forschung

---

5 Cf. Aristoteles, Protreptikos B53–56, ⟨ed./tr.⟩ I. Düring, pp. 56/59.

bisher kaum jemand, wohl niemand, als Stifter der modernen kulturüberschreitenden Philosophie wahrgenommen hat: Pierre Bayle (1647–1706). Nicht nur führte er die Stränge des zu seiner Zeit verfügbaren Wissens über fremde Weltanschauungen zusammen und gründete so die vergleichende Philosophiewissenschaft sozusagen in Vorwegnahme ihrer viel späteren akademischen Etablierung, durch seine Methode, Lehrgehalte in skeptische Gegen(über)stellung zu bringen, sie dieserart abzuwägen und gleichzeitig in ironische Distanz dazu zu treten, dabei die eigene kritische Position weitgehend im Hintergrund zu halten, erzeugte er eine echte, nicht nur eine zur Schau gestellte weltanschauliche Offenheit, die es nach mehr als dreihundert Jahren in Gelehrtenkreisen immer noch kaum gibt. „So umflattern die Zweifel und Einwürfe Bayles wie kleine Tagvögel, angreifend, aber sogleich wieder zurückfliehend, keck und furchtsam zugleich, die Nachteule der Orthodoxie.“[6]

Deshalb empfehle ich, bevor ich auf neuere und neueste Denker und Gelehrte eingehe, denen ich kulturübergreifende philosophische Erkenntnisse inhaltlicher und/oder methodischer Art verdanke, die Lektüre und intellektuelle Beschäftigung mit seinem Werk, speziell dem zu seiner Zeit berühmten und berüchtigten ›Dictionnaire‹ ab der zweiten Auflage aus

---

[6] L. Feuerbach, Gesammelte Werke, 4.163. Cf. R. H. Popkin, The Skeptical Precursors of David Hume, p. 70: „Bayle's Pyrrhonismus führte zu vollkommenem Zweifel, ohne Überzeugungen von irgendeinem Gegenstand übrig zu lassen. Da niemand ein Pyrrhonist in Bayle's Sinne war oder sein konnte, konnte der *Philosophe* von Rotterdam seinen Pyrrhonismus nur als verheerendes Resultat der Welt der Rationalität denunzieren und, vielleicht augenzwinkernd, seine irrationale, unhaltbare, unsinnige, unmoralische Welt des Glaubens anbieten.“ Diese Einschätzung ist aber nur zutreffend, wenn man das „vielleicht“ in „vielleicht augenzwinkernd“ wegläßt und unter Pyrrhonismus das versteht, was in H. P. Sturm, Urteilsenthaltung oder Weisheitsliebe zwischen Welterklärung und Lebenskunst, pp. 76–118, 264–317, in Richtigstellung weitestverbreiteter Fehlurteile über die Skepsis ausgeführt ist.

dem Jahr 1702,[7] als Lehrmaterial für die humanistische und interkulturelle Bildung in geisteswissenschaftlichen Fächern, der Religion und besonders der Philosophie, und hier wiederum vor allem der kulturüberschreitenden.[8]

---

7 Cf. P. Bayle, Dictionaire Historique et Critique.

8 Das folgende, von mir nachgestaltete Diagramm, stammt von U. App, The Cult of Emptiness, p. 186; meine Tilgung eines zweiten, nach Logik des Diagramms überflüssigen Pfeiles vom Kästchen „Bernier's Zusammenfassung ..." zum Kästchen „Le Clerc ...".

ZUSAMMENFLUSS DER SINO-JAPANISCHEN UND INDO-IRANISCHEN STRÖME DER ERSCHLIESSUNG ÖSTLICHER PHILOSOPHIE DURCH DEN WESTEN (nach U. App)

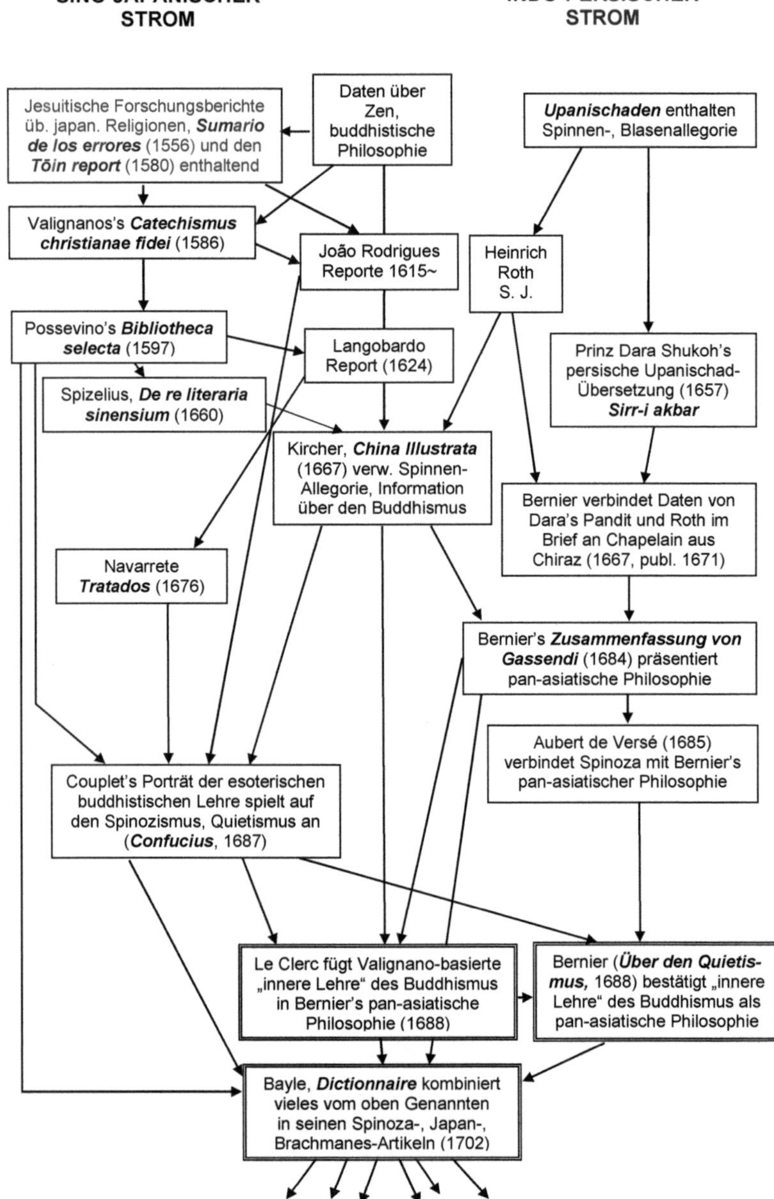

In der Theorie gemäß modernem Verständnis unternehme ich den Versuch, transkultural-philosophische Forschung, ausgehend vom Gedankengut aller reflexiv (transzendental) kontrollierten Philosophien zu betreiben. Unabhängig davon, ob sie meiner Methode und/oder meinen Inhalten voll entsprechen, finden dabei folgende kulturüberspannende Entwürfe jüngeren Datums besondere Berücksichtigung: die strukturierten, in ausführlichste Gesamtdarstellungen aus den Originalen eingestreuten Einzelvergleiche zwischen indischen und griechischen Theoremen von Paul Deussen (1845-1919), die ihre Gültigkeit jenseits gewisser Beschränkungen und Einseitigkeiten der Gesamtkonzeption behalten;[9] die wegweisenden interkulturell-komparativen Vorarbeiten von Paul Masson-Oursel (1882-1956) aus den Anfangsdekaden des letzten Jahrhunderts, die das Verdienst besitzen, auch die verdrängte Schattenseite des Philosophierens berücksichtigt zu haben, skeptisch-dialektische Widerlegungsmethoden (skr. *vitaṇḍa, dūṣaṇa, upaplava, khaṇḍana, jalpa, bādha, nāśa, apavāda, prasajya pratiṣedha* etc.);[10] die metaphysischen Spekulationen

[9] Hauptwerk: P. Deussen, Allgemeine Geschichte der Philosophie, 2 Bde. in 6 Abt. Die kritische Würdigung des Indologen H. v. Glasenapp, Das Indienbild deutscher Denker, pp. 123-126, fällt ob der (un)metaphysischen Vorurteile von diesem selbst insgesamt sehr einseitig aus, doch ist ihr betreffs des willensmetaphysischen Schopenhauerianismus Deussens und des Unverständnisses von diesem gegenüber dem Buddhismus und, das darf ich ergänzen, gegenüber allem Skeptisch-Dialektischen, zuzustimmen; cf. auch W. Halbfass, Indien und Europa, pp. 145-152. Die zahllosen Entdeckungen und der gewaltige Forschungsertrag Deussens auf doxographischem und komparativem Felde, insbesondere struktureller Natur, werden dadurch aber nicht hinfällig, wie man heute, zur geistanatomischen Differnzialdiagnose nicht mehr bereit und fähig, vermeint.

[10] Cf. insbesondere die grundlegenden Werke: P. Masson-Oursel, La philosophie comparée; idem, Le fait métaphysique. Für den Bereich von Dialektik und Eristik (und somit auch Logik in ihrer vormathematischen Form) sind die Artikel idem, Esquisse d'une théorie comparée du sorite;

von René Guénon (1886–1951) etwa aus derselben Zeit, die die BewußtSeins-Struktur, wie sie in den bekanntesten Weisheitstraditionen rund um den Erdball aufscheint, entsprechend der »Strukturtheorie der Re-flexion« aufreißt, ohne jedoch die wie auch immer zustandegekommenen Ergebnisse irgendwie dialektisch auseinanderzusetzen, zu begründen oder abzuleiten, welche Vorgehensweise leider auch zur Verkennung des Madhyamaka-Buddhismus (für mich keine Nebensächlichkeit) und anderer tiefsinniger Weisheitslehren wie der Herabsetzung der antiken griechischen Philosophie beigetragen haben könnte;[11] der fundierte, ästhetische, spekulative und metaphysische Symbolik erschließende und weisheitlich weiterdenkende universalphilosophische Ansatz des anglo-tamilischen Metaphysikers und Kunsttheoretikers Ananda Kentish Coomaraswamy (1877–1947),[12] der seiner und der jetzigen Zeit um Längen

---

idem, La sophistique. Étude de philosophie comparée, von Bedeutung.

11 Siehe meine Literaturliste s. v. Guénon, in der die für mein Schaffen wichtigen Werke aufgelistet sind; die Kapitel XI und XXV zum heterodoxen Buddhismus und Jinismus in R. Guénon, L'homme et son devenir selon le Vêdânta, pp. 111–124, 245–250, sind ab der 3. Aufl. aus dem Jahr 1947 in dem Buch nicht mehr enthalten. Das Kapitel 3.4 zum Buddhismus des Werkes idem, Introduction générale à l'étude des doctrines hindoues, pp. 171–183, wurde demgegenüber nicht zurückgenommen. Die Buddhismus-Kritik dieses Autors bezieht sich hauptsächlich auf die Abhidharma-Tradition (Sautrāntika und Vaibhāṣika) und die westlichen Gelehrten, die diese aufgrund der Ähnlichkeit mit ihrer eigenen unmetaphysischen Sichtweise, ich nenne sie immanentistisch, durch ihr Forschungs-, Lehr-, und Publikationsmonopol zur Urlehre des Buddhismus aufgebauscht hätten. In diesem Sinne ist sie weitgehend korrekt, wegen der Pauschalisierung gewisser Lehrgegenstände und eines mangelnden Verständnisses für Dialektik (auch und gerade in der antiken westlichen Philosophie) fehlt ihr allerdings die logisch-reflektorische Fundierung. Eine krasse Fehleinschätzung des Śūnyavāda, das soll hier noch gesagt sein, ist zu finden in idem, L'homme et son devenir selon le Vêdânta, p. 113.

12 Cf. A. K. Coomaraswamy, Bibliography/Index.

voraus war bzw. ist, da seine Wurzeln in die Zeitlosigkeit, die Dimensionslosigkeit ganz allgemein, hinabreichen; das methodische philosophische Bewußtsein und Selbstbewußtsein von Karl Jaspers (1883-1969), das unter Beachtung der Idee einer zusammenhaltenden Mitte einen Begegnungsraum der Möglichkeiten schaffen will, auch wenn dieser Ansatz in der Nihilismus-, Immoralismus- bzw. Eskapismusunterstellung, die der Skepsis und Mystik (einschließlich ihrer indischen Ausdrucksformen) gemacht werden, enge geistige Provinzgrenzen hat;[13] die traditionell indische mit moderner kontinentaleuropäischer und anglo-amerikanischer Onto-, Epistemo- und Psychologie ins Benehmen setzenden Erwägungen von Anukul Chandra Mukerji (1888-1968);[14] die in die drei Stiftertraditionen der Weisheitsliebe Ordnung bringende und damit Vergleichbarkeit anbahnende, im Detail jedoch korrektur- und präzisierungsbedürftige Zusammenstellung und vergleichende Tabellierung zentraler Lehrgehalte von Hans Riehl (1891-1965),[15] die wie das mit reflektorischem Referenz- und Stufungsbewußtsein durchgeführte, der Argumentationsweise nach wohl von René Guénon ausgehende metaphysisch-nondualistische Projekt von Georges Vallin (1921-1983)[16] bisher so gut wie unbeachtet

---

[13] Zum vielversprechenden Entwurf eines interkulturellen Begegnungsraumes cf. K. Jaspers, Notizen zu Martin Heidegger, pp. 123-124, Nr. 98; idem, Aneignung und Polemik, p. 10; idem, Philosophische Autobiographie, pp. 121-122.

[14] Cf. A. C. Mukerji, The Nature of Self; idem, Self, Thought and Reality; zahlreiche Essays.

[15] Cf. H. Riehl, Ordnung des Geistes.

[16] Siehe Literaturliste s.v. Vallin; programmatische Essenz des Aspekts der philosophie comparée: idem, Lumière du Non-dualisme , pp. 13-31: Pourquoi le non-dualisme asiatique? (Eléments pour une théorie de la philosophie comparée); als Artikel erschienen unter dem Titel in runden Klammern. Hier noch eine Bemerkung zum Verständnis des genannten Denkers, das er gegenüber dem Madhyamaka hegt: während in idem,

blieb; die um einen umfassenden strukturellen Rahmen, die Artikulation einer Metaphilosophie des Ostens bemühten komparativen Forschungen des japanischen Orientalisten und Sino-Japanologen Izutsu Toshihiko (1914–1993);[17] die neuen, Symbolik, Mythologie und Philosophie einbeziehenden, nicht selten jedoch einseitig historisierenden vergleichenden Studien zu Grundformen antiken Denkens des amerikanischen Kunsthistorikers und Kulturforschers Thomas McEvilley (1939–2013);[18] die komparativ-philosophisch und religionswissenschaftlich erhellenden Werke von David Loy (*1947), der seine

---

Essai sur le non-être et le néant, pp. 53–54, die Ununterschiedenheit zwischen Saṃsāra und Nirvāṇa (cf. dazu H. P. Sturm, Die vier Stadien des Ent–Setzens, pp. 117–129) kritisch und auch unrichtig interpretiert wird, legt der Verfasser in idem, La perspective métaphysique, pp. 111-122, eine exakt zutreffende Charakterisierung des Madhyamaka vis-à-vis dem Advaita Śaṅkara's vor, die sich in einzelnen kurzen Bemerkungen durch all seine späteren Schriften zieht.

17 Siehe Literaturliste s.v. Izutsu und das Zitat in der Vorbemerkung zur zweiten Auflage von ›Widerspiegelung des Geistes I‹, pp. 21–22, das im Kapitel 6 nochmals wiedergegeben ist; Näheres im Faszikel II/7 zum Daoismus; zu den für meine Forschung wichtigsten Werken des Autors zählen: T. Izutsu, Sufism and Taoism. A Comparative Study of Key Philosophical Concepts; idem, Toward a Philosophy of Zen Buddhism; in seinen europäisch-sprachigen Schriften bleibt in Vergleichen und Querverweisen zwischen verschiedenen Traditionssträngen des von ihm so genannten östlichen Denkens bei den islamischen und jüdischen Ausgestaltungen die entscheidende aristotelisch-platonistische Prägung leider unthematisiert, was Verzerrungen und Parallaxen in der Darstellung gewisser Lehrgegenstände zur Folge hat und dazu führt, daß das komparative Potential und komparatible Material der beforschten Lehren nicht in vollem Umfang ausgeschöpft und nutzbar gemacht wird.

18 Cf. T. McEvilley, The Shape of Ancient Thought: Comparative Studies in Greek and Indian Philosophies; was den weltphilosophisch-doxographischen Aspekt betrifft, ist dies das bisher einzige Werk, das an Umfang und Rundumblick neben meine Hauptschriften zu stellen ist; der wesentliche Unterschied liegt in meinem strukturtheoretischen Ansatz, und damit Fragen nach der Philosophie der Philosophien, und meinem Arbeiten aus wie mit den Originalen.

Wurzeln in den Vereinigten Staaten hat, doch gute zwei Jahrzehnte an asiatischen Universitäten lehrte, davon den Großteil an einer japanischen Universität, seit noch längerer Zeit Zen praktiziert und dem es gelingt, durch Verständnis in der Auslegung, Überlegung und Einfühlung die Gründe, Untergründe und Hintergründe der Gedankenführung und des kategorialen Aufbaus metaphysischer (wie soteriologischer) Lehrgebäude, bisweilen allerdings mit einer gewissen buddhistischen und phänomenalistischen Verzerrung, zu durchleuchten;[19] die hermeneutisch-phänomenologische Überlappungstheorie „orthafter Ortlosigkeit“ bzw. „ortloser Orthaftigkeit“ geistkultureller Ausdrucksformen des in der Bundesrepublik Deutschland lebenden indischen Denkers Ram Adhar Mall (*1937),[20] soweit die von ihm mitgedachte höherstufige reflexiv-meditative Instanz eines der Idee der Kultur an sich korrespondierenden interkulturell-hermeneutischen Subjekts oder Beobachters, die mich dazu veranlaßte, kulturübergreifende und -überschreitende Philosophie auch vom Standort der Phänomenologie aus zu betreiben, nicht zu weit im Hintergrund verbleibt; der überaus wichtige, in Europa bisher sträflich mißachtete, in exakter symbolischer Notation vorliegende formal-ontologische Entwurf (*formal ontology*) globaler Vernunft (*global reason*) und universaler Grammatik (*universal grammar*) des Jahrzehnte an einer Universität in den Vereinigten Staaten tätig gewesenen indischen Denkers Ashok K. Gangadean (*1941) mit seiner Vorgehensweise, die Abhängigkeit der Bedeutung von Kategorien

[19] Das im Zusammenhang meiner Forschung weitaus wichtigste Werk dieses Autors ist: D. Loy, Nonduality. A Study in Comparative Philosophy.

[20] Viele sehr ähnliche Publikationen; hier zunächst drei der für die interkulturelle Philosophie wichtigsten Hauptschriften: R. A. Mall, Essays zur interkulturellen Philosophie; idem, Philosophie im Vergleich der Kulturen; idem / H. Hülsmann, Die drei Geburtsorte der Philosophie; drei thematisch einschlägige Essays sind zudem in der Literaturliste vermerkt.

vom jeweiligen Kategoriensystem aufzuweisen und demzufolge nicht mehr Vergleiche zwischen (eingebildeten) Kulturblöcken, sondern zwischen Kategoriengefügen (*categorial frameworks*) durchzuführen;[21] in diesem Kontext ist auch der viel frühere, von der Forschung bisher, und da die Studie nicht neu ist, wohl auch überhaupt nicht berücksichtigte Versuch zu beachten, eine ansatzweise formalisierte Methode philosophiewissenschaftlichen Vergleichens zu artikulieren, wie das Daniel S. Goldenberg (Zeitgenosse, Lebensdaten nicht zu ermitteln) tat;[22] abschließend und mit größtem Nachdruck ist die Zeit- und Kulturräume verbindende und überwindende Forschung des Philosophen, Logikers, Mathematikers, Erkenntnis- wie auch Wissenschaftstheoretikers, Physikers, Dichters und Yoga-Praktikers Ramakrishna Puligandla (*1930) zu nennen, der aus Indien stammt und einen Großteil seiner Lehr- wie Forschungstätigkeit in den U.S.A. absolvierte, worin sich die alten Weisheitswege Indiens und die modernen wissenschaftlichen Methoden Europas und Amerikas zum Wohle einer zur Daseinsgestaltung anwendbaren Erkenntnis (skr. *vidyā*) und eines gelebten Wissens (skr. *jñāna*) treffen.[23]

---

[21] Cf. A. K. Gangadean, Between Worlds; idem, Meditative Reason; idem, Meditations of Global First Philosophy.

[22] Cf. D. S. Goldenberg, A Comparative Analysis of Wittgenstein's 'Tractatus' and Saṃkara's Advaita Vedānta with an Introduction to the Logic of Comparative Methodology, pp. XIX-XXXI.

[23] Die Schriften, insbesondere die Artikel von R. Puligandla sind Legion und erstrecken sich über viele Wissensgebiete, weshalb sie hier nicht aufgeführt werden können; siehe die Literaturlisten am Ende der einzelnen Bände s.v. Puligandla; nur die beiden wichtigsten Werke sollen hier genannt sein: R. Puligandla, Fundamentals of Indian Philosophy; idem, Jñāna-Yoga – The Way of Knowledge.

8 Interkulturelle Philosophie, transkulturelle Philosophie, Transkultural–Philosophie

Zusammen mit einigen dieser Konzeptionen ist die re-flexionstheoretische von mir nicht mehr nur philosophiespezifisch kulturbeschreibend, kulturverstehend, kulturvergleichend oder das Übersetzen aus Sprachen, die Verständigung in Sprachen verschiedenster Kulturen und das Gespräch zwischen diesen fördernd, sondern arbeitet, was ihren method(olog)ischen Charakter und wahrheitstheoretischen Anspruch ausmacht, allgemeine Geltungskriterien, systematische Zusammenhänge, abstrakte Bildeprinzipien und strukturelle Minimalbedingungen in bezug auf alle regionalen, populationsspezifischen, temporalen, sprach- und traditionsgebundenen (ideologischen) Ausdrucksformen des Philosophischen heraus, um schließlich im Philosophieren selbst zu münden, d.h. mit und in den Spekulationen der verschiedenen Kulturen, durch sie hindurch und über sie hinaus, im Modus des Transitus sozusagen, zu leben. „Gefragt, woher er sei, antwortete er", Diogenes der Kyniker aus Sinope (ca. 410/400-323) nämlich: „Gefragt, woher er sei, antwortete er »Kosmopolit/Bürger des Kosmos«."[1]

Mit meiner Konzeption ist allerdings nur ein Plan gezeichnet, mit Hilfe dessen das Gebäude menschheitsverbindender

---

[1] Diogenes Laërtios, De vitis dogmatis ... 6.63: *erōtēteìs póthen eíē, »kosmopolítēs« éphē.* Die Bezeichnung »Weltbürger« vermeide ich, weil damit vornehmlich die Assoziation »Erde« und »Bürger« einhergeht, wohingegen »Kosmos« die ewige Ordnung des (Sternen-)Himmels andeutet, in der man eigentlich kein Bürger ist, sondern sich als Mensch, als universales seelisches und mentales Wesen aufhält.

und, ich darf mich im Hinblick auf nachdenkliche Menschen mit religiöser Orientierung hier auch einmal einer abstrakten theologisierenden philosophischen Terminologie (wie sie in vielen Philosophien der Welt vorkommt) bedienen, gottheitsverbindender Philosophie errichtet werden kann. Weit davon entfernt, Selbstzweck oder Spekulationsobjekt zu sein, soll es uns letztlich als gemeinsame Werkstatt und Wohnstätte weisheitlicher Verwirklichung dienen. Selbstverständlich liegen seine Etagen gemäß dem Konstrukt, das sich beim Stufengang der Re-flexion abzeichnet, übereinander. Das ist dem folgenden Schaubild zu entnehmen, in dem die Bereiche und Methoden der Transkultural-Philosophie in ihrem stockwerkartigen Aufbau wiedergegeben sind, welches an das hier leicht veränderte Diagramm von der »Erkenntnisstufung« zur Ordnung wissenschaftlich-systematischen Wissens im allgemeinen in der Abteilung ›Widerspiegelung des Geistes I‹ (2. Auflage), Seite 183, anschließt und für das die dort gegebene wissenschaftspraktische Zusatzbemerkung gleichermaßen gilt. Wäre meine Forschung aus dem gesellschaftlich anerkannten, professionellen Wissenschaftsbetrieb nicht vollständig ausgesperrt worden, so würde ich an dieser Stelle dazu aufrufen, an einer Präzisierung, Verbesserung und gegebenenfalls Erweiterung meiner Systematik mitzuwirken. Um die strukturelle Parallelität beider Entwürfe wenigstens mit Hilfe einer anschaulichen Logik der Farbgebung von Hintergrund und Schriftkolorit anzudeuten, füge ich im Anschluß daran eine graphische Montage hinzu, die beide in Nebeneinanderstellung abbildet.

KONSTRUKTIONSPLAN der TRANSKULTURAL-PHILOSOPHIE

jñāna Weisheit sophía zhì

DIAITO-/ASKETOLOGIE	ETHIKOLOGIE	MELETEOLOGIE	EPHEKTOLOGIE
Askese Kasteiung Entsagung Abhärtung Diaitik Hathayoga *tài-jí-quán qì-gōng* Fakirismus Buße Gelübde	Ethik (Goldene Regel) Leidvermeidung *(ahiṃsā)* Liebe Güte Sympátheia Sanftmut, Langmut, Gleichmut	Ritus Kultus Zeremonie Liturgie Gebet Mysterien Orgien Theurgie Magie Schamanismus Drogen Konzentration Kontemplation Yoga Tantra *bhāvanā*	*nirodha upaśama* *zuò-wàng xīn-zhāi* mystische Versenkung *epochḗ anaíresis*

IV. TRANSITUS ZUR TRANS-KULTURALITÄT

STRUKTURTHEORIE DER TRANSKULTURAL-PHILOSOPHIE	STRUKTURTHEORIE DER RE–FLEXION

III. TRANSITUS ZUM UNIVERSAL-KULTURELLEN

Metatheorie(n) Begründung Falsifikation	$c_{a'}$) Formalvergleich v. Kategoriengefügen	Da-/Bewußtseins-Transformation Re–flektieren
(log.) Folgerung Erklärung Phänomenologie Hermeneutik Datensammlung Datenerschließung	c_a) Gegenüberstellung Vergleich Über–setzen c_b) Dialog/Polylog Persuasion Information Argumentation	Selbst$_n$-fremd-selbst$_{n+1}$-Verstehen (Nach-)Denken Wahr–nehmen Lernen
a) OBJEKTIV	**c) RELATIONAL**	**b) SUBJEKTIV**
INTRA MULTI INTER	INTRA MULTI INTER	INTRA MULTI INTER

II. TRANSITUS VON KULTUR(EN) ZU KULTUR(EN)

I. TRANSITUS ZUM NON-KULTURELLEN (NATUR)

UNBELEBTES	BELEBTES	BESEELTES	GEISTIGES

ERKENNTNISSTUFUNG

KONSTRUKTIONSPLAN der TRANSKULTURAL-PHILOSOPHIE

PRAXIS$_2$

T H E O R I E

PRAXIS$_1$

0 ZIEL VOLLKOMMENHEIT

ज्ञान *Weisheit* σοφία 智

philosophische Praxis
VI$_4$) Ephektik
VI$_3$) Meletik
VI$_2$) Ethik
VI$_1$) Diaitik/Asketik
} Vervollkommnungsstreben

VI. Phase (Reflexions-Stufe$_{0a.2}$)

phil. Praxiologie (Heil[ung]slehre)
V$_4$) Ephektologie
V$_3$) Meleteologie
V$_2$) Ethikologie
V$_1$) Diaito-/Asketologie
} c) anleitend, b) auffordernd, a) beschreibend

V. Phase (Reflexions-Stufe$_{2.0b}$)

DIAITO-/ASKETOLOGIE	ETHIKOLOGIE	MELETEOLOGIE	EPHEKTOLOGIE
Askese Kasteiung Entsagung Abhärtung Diaitik हठयोग 太極拳 氣功 Fakirismus Buße Gelübde	Ethik (Goldene Regel) Leidvermeidung (अहिंसा) Liebe Güte Sympátheia Sanftmut Langmut Gleichmut	Ritus Kultus Zeremonien Liturgie Gebet Mysterien Orgien Theurgie Magie Schamanismus Drogen Konzentration Kontemplation योग तन्त्र भावना	निरोध उपशम 坐忘 心齋 mystische Versenkung ἐποχή ἀναίρεσις

IV. TRANSITUS ZUR TRANS-KULTURALITÄT

Strukturtheorie der Re–flexion (Meta-Metatheorie = Kategoriengefüge aller Kategoriengefüge = Philosophie der Philosophie)

IV. Phase (Reflexions-Stufe$_2$)

STRUKTURTHEORIE DER TRANSKULTURAL-PHILOSOPHIE | STRUKTURTHEORIE DER RE–FLEXION

III. TRANSITUS ZUM UNIVERSAL-KULTURELLEN

III$_2$) Meta-/Strukturtheorien
III$_1$) Gnoseologie, Epistemologie

III. Phase (Reflexions-Stufe$_1$)

II$_{2.4}$) Logik, Mathematik
II$_{2.3}$) (logische) Sprachanalyse
II$_{2.2}$) Ontologie, Kosmologie u.ä.
II$_{2.1}$) Geisteswissenschaften
II$_2$) metempirisch-dianoetisches und philosophisches Wissen (Kategoriengefüge kleiner, großer, maximaler Reichweite)
II$_{1.2}$) Sozialwissenschaften
II$_{1.1}$) Naturwissenschaften
II$_1$) a) bewußtes, b) wissenschaftliches, objektbezogenes Wissen (empir. und theoret. bewährte Kategoriengefüge, meist begrenzter Reichweite)

II. Phase (Reflexions-Stufe$_{0b}$)

a) OBJEKTIV	c) RELATIONAL	b) SUBJEKTIV
Metatheorie(n) Begründung Falsifikation	$c_{a'}$) Formalvergleich v. Kategoriengefügen	Da-/Bewußtseins-Transformation Re–flektieren
(log.) Folgerung Erklärung Phänomenologie Hermeneutik Datensammlung Datenerschließung	c_a) Gegenüberstellung Vergleich Über–setzen c_b) Dialog/Polylog Persuasion Information Argumentation	Selbst$_n$-fremd-selbst$_{n+1}$-Verstehen (Nach-)Denken Wahr–nehmen Lernen
INTRA MULTI INTER	INTRA MULTI INTER	INTRA MULTI INTER

II. TRANSITUS VON KULTUR(EN) ZU KULTUR(EN)

Alltags-Praxis mit Alltags-Wissen (naive Kategoriengefüge)

I. Phase (Reflexions-Stufe$_{0a}$)

I. TRANSITUS ZUM NON-KULTURELLEN (NATUR)

UNBELEBTES | BELEBTES | BESEELTES | GEISTIGES

Damit sollen die unterschiedlichen Ansätze der sogenannten interkulturellen Philosophie, die bisher in einer ‚eigen'-artigen Inselmentalität, einer neuen Ausdrucksform der Xenophobie, der wahrheitsunabhängigen Unantastbarkeit kultureller Eigen- und Besonderheiten, verharren, ihren Ort und an diesem ihre volle Geltung finden. Mehr wird ihnen jedoch nicht zugestanden: alle unberechtigten Allgemeingültigkeitsansprüche sind zurückzuweisen. Auch werden die vielen bisher durchgeführten komparativen Studien zu Lehrgehalten einzelner Denker oder Denkrichtungen verschiedener Sprach- und Kultursphären, keineswegs entwertet. Vielmehr wird auch solchen Einzelstudien dadurch der ihnen zukommende Platz im Koordinatensystem des vielschichtigen Phänomens Philosophie und somit ihre jeweilige Bedeutung zugewiesen. Da sie die Facetten dessen, was Philosophie heißen muß und tatsächlich auch heißt, in ihrer Gesamtheit häufig nicht berücksichtigen, wirken sie allerdings nicht selten einseitig, willkürlich, unsystematisch und somit verfälschend, unabhängig davon, daß der Vergleich oft nur in einer losen, unverbundenen Nebeneinanderstellung, häufig auch bloß einzelner kleiner Ausschnitte philosophischer Weltbilder, und das womöglich noch als d i e vergleichende Methode gepriesen,[2] mit Einleitung und abschließender Zusammenfassung dessen besteht, was im Hauptteil verglichen werden sollte. Mit meiner Meßmethode ist nun die Möglichkeit gegeben, diesen Spezialstudien ihren Platz so zuzuweisen, daß ihr jeweiliger Beitrag zur Transkultural-Philosophie gemäß seinem Leistungssinn beurteilt und gewürdigt werden kann.

Die Bezeichnung »interkulturell« wird in meinen Schriften weitgehend vermieden, weil die ‚Philosophie', die momentan

---

2 So in der neuesten Zeit bei C. Dragonetti / F. Tola, On the Myth of the Opposition between Indian Thought and Western Philosophy, p. 21, unter Berufung auf den deutschen Indologen Helmuth von Glasenapp (ohne Referenzstelle).

unter diesem Namen firmiert, fast ausschließlich damit beschäftigt ist, vom westlich-akademischen Standpunkt aus, der als solcher, als globalisiert-provinzieller nämlich, meist nicht durchschaut wird, über Philosophie, und auch dort nur über die eigene, zu spekulieren, während man glaubt, über anderes und mit anderen zu denken und sprechen,[3] was für Vertreter fernerer Weltgegenden, die diesen Habitus des Philosophierens, ich nenne ihn in Absetzung von der eigentlichen, der existentiell vollzogenen Philosophie als Weisheits-Liebe, den philosophiewissenschaftlichen, schlechterenfalls sogar den philosophistischen, übernahmen, analog nicht minder gilt. Demgemäß ist auch die derzeit von außereuropäischen Vertretern der interkulturellen Philosophie propagierte Wahrheits- und Gültigkeitsdemokratie bei allem Bekenntnis zu irgendwelchen unendlich fernen und nie erreichbaren Erkenntniszielen nichts anderes als eine Gegenanmaßung, die ebenso gewissen Eigeninteressen, jetzt allerdings der ideologisch Unterlegenen, und davon der Priviligierten, entstammt, gnoseologisch deshalb aber nicht legitimer ist.

Meine Abstandnahme von der Bezeichnung »interkulturelle Philosophie« hängt nicht nur davon ab, daß diese es unterläßt, endlich einzulösen, was in ihrer Selbstbezeichnung versprochen wird, sondern insbesondere davon, daß man damit bekundet, über das Kulturelle an sich, d.h. über orts-, zeit-, gruppen-, sprach- und ideologiegebundene Ausdrucksformen des Geistes gar nicht hinauskommen zu wollen und das noch als Errungenschaft zu bejubeln, ganz in der Manier der Mainstream-‚Philosophie', die Philo-Sophie nachgerade systematisch verhindert. „Lange Zeit brachten wir es im Westen fertig, die ursprüngliche Bedeutung des Wortes »Philosophie« zu vergessen: Liebe

---

3 Die exzessivsten, mir bekannten Quisquilien dieses Genres machen das 1088 Seiten umfassende Buch von G. Stenger, Philosophie der Interkulturalität, aus.

zur Weisheit, nicht Liebe zu endlosem Reden und Argumentieren über die Liebe zur Weisheit. Und was sogar noch trauriger ist, ist die Art und Weise, wie wir es fertigbrachten, uns zu überreden, daß wir überhaupt nichts vergessen haben."[4] Doch damit sind wir noch nicht am Ziel. „Das Wort «Philosophie» an sich kann ganz gewiß in einem sehr berechtigten Sinn genommen werden, der zweifellos sein ursprünglicher Sinn war, vor allem wenn es, wie man behauptet, wahr ist, daß es Pythagoras ist, der es als erster gebraucht hat: etymologisch bedeutet es nichts anderes als «Liebe zur Weisheit». Es bezeichnet also eine zunächst erforderliche Neigung, um die Weisheit zu erlangen, und kann auch in ganz natürlicher Erweiterung das Suchen bezeichnen, das, von dieser Neigung selbst ausgehend, zur Erkenntnis führen soll. Das ist also nur ein vorläufiges und vorbereitendes Stadium, ein Vorwärtsschreiten zur Weisheit, eine Stufe, die einem Stadium unterhalb dieser entspricht. Die Abweichung, die anschließend erfolgte, bestand darin, diesen Übergangsgrad für das Ziel selbst zu halten, sich anzumaßen, die «Philosophie» an die Stelle der Weisheit zu setzen, was das Vergessen oder die Verkennung der wahren Natur der letzteren bedeutet. Auf diese Weise entstand das, was wir die «profane» Philosophie nennen können, d.h. eine angebliche rein menschliche Weisheit, nur rationaler Ordnung also, die den Platz der wahren traditionellen, supra-rationalen und «nicht-menschlichen» Weisheit einnahm. Dennoch blieb von dieser durch die gesamte Antike hindurch noch etwas erhalten; das beweist zunächst das Fortbestehen der «Mysterien», deren wesentlich «initiationsartiger» Charakter nicht bestritten werden kann und ebenso die Tatsache, daß die Lehre der Philosophen selbst meistens eine «exoterische» und eine «esoterische Seite» gleichzeitig hatte, während die letztere die Anknüpfung an einen

---

4 P. Kingsley, The Paths of the Ancient Sages, p. 49.

höheren Standpunkt ermöglicht; ..."[5]

Ja die Erkenntnisentwicklung ist heute so weit ‚fortgeschritten', daß man es gar nicht mehr für möglich erachtet, durch die interkulturelle Philosophie Fremdphilosophien verstehen zu können und es nicht mehr für nötig erachtet, sie verstehen zu sollen. „... dass im Zusammenhang mit dem sogenannten »cultural turn« in den Geistes- und Kulturwissenschaften auch die Philosophie sich inzwischen immer häufiger mit der Frage auseinanderzusetzen hat, welche Konsequenzen daraus zu ziehen sind, dass historische und kulturelle Bedingtheit, Historizität und Kulturalität, zwei Gegebenheiten sind, denen auch das philosophische Denken unterworfen ist. ... Nun besitzt das philosophische Denken nicht einfach Vergangenheit, sondern kulturspezifische Vergangenheit. Es gilt daher, der historischen Bedingtheit die kulturelle Bedingtheit zur Seite zu stellen, der Historizität die Kulturalität. Diese hat noch weiter gehende Konsequenzen. Die interkulturelle Philosophie bestimmt daher ihr leitendes Interesse neu: Ihrer eigenen Standortgebundenheit zunehmend bewusst, kann sie nicht mehr die authentische Erschließung des kulturell Fremden zum Ziel haben. Ihr neues Erkenntnisinteresse gilt einer geschärften Wahrnehmung der kulturellen Bedingtheit der eigenen Konzepte und Denkmuster. Sie nimmt eine interkulturelle Perspektive ein, um Distanz zu gewinnen und gleichsam im Blick von außen die eigenen Voraussetzungen besser identifizieren zu können. So gelingt es ihr aufzuzeigen, in welchem Ausmaß Fragestellungen, Hauptprobleme und Grundbegriffe der Philosophie eine spezifisch abendländisch-westliche Gestalt besitzen."[6] Interkulturelle Philosophie als ‚wahr'haft verblüffendes Programm, vom nicht

[5] R. Guénon, La crise du monde moderne, pp. 30-32, ⟨dt.⟩ pp. 28-29.

[6] A. Cesana, Karl Jaspers' Idee der Weltphilosophie und das Problem der Einheit des Denkens, pp. 327-328.

verstandenen eigenen Standort aus über den nicht zu verstehenden fremden Standort den eigenen Standort besser zu verstehen. Tusch!

Ähnliches trifft auch für das zu, was unter dem Attribut »transkulturell« gehandelt wird. Es erfreut sich zur Zeit auch zur näheren Charakterisierung anderer Disziplinen, erheben sie den Anspruch, auch nur geringfügig über ihren nationalen, kontinentalen oder kulturellen Tellerrand zu blicken, großer Beliebtheit. Dennoch entschloß ich mich, ob seines Bedeutungsgehalts, den ich ganz wörtlich nehme, vollständig und bis auf den Grund ausschöpfe, davon auszugehen, allerdings in Absetzung von und Entgegensetzung zu den gegenwärtigen philosophischen Überlegungen unter dem gleichen Etikett, besonders eines ihrer deutschen Exponenten und der von ihnen verwendeten Schreibweise. „Die Vorsilbe *trans-* in *Transkulturalität* hat eine doppelte Bedeutung. Erstens bezieht sie sich auf den Umstand, dass die Determinanten von Kultur heute zunehmend quer durch die Kulturen hindurchgehen. In diesem Sinne hat *trans-* die Bedeutung von ‚transversal'. Auf Dauer jedoch wird diese Entwicklung eine Verfassung der Kulturen heraufführen, die sich insgesamt jenseits des traditionellen, vermeintlich monokulturellen Designs der Kulturen befindet. Während *trans-* also im Blick auf den Mischungscharakter der kulturellen Determinanten den Sinn von ‚transversal' hat, besitzt es im Blick auf die Zukunft und im Vergleich mit der früheren Verfassung der Kulturen den Sinn von ‚jenseits'."[7] Transkulturalität meint in dieser Konzeption also nur eine andere Form von Kulturalität. Um den Unterschied zu meinem Entwurf in aller Deutlichkeit erfassen zu können, gilt es, dies im Gedächtnis zu behalten.

---

[7] W. Welsch, Transkulturalität. Zwischen Globalisierung und Partikularisierung, p. 336[26]; cf. idem, Transkulturalität. Lebensformen nach der Auflösung der Kulturen, p. 5.

Daß ich mit der in diesen Statements geäußerten Kritik am alten Kulturbegriff und dem daraus erwachsenen Interkulturalitätsbegriff auf der alltäglichen und empirischen Ebene einigermaßen d'accord bin, darf mich nicht daran hindern, den darin vorgetragenen, vermeintlich herrschaftsfreien, integrativen und pragmatisch-interaktionistischen Vernunftbegriff[8] mit anderen Kritikern für illusionär und absurd zu erklären,[9] und damit die Philosophiekonzeption, die darauf fußt. Ein derartiger Ausverkauf von Geltungsbeständen kann nur davon zeugen, daß die Philosophie zu einem Ramschladen der Beliebigkeit verkommen ist. Denn wo weder der Wahrheitsbegriff im allgemeinen anerkannt noch eine generelle Erkenntnis der reinen Strukturen zugelassen und letztlich auch ein Bewußtseinszustand, der alle Kulturphänomene qua begrenzte und bedingte Erscheinungen überschreitet, nicht für möglich oder als zwingende Folgerung aus der formalen Erkenntnis des Geistaufbaus für gerechtfertigt postulierbar gehalten wird, kann nicht von Philosophie oder dem in anderen ‚Kulturen' entsprechenden Streben nach Weisheit gesprochen werden.

„Von nun an gab es nur noch «profane» Philosophie und «profanes» Wissen, d.h. Leugnung der echten wahren Geistigkeit, Beschränkung der Erkenntnis auf den untersten Rang, die empirische und analytische Erforschung von Tatsachen, die an kein Prinzip rückgebunden sind, die Zerstreuung in eine unbestimmte Vielheit bedeutungsloser Einzelheiten, die Anhäufung unbegründeter Hypothesen, die sich unaufhörlich gegenseitig

---

8 Cf. W. Welsch, Transkulturalität. Lebensformen nach der Auflösung der Kulturen, p. 18; idem, Transkulturalität. Zwischen Globalisierung und Partikularisierung, pp. 345-346.

9 In dieser Sache schließe ich mich der schonungslosen Kritik von G. Paul, Komparative und interkulturelle Philosophie und ihr Szenario im deutschsprachigen Raum, pp. 395-396; idem, Der Kulturstreit um die Universalität Aristotelischer Logik, p. 119, an.

aufheben und von Teilansichten, die zu nichts führen können, außer zu praktischen Anwendungen, die die einzige tatsächliche Überlegenheit der modernen Zivilisation bilden, eine wenig beneidenswerte Überlegenheit allerdings, die, indem sie sich bis zur Erstickung aller anderen Angelegenheiten entwickelt, dieser Zivilisation den rein materiellen Charakter verleiht, der aus ihr eine wahre Monstrosität macht.«[10] Und mit der Nichtigkeit des Genus ist auch das Spezifikum nichtig, weil ich für die nichtvorhandene Gattung Philosophie keine inter- oder transkulturelle Art benötige oder geltend machen kann. Somit bleiben die berechtigte immanente Kritik an und die Gegenvorschläge zu den bisherigen Äußerungen der trans- und interkulturellen Philosophie demselben Denkansatz verhaftet und letztlich ebenso nichtig.[11]

Indem ich mich von solch beschränkten Ansätzen distanziere, nenne ich das von mir initiierte Projekt deshalb auch nicht transkulturelle Philosophie, sondern unter Anspielung auf seinen meta-philosophischen Aspekt und im Anklang an dessen traditionelle, insbesondere mit der kritischen Methode von Immanuel Kant und besonders Johann Gottlieb Fichte in Verbindung stehende Bezeichnung Transzendentalphilosophie »Transkultural-Philosophie«. Taucht die Spezifizierung dieses Philosophie-Entwurfs adjektivisch auf, so steht deshalb, ich bitte das genau zu beachten, nicht transkulturell, sondern transkultural.

Anstatt Horizonterweiterungen der Wissenschaft zur Kenntnis zu nehmen und als eine bereichernde Stimme im sogenannten herrschaftsfreien Diskurs der Forscher zu begrüßen, zieht es das akademische Establishment offensichtlich vor, seine

10 R. Guénon, La crise du monde moderne, p. 36, ⟨dt.⟩ pp. 32-33.

11 So auch die von R. Elm, Notwendigkeit, Aufgaben und Ansätze einer interkulturellen Philosophie, pp. 10-17.

Genialität zu inszenieren, sich gegenseitig zu zitieren, Einladungen für Vorträge auszusprechen und Publikations- wie Zusatzverdienstmöglichkeiten zuzuschanzen. „Das System zelebriert sich selber. Die Seilschaften und Zitierkartelle inszenieren eine lebendige wissenschaftliche Diskussion.“[12] Dabei ist es nicht erforderlich, einander sachlich zu akzeptieren, zu verstehen oder gar übereinzustimmen,[13] da die gemeinsame Absicht, gerade nicht auf weisheitliche Einsicht auszugehen, eine Basis bildet, auf der man, ohne sich womöglich in die Quere zu kommen, gepflegt und kollegial miteinander verkehren kann. Das hat fatale Folgen für die echte Philosophie, „da ja die Einsichten bald genug aus dem Felde geschlagen sind, wenn man Absichten gegen sie aufmarschieren läßt. ... Die ganze Welt nämlich, und alles in ihr, ist voller *Absicht* und meist niedriger, gemeiner und schlechter Absicht: nur *ein* Fleckchen soll ausgemachterweise von dieser freibleiben und ganz allein der *Einsicht* offenstehn, und zwar der Einsicht in die wichtigsten, allen angelegensten Verhältnisse – das ist die Philosophie.“[14]

Zur subtilen Strategie der freundlichen oder wenigstens höflichen, und wenn das nicht funktioniert, unverschämten und geradezu schamlosen, und wenn das immer noch nicht funktioniert, ins Kriminelle hineinreichenden Verabschiedung aus der ‚wissenschaftlichen Gemeinschaft‘, die vorgeblich nur nach rein wissenschaftlichen Leistungskriterien geschieht, tatsächlich aber nach organisatorischen und noch mehr nach organisierten

---

[12] J. Jung, Der Niedergang der Vernunft, p. 19.

[13] Psychologische und einige erkenntnistheoretische Begründungen für das Unverständnis von Philosophen gegenüber den Positionen ihrer Kollegen gibt S. J. Bartlett, Philosophy as Ideology.

[14] A. Schopenhauer, Sämtliche Werke, 4.206 ... 4.234 (Über die Universitäts-Philosophie); cf. o.c., 4.192; idem, Der handschriftliche Nachlaß, 4.1.209, und sinnverwandte Stellen im Werk Schopenhauers bei G. F. Wagner, Schopenhauer-Register, col. 80s, s.v. Einsicht.

,Notwendigkeiten', finanziellem, politischem, machttaktischem Kalkül, im offiziellen Jargon so genannten Sachzwängen, und selbstverständlich anonym vonstatten geht, damit am Ende natürlich niemand die Verantwortung dafür zu übernehmen braucht, könnten mehrhundertseitige Traktate verfaßt werden. Ebenso über die hintergründigen Mechanismen, infolgedessen von den gängigen, wissenschaftlich üblichen Wegen der Publikation verfaßter Schriften ferngehalten zu werden. Damit will ich die mir verbleibende Lebens- und Schaffenszeit allerdings nicht vergeuden. Bezogen auf die schriftstellerische Tätigkeit davon Betroffener soll dem wissenschaftlichen und gesellschaftlichen ,Diskurs' hierfür immerhin ein Catchword vorgeschlagen werden, unter dem dieses sich weltweit immer weiter ausbreitende Phänomen wenigstens identifizierbar ist, bleibt und dingfest gemacht werden kann, das der »strukturellen Zensur«, das ich im Anschluß an die von dem norwegischen Mathematiker und Sozialwissenschaftler Johan Galtung (*1930) eingeführte Kategorie der „strukturellen Gewalt" verstanden wissen will.

Wer Interesse daran hat, die Niederungen der akademischen Philosophie kennenzulernen, sollte, wenn ihm die Möglichkeit nicht gegeben ist oder war, sie in eigenen Augenschein zu nehmen, den ›Niedergang der Vernunft‹ von Joachim Jung lesen. Die Beschreibungen der real existierenden Universitätswelt mitsamt ihren Bewohnern, Herrschenden wie Untergebenen, Tätern wie Opfern, die der Autor in dem genannten Buch vorlegt, sind beklemmend wirklichkeitsnah. Bedauerlicherweise verhält es sich mit dem Vernunft- und Wahrheitsbegriff, die in diesen Enthüllungen in Anspruch genommen werden, aufgrund von deren Sinnwidrigkeit gerade gegenteilig. Deshalb ist diese Streitschrift mit der darin zum Ausdruck gebrachten

Verklärung angelsächsischer Verhältnisse nahtlos vereinbar.[15]

Das ganze ähnelt der nicht selten einem unbewußten Unterlegenheitsgefühl zugeschriebenen beißenden Kritik an der Universitätsphilosophie Arthur Schopenhauers, die bei allem berechtigten Sarkasmus gegenüber den akademischen Zuständen ein Verständnis für selbstreferentielle Fragestellungen leider vermissen läßt. Indem sich in der Vorstellung unseres zeitgenössischen Autors von der Wahrheit, im Gegensatz zu Schopenhauers philosophischem Traditionalismus, aktuelle populistische, merkantile und pseudodemokratische Aspekte vermengen, spricht er sich der positivistischen (‚metaphysikfreien') Außenseite philosophischer Erkenntnis zu, die zwar nicht ist, was sie vorgibt zu sein, nämlich philosophische Erkenntnis, und es zudem nach seinem pluralistisch-pragmatistischen Wahrheitsverständnis der Unverbindlichkeit auch nicht sein kann, sich in Unwissenheit darüber aber erdreistet, andere, fundierte Erkenntnisansprüche, von deren Einlösung hier allerdings nicht die Rede ist, zu be- und verurteilen. Insofern stellt das mit spitzer Feder geschriebene Pamphlet nichts anderes als ein weiteres tragisches Dokument genau des in seinem Titel angeprangerten Niedergangs dar, den ich jedoch nicht einen der Vernunft nennen würde, Vernunft (Ratio oder, um

---

[15] Cf. J. Jung, Der Niedergang der Vernunft. Kritik der deutschsprachigen Universitätsphilosophie; natürlich steht dieses Buch nicht alleine da; schon aus den Siebzigern des letzten Jahrhunderts stammt das sehr umfassende und die Schattenseite der Wissenschaften, insbesondere der Sozial- und Geisteswissenschaften, aufdeckende Werk von S. Andreski, Die Hexenmeister der Sozialwissenschaften. Mißbrauch, Mode und Manipulation einer Wissenschaft, dessen Bloßlegungen heute immer noch, in manchem heute noch mehr, gelten; leider trifft auch auf diese Offenbarung des Allzumenschlichen zu, daß sie in reflektorischer und metaphysischer Hinsicht allzumenschlich bleibt, d.h. nur ein aufs Minimum verkürztes oder gar kein philosophisches Bewußtsein erkennen läßt.

es mit Martin Heidegger zu sagen, rechnendes Denken)[16] ist für sich genommen mit Nutzenkalkül in kultureller Hinsicht, Geschäftsmentalität, auch in Wahrheitsfragen, und der Überzeugung von der beliebigen Austauschbarkeit und Auswechselbarkeit alles nur Erdenklichen nämlich durchaus vereinbar, sondern einen des Verstandes oder Intellects.

„Bisher wurden philosophische Traditionen anderer Kulturen, wenn sie überhaupt Beachtung fanden, ausschließlich in den Regional- oder Kulturwissenschaften wahrgenommen und nicht an philosophischen Fakultäten, eine Situation, mit der nicht europäische Philosophinnen und Philosophen an ihren Universitäten genauso konfrontiert waren wie in Europa. Ein Ausschluß aus der Fachdisziplin Philosophie hat natürlich nicht unerhebliche praktische Auswirkungen: Es erfolgt damit nicht nur die Zuweisung einer Minderwertigkeit oder zumindest Unzulänglichkeit an eine Kultur oder Gesellschaft, sondern zugleich der Ausschluß aus den Institutionen des akademischen Betriebes und den diesen zur Verfügung stehenden finanziellen Mitteln. Die Organisation des modernen Philosophiebetriebes hat es mit sich gebracht, dass die Unkenntnis philosophischen Schaffens anderer Regionen der Welt nicht einmal als Mangel empfunden wurde. Diese »institutionalisierte Ignoranz«, wie sie der Wiener Philosoph Christian Neugebauer treffend nennt, scheint heute aufgebrochen zu werden."[17] Der Schein trügt.

All denjenigen, die an öffentlichen Wissenschafts- und Bildungseinrichtungen als Geisteswissenschaftler Erfolg haben

---

[16] Cf. M. Heidegger, Der Satz vom Grund, pp. 167-174, 194-199, 211.

[17] A. Graneß, Interkulturelles Philosophieren?, p. 93; die punktgenauen Bemerkungen zur akademischen Verhinderung interkultureller Philosophie sind ob der Betonung, die in diesem Zeitschriftenartikel auf das Konzept der Kultur gelegt wird, zu relativieren.

und/oder als Philosophiegelehrte Karriere machen wollen, sie laufen zusammen mit ihren Fächern sowieso aufgrund gesellschaftlich attestierter Nutzlosigkeit Gefahr, von der Bildfläche zu verschwinden, gebe ich deshalb einen Rat, den man gar nicht zu geben braucht, weil er in vorauseilendem Gehorsam gegenüber den etablierten Autoritäten ohnehin Beachtung finden wird, bei der unvermeidlichen – soll ja vorkommen – (aus dem Zusammenhang gerissenen) Verwendung meiner Materialien für eigene Zwecke nämlich von einer dokumentierten Zitation und expliziten Bezugnahme auf meine Forschungsergebnisse mit Quellenangaben abzusehen und so zu tun, als wären die übernommenen Ideen ihren eigenen Köpfen und keinen sonst entsprungen. Diese Vorgehensweise ist im Fach ja nicht neu, war früher vielmehr üblich und müßte in der derzeitigen Epoche der Aneignungs- und Besitzmentalität geradezu als Tugend gelobt werden.

9 Geo-doxographische Unschärfe: West? Ost?

Um jegliches Mißverständnis betreffs meiner Einstellung zum Ost-West-Verhältnis der Philosophie(n) von vorneweg auszuschließen, möchte ich, mich dazu bekennend, ausführlich zitieren, was zwei international bekannte Forscher und Denker, die ihre Disziplin, die Indologie, mit ihren Beiträgen wesentlich bereicherten, zu dieser Problematik vor einiger Zeit zu sagen hatten. Zunächst der Fachmann für Buddhologie. „Gleich zu Beginn muß ich gestehen, daß ich nicht an eine messerscharfe Unterscheidung zwischen einer »östlichen« und »westlichen« Geisteshaltung glaube. Bis ungefähr 1450 befanden sich indische und europäische Philosophen als (Orts-)Gruppen derselben »immerwährenden Philosophie« weniger untereinander als gegenüber den späteren Entwicklungen der europäischen Philosophie im Meinungsgegensatz."[1] „... all die üblichen Argumente über den Ost-West-Kontakt nehmen stillschweigend an, daß die immerwährende Philosophie eine willkürliche Erfindung ist. Was niemals in Betracht gezogen wird, ist, daß sie eine Entdeckung sein könnte – der tatsächlichen Funktionsweisen der menschlichen *Psyche,* wie sie auf einer gewissen Ebene ihrer Entwicklung arbeitet, sei es im Osten oder Westen,

---

[1] E. Conze, Buddhist Studies 1934–1972: Buddhist Philosophy and its European Parallels, 1.213–214, mit Verweis auf den Schöpfer des Begriffs *„philosophia perennis"*, den Bibliothekar im Vatikan, Augustinus Steuchus (1497–1548) und sein Werk ›De perenni philosophia‹, Basel 1542.

ungeachtet des Klimas und der Rasse."[2]

Nun der Spezialist für allgemeine Indologie. „Gleich der westlichen gibt auch die indische Philosophie Aufschlüsse über die meßbare Struktur und Kraft der Psyche; sie analysiert die intellektuellen Fähigkeiten des Menschen und das Funktionieren seines Geistes, entwickelt verschiedene Theorien über das menschliche Verständnis, stellt Methoden und Gesetze der Logik auf, klassifiziert die Sinnesempfindungen und erforscht die Vorgänge, durch welche Erfahrungen gemacht und aufgenommen, gedeutet und begriffen werden. Hindu-Philosophen sprechen sich gleich denen des Abendlandes über sittliche Werte und moralische Maßstäbe aus. Auch sie studieren die sichtbaren Wesenszüge der Erscheinungswelt, kritisieren die Gegebenheiten der äußeren Erfahrung und ziehen daraus Folgerungen in bezug auf die tragenden Prinzipien. Indien hatte gewissermaßen seine eigenen Disziplinen der Psychologie, der Ethik, der Physik und der metaphysischen Theorie – und es hat sie noch heute. Das vorherrschende Anliegen aber ist dort – in auffallendem Gegensatz zu den modernen westlichen Philosophen – nicht die Information, sondern die Transformation: eine grundlegende Wandlung der Natur des Menschen, wodurch er ein neues Verständnis sowohl für die Außenwelt wie für sein eigenes Dasein gewinnt; eine so gründliche Wandlung, daß sie, wenn sie gelingt, einer völligen Bekehrung und Wiedergeburt gleichkommt. In dieser Hinsicht berührt sich die indische Philosophie viel inniger mit der Religion als das kritische, säkularisierte Denken des modernen Abendlandes. Sie steht den alten Philosophen, wie Pythagoras, Empedokles, Platon, den Stoikern, Epikur und seinen Nachfolgern, Plotin und den Neuplatonikern nahe. Wir finden die gleichen Auffassungen beim heiligen Augustinus, bei den mittelalterlichen Mystikern, wie

---

2 E. Conze, Buddhist Prajñā and Greek Sophia, p. 165.

Meister Eckhart, oder den späteren ‚Mystikern', wie Jakob Böhme."[3]

Im Anschluß an diese Aussprüche zweier abendländischer Gelehrter, die zugleich die morgenländische Weltanschauung vertraten, die sie erforschten, Grund für eine breite Ablehnung durch ‚neutrale' Experten, muß ich betonen, daß ich es selbst auf der Basis meiner intensiven und extensiven Forschung zum Zusammenhang zwischen orientalischer und griechischer Philosophie, gerade der Anfangszeit vom 5. bis 3. vorchristlichen Jahrhundert, und ich meine jetzt Philosophie als Disziplin, in der metaphysische Spekulation wie auch Reflexion im logisch und metatheoretisch prüfenden Sinne und asketisch-kontemplative Praktiken vereinigt sind, überhaupt nicht wage, von eindeutig bestimmbaren östlichen und westlichen, asiatischen und europäischen, indischen, griechischen, chinesischen und noch unentdeckten Blöcken der Denkentwicklung zu sprechen. Für die vor-logische (mythische) Vorstellungswelt ist dies in erhöhtem Maße gültig.

„Ob wir die Hypothese vom direkten Einfluß aus Persien auf die ionischen Griechen im sechsten Jahrhundert akzeptieren oder nicht, so muß doch jeder Erforscher orphischen und pythagoreischen Denkens einfach sehen, daß die Ähnlichkeiten zwischen ihm und der persischen Religion derart frappant sind, daß sie rechtfertigen, sie als Ausdruck derselben Lebensanschauung anzusehen und zur Interpretation eines Systems durch das andere zu verwenden. Die charakteristische Beschäftigung des Pythagoreismus mit Astronomie und der Beobachtung (θεωρία) des (Sternen-)Himmels wird durchsichtig klar, wenn wir sie im Lichte von Begriffen wie *Tao, Ṛta* und *Asha*

---

3 H. Zimmer, Philosophie und Religion Indiens, pp. 19–20.

sehen."[4]

Der hier niedergelegte Befund fand durch die enorme historio-doxographische und kulturüberschreitend-komparative Forschungsleistung eines bereits genannten US-amerikanischen Wissenschaftlers, die sich durch eine erfrischend unkonventionelle Argumentation auszeichnet und im Jahre 2002 in Form eines opus maximum von 732 Kleindruckseiten nach langer Bemühung des Autors und, wie er selbst in Interviews und filmisch festgehaltenen Stellungnahmen bekennt, gegen massive Widerstände aus den Reihen der etablierten Wissenschaft der Öffentlichkeit zugänglich gemacht wurde, weitgehende Bestätigung.[5] Allerdings unterscheidet sich meine Einschätzung diesbezüglicher Ähnlichkeiten und/oder Gleichheiten von der genannten dadurch, daß ich es aufgrund der derzeitigen Dokumentenlage in so gut wie keinem Fall für gerechtfertigt und aufgrund meiner geltungstheoretischen Ausrichtung überhaupt nicht für notwendig erachte, von gegenseitigen Beeinflussungen indischer, griechischer und sonstiger Spekulation, zu welcher Zeit in welche Richtung auch immer, auszugehen.

Wenn von einem Ost-West-Gegensatz des Philosophierens überhaupt gesprochen werden kann, dann im Hinblick auf die Einräumung der Abschließbarkeit oder Vollendbarkeit dieser Bemühung. Was bei den Indern, den daoistischen und buddhistisch orientierten Chinesen diesbezüglich eine Binsenweisheit ist, daß einen Weg zu gehen nur Sinn ergibt, wenn er auch ans Ziel führt, gilt bei den meisten Hellenen und den von ihnen philosophisch missionierten Ethnien weitenteils als Hybris.

---

4 F. M. Cornford, From Religion to Philosophy, p. 176; asha (*aša*) ist die iranische Bezeichnung für Wahrheit, (sittliche) Welt- und Rechtsordnung; die physische Sichtweise des Autors wäre durch eine metaphysische zu komplementieren.

5 Cf. T. McEvilley, The Shape of Ancient Thought.

Vom den abrahamitischen Religionen erst gar nicht zu reden. Wollte man polarisieren und polemisieren, so bräuchte man nur herauszustellen, daß dadurch der Leistungs-/Letztsinn westlich-näheröstlichen und indo-sinitischen Weisheitsstrebens unvereinbar wird. In der Tat unterstelle ich der etablierten inter-/transkulturellen Philosophiewissenschaft, für diesen Sachverhalt, der in der re–flexionstheoretischen Vorgehensweise aufs genaueste berücksichtigt ist, kein Bewußtsein zu besitzen und damit das Wesentliche der Philosophie zu verfehlen.

Bei aller Betonung des strukturellen Aspekts der Ähnlichkeiten und Gleichheiten alter und sehr alter Spekulationen über Gott, Welt und Mensch darf der Gesichtspunkt der Wanderung von Ideen dennoch nicht unberücksichtigt bleiben. „Methodisch gesehen, sollte es heute nicht mehr angehen, die Beziehungen und Berührungen zwischen Hellas und dem Orient zu bagatellisieren, wie Spengler wollte. … Wenn man die Frage nicht so stellt wie Spengler, nämlich was das Griechentum alles von der Überfülle orientalischer Schöpfungen *nicht* übernommen habe, sondern umgekehrt: was es eigentlich alles vom Orient übernahm, kommt man zu ganz anderen Schlußfolgerungen. … Angesichts dieser Sachlage wäre es durchaus nicht als abwegig zu bezeichnen, wenn man fragte, was im archaischen Hellas eigentlich *nicht* aus dem Orient herstammte. … Nicht so sehr im Was, sondern im Wie liegt das Neue, das das Hellenentum der Menschheit gebracht hat.“[6] In der Entwicklung dieses Wie, unabhängig von der Herkunft des Was, waren die Griechen, das ist in dem zitierten Forschungsresultat freilich nicht thematisiert, nicht alleine, sondern hatten, wenn auch in gewissen Disziplinbereichen mit zeitlichen Verschiebungen, asiatische Mitstreiter, die Inder und Chinesen, womit

---

[6] H. E. Stier, Probleme der frühgriechischen Geschichte und Kultur, pp. 225 … 227. Einen Überblick über das philosophische Indienbild der Antike gibt W. Halbfass, Indien und Europa, pp. 13–36.

wir die Reihe der Ursprungskulturen der Philosophie,[7] wenigstens nach der derzeitigen Dokumentenlage, beisammen hätten.

Folgendes ist jedoch im Blick zu behalten: das, was der Durchschnittsmensch heute typischerweise unter Wissenschaft versteht, die moderne experimentell-technische Naturwissenschaft im Dienste von Kommiß und Kommerz, Macht und Geld samt ideologischem Alleingültigkeitsanspruch, kannte das Hellenentum genauso wenig wie das Inder- und Chinesentum, auch wenn die Grundlagen dazu von ihnen gelegt wurden und Ansätze davon vorhanden waren, die spätestens bei den Weltbemächtigungsunternehmungen der Römer denn auch zum Einsatz kamen, sondern ist in ihrer Allgegenwart und Allmacht Produkt einer späteren Zeit, der der Umgang mit der indischen Mathematik und ihrem Dezimalzahlensystem samt Null und Stellenwert, die via islamische Kultur ab dem Mittelalter in das gebildete Europa einsickerte und sich in einer Weise durchsetzte, daß es das vor ihm Dagewesene geradezu ausradierte,[8] selbstverständlich geworden war, um damit alles und jedes vom Kleinsten bis zum Größten berechenbar und das heißt beherrschbar zu machen. Freilich müßte zudem auch einmal erforscht werden, in welchem Zusammenhang dazu die Erfindung des heutigen Geldsystems steht.

Die Herleitung experimenteller Tatsachenwissenschaften im

---

7 Cf. R. A. Mall / H. Hülsmann, Die drei Geburtsorte der Philosophie.

8 Cf. R. Kaplan, Die Geschichte der Null, pp. 102–126; A. K. Sarkar, Zero. Its Role and Prospects in Indian Thought; D. S. Ruegg, The Buddhist Philosophy of the Middle (Mathematical and Linguistic Models in Indian Thought: The Case of Zero and *Śūnyatā*), incl. weiterer Literaturangaben zum Gebrauch der Null und ihren Symbolisierungen sowie zur Geschichte der Null allgemein; J. M. de Mora, Mathematics, Zero and Infinity, pp. 105–107; die Datierungen in den genannten Literaturen sind nach den sich derzeit Geltung verschaffenden indienbezogenen Geschichtstheorien wohl neu zu bestimmen.

Kontext von Technologie und Technik in Europa und Nordamerika aus der griechischen Metaphysik, wie sie von einer derzeit florierenden Schulrichtung der westlich-akademischen Philosophie, wenn auch als eine dadurch bedingte Verfallsgeschichte der Philosophie zum Nihilismus, beruht auf einem kolossalen Mißverständnis von Metaphysik im allgemeinen.[9] Wollte man wider besseren transzendentalen Wissens wirklich historisieren und im ebenso verkehrten, da gleicherweise einen kruden Determinismus voraussetzenden Umkehrschluß einen direkten genealogischen Zusammenhang zwischen Meta-Physik und Physik, die ich hier stellvertretend für alle Sciences verstanden wissen will, postulieren, so müßte die Entstehung der modernen Naturwissenschaften dementgegen gerade aus dem Mangel und Verlust an metaphysischem Bewußtsein und Interesse, das den Menschen des Ostens viel länger und stärker erhalten blieb, abgeleitet werden, wendet sich doch niemand von dem ab, das er für wichtig, richtig und wertvoll erachtet und dem zu, was noch nicht bekannt und bewährt, gar bedrohlich oder gefährlich ist. „Wir denken genug gesagt zu haben, um die Art des Wandels, dem die modernen Wissenschaften ihren Ursprung verdanken, und der das genaue Gegenteil eines »Fortschritts«, vielmehr eine wahre Regression des Geistes ist,

---

9 W. Beierwaltes, Heideggers Gelassenheit, p. 25, spricht anläßlich des Verständnisses von Metaphysik, das diese vermeintlich über-, oder etwas dezenter ausgedrückt, verwunden zu haben glaubt und herabwürdigt, indem es sich in Selbstüberhebung anmaßt, sie, auf eben ihren Schultern stehend, für die Verfallsgeschichte der Philosophie und die Heraufdämmerung des Nihilismus in Form des „Ge-stells", der die Natur stellenden Technik, verantwortlich zu machen, als von einer „»Verzwergung« der Metaphysik". Diskussion des Metaphysik-Begriffs und dezente Zurückweisung der diesbezüglichen Heideggerschen Imputationen auch durch J. Halfwassen, Metaphysik als Denken des Ganzen und des Einen im antiken Platonismus und im deutschen Idealismus, pp. 263-264, 280-281; H. Smith, Beyond the Post-Modern Mind, pp. 30-36.

verständlich zu machen."[10]

Über die Resultate zur Erforschung der ‚afro-asiatischen' Wurzeln der europäischen, d.h. nach heutigem Geschichtsverständnis griechischen Kultur, die so hitzig und zum Teil unsachlich diskutiert wurden, daß man meinen könnte, durch sie würde der Untergang des Abendlands heraufbeschworen, will ich außer der Feststellung hier aus Gründen der Beschränkung auf mein Hauptthema Philosophie nicht weiter Stellung nehmen, obwohl Band eins des dreibändigen Werkes der ›Schwarzen Athene‹, so der Titel, unter dem diese veröffentlicht sind, aus wissenschaftspragmatischen Gründen höchste Beachtung verdient, weil in ihm entlang der Paradigmen-Geschichte kulturhistorischer Forschung zur Entstehung des antiken Griechentums dokumentiert ist, daß die jeweilig vorherrschende Einschätzung nicht in erster Linie durch Fakten, massiv dagegen durch (herrschaftspolitische) Interessen geprägt ist, weshalb die Unter-Überschrift dieses Bandes (unüber)trefflich ›Die Erdichtung des antiken Griechenlands 1785-1985‹ lautet.[11]

Ähnlich, für die etablierte Kulturforschung vielleicht aber

---

[10] R. Guénon, La crise du monde moderne, p. 93, ⟨dt.⟩ p. 78.

[11] Cf. das dreibändige Werk von M. Bernal, Black Athena, plus fünf (mir bekannte) dazu erschienene dicke Diskussions-, Kritiksammlungen bzw. Gegendarstellungen: ⟨ed.⟩ W. M. J. van Binsbergen, *Black Athena*: Ten Years after; ⟨ed.⟩ J. Berlinerblau, Heresy in the University; ⟨edd.⟩ M. R. Lefkowitz / G. MacLean Rogers, Black Athena Revisited; M. R. Lefkowitz, Not out of Africa; M. Bernal, Black Athena Writes Back; dazu kommen unzählige kürzere, kurze und kürzeste Stellungnahmen verschiedenster literarischer Genres pro und contra in variierender Vehemenz. Die jeweiligen sachlichen Einwände und Kritiken, die einer der Herausgeber des vorletzt genannten Besprechungsbandes, G. MacLean Rogers, Black Athena Revisited, pp. 447-453, in acht kurz diskutierten Fragen zusammenfaßt, sind für die Kulturgeschichte mit ihren einzelnen Fachrichtungen und die Ethnologie zwar von Belang, doch nur von quantitativem: wie stark die orientalische Beeinflussung des Griechentums war, nicht ob sie stattfand oder nicht.

noch verheerender, könnte es sich mit dem Forschungsgegenstand der Einwanderungs-Theorie der Arier auf den Subkontinent und damit zusammenhängend dem Alter des ›Veda‹ und der indischen Kultur generell verhalten, die sich ob der Forschungsergebnisse zur Indus-Sarasvatī-Zivilisation und der prot-indeuropäischen Zivilisation (Industal-Kultur), sobald diese innerhalb einflußreicher Forscherkreise zur Kenntnis genommen werden muß, als machtmotivierte Ideologie der Imperialisten entpuppen könnte. Verfestigen sich hier die auf westlicher und indischer Seite vereinzelt schon zu Beginn der akademischen Forschung geäußerten Thesen zu solchen Theorien,[12] so müßte nicht nur die Geschichte der philosophischen Spekulation Indiens und die Philosophiegeschichte überhaupt umgeschrieben werden, sondern auch die Kulturgeschichte der gesamten eurasisch-nordafrikanischen Weltregion, ja der Welt.

Erfolgreicher hinsichtlich ihrer umwälzenden Kraft, da aufgrund ihrer Anschaulichkeit spektakulärer, dürften die wissenschaftlichen Bemühungen eines bosnischen Archäologen und Anthropologen einzuschätzen sein, die sich um die Pyramiden, besonders die von ihm entdeckten bosnisch-herzegowinischen von Visoko drehen, deren Existenz bis heute von führenden Archäologen, Ägyptologen und Pyramidologen ohne Gegenbeweis, ja mit der Forderung, ihre Erforschung zu verbieten oder zu boykottieren und unter Einsatz weiterer Forschungsverhinderungsmanöver, geleugnet wird.[13] Zieht man den Einsatz von

---

[12] Eine Übersicht über den Stand der daran mitwirkenden Forschungsdisziplinen liefert der Aufsatz-Band: ⟨ed.⟩ B. R. Singh, Origin of Indian Civilization.

[13] Cf. S. Osmanagich, Die Pyramiden von Bosnien & auf der ganzen Welt, pp. 268–290. Dies sei nur als ein Beispiel aus vielen Entdeckungen und sicherlich noch mehr unentdeckten vorzeitlichen menschlichen Artefakten genannt, die die derzeit durchgesetzten wissenschaftlichen Paradigma-Blasen zum Platzen bringen dürften; weitere Beispiele sind der Steintempel-Komplex von Göbekli Tepe und die mysteriösen Steinkreise

techn(olog)ischen Mitteln und die Interdisziplinarität in Betracht, die dabei, wie auch bei der Erforschung der ‚Arier-Frage' in Zusammenhang mit Indien und der Industal-Kultur aufgeboten, bei der Erforschung der ägyptischen Pyramiden aber noch weitgehend unterlassen, vielleicht aber auch geheim gehalten wird, dann könnten die Theorien bzw. Mythen der derzeit noch bequem in ihrem Sessel sitzenden Schreibtischwissenschaftler sehr bald gehörig ins Wanken kommen und früher als vermutet kippen.

Über die möglichen kultur-historiographischen Umbrüche im Anschluß an die Forschungsansätze zum Zusammenhang der altchinesischen und prot-indeuropäischen Sprache[14] wird man, wenn überhaupt, erst in einigen Jahrzehnten bis Jahrhunderten Genaueres berichten können, da diese, wie bei neuen Entwürfen üblich, von der etablierten Forschung noch viel leichter als sinnlich Aufweisbares notorisch ausgeblendet und/oder unterdrückt werden können. Wie ‚wissenschaftlich' diese ist, kann man daran messen, in welchem Umfang sie verhindert und unterbindet, abweichende Forschungsergebnisse und -hypothesen zu diskutieren und überprüfen. Diesem Kriterium zufolge kann man als jemand, der deren Idealform zum Maßstab nimmt, den Zustand der derzeit weltweit praktizierten, mit

---

im südlichen Afrika, deren bekanntester »Adams Kalender« bei Mpumalanga ist. Kenner der Wissenschaftsszene können sich gut vorstellen, warum die Erforschung derartiger Objekte unterlassen, behindert bzw. verhindert wird; allerdings muß erwähnt werden, daß einige derjenigen, die darum bemüht sind, solche Forschungsprojekte anzupacken und vorwärtszubringen, futuristisch-objektwissenschaftlichen, und damit solchen Erklärungsmustern zugetan sind, die die Erhellung derartiger Phänomene zu unterbinden suchen, was heißt, daß sie die geisttheoretischen Hintergründe dafür (noch) nicht im Blick haben.

[14] Cf. Chang Tsung-tung, Indo-European Vocabulary in Old Chinese; Zhou Jixu, Correspondences of the Basic Words between Old Chinese and Proto-Indo-European.

öffentlichen oder privaten Mitteln finanzierten Wissenschaft nur trostlos, erbärmlich und ein Wissensverhinderungsinstrument nennen.

Unglücklicherweise wird versucht werden, da muß man kein Prophet sein, das vorauszusehen, neue sogenannte Kulturtheorien, die sich gegen alte durchsetzten, wieder nur als Machtwerkzeuge, zunächst allerdings von der Gegenseite aus, einzusetzen. Der wissenschaftstheoretische Grund dafür ist, daß Wissen über Empirisches, Objekte, in zweifacher Gegebenheitsweise, a) sensual (aisthetisch), und b) mental (psychisch), framework-gebunden sein muß, perspektivisch, und bei Abwesenheit reflektorischen Bewußtseins, und das ist der vorherrschende Zustand, mittlerweile Alleingültigkeitsanspruch angemeldet und weitgehend durchgesetzt hat,[15] obwohl es sich dabei nur um einen Zirkel handelt, wie das anschließende Diagramm verdeutlicht.[16]

[15] Cf. R. Puligandla, The Relativity of Scientific Views of Reality, pp. 25-31.

[16] Cf. R. Puligandla, An Encounter with Awareness, p. 110.

ABLAUFSCHEMA (ZIRKEL) DER OBJEKTWISSENSCHAFTEN (nach R. Puligandla)

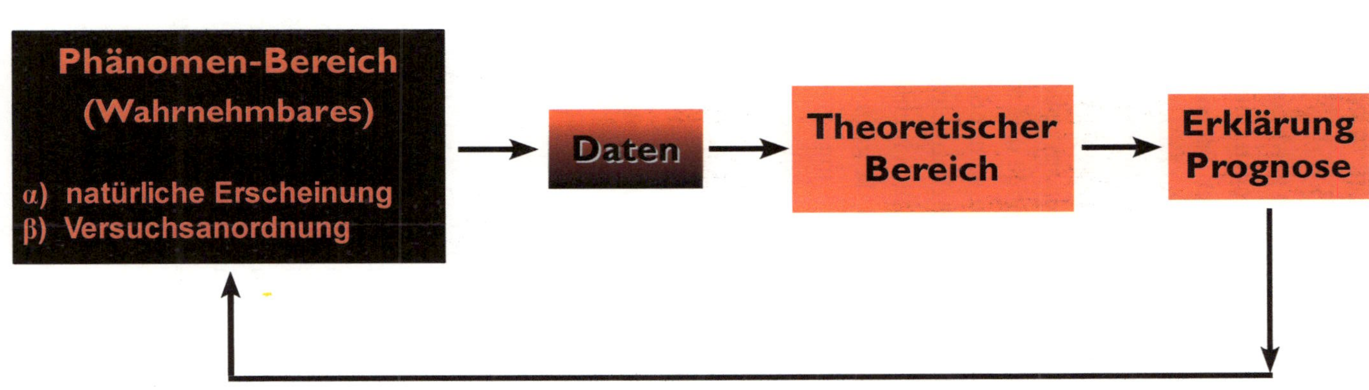

Daß sich innerhalb gewisser Zeit-Räume im Rahmen menschheitlicher Grundfragen und deren Antwortversuchen einzelne Besonderheiten der Ideenentwicklung herausbilden bzw. je schon herausgebildet haben, ist bei aller strukturellen Ähnlichkeit unbenommen. Womöglich vorfindliche Beeinflussungen, sagen wir zwischen dem Platonismus, Vedānta, Buddhismus und Daoismus, den im jeweiligen kulturellen oder geographischen Raum leitenden und im systematischen Mittelpunkt meiner Ausführungen stehenden Schulrichtungen also, und den anderen von mir behandelten philosophischen Konzeptionen, sind selbstverständlich niemals auszuschließen und werden von mir nur hier und da gestreift. Die Frage danach ist als eine solche nach Genese innerhalb eines Strukturvergleichs, der auf der Basis einer Argumentation um Geltung, also einer Metatheorie ruht, zu dessen vollem Verständnis die im Sommer 2014 erschienene, größtenteils neu geschriebene und zu einem gewaltigen Werk ausgearbeitete zweite Auflage der ›Widerspiegelung des Geistes I‹ allerdings vorausgesetzt werden muß, darauf muß ich an dieser Stelle nochmals hinweisen, sowieso irrelevant.

Es soll nur kurz angemerkt werden, daß diejenigen, die man nach heutigen, einigermaßen willkürlichen Einteilungsrastern, für die eigentlichen Begründer der neuplatonischen Philosophierichtung hält, Ammonios Sakkas (ca. 180–242), der in Alexandreia lebte, und seinen mutmaßlichen Schüler Plotinos, der in seinen jungen Jahren dort hörte, später in Rom lehrte und vermutlich aus Lykopolis, dem heutigen Assjut in Oberägypten, stammte, aufgrund ihrer Nähe zu Orientalischem, sei es wegen ihrer Neigung zu östlichen Denktraditionen, so wenigstens vermutet,[17] sei es wegen ihres morgenländischen

[17] Durch die Studie von E. Seeberg, Ammonius Sakas, wurde eine kontroverse Diskussion um den Orientalismus bzw. Indianismus bei Ammonios (und im Neuplatonismus) entfacht. Diskussion bei C. Colpe,

Geburts- oder Aufenthaltsorts, nicht so einfach der europäischen Geisteswelt zugerechnet werden können, auch wenn sie sich hauptsächlich auf griechisches Gedankengut stützten, das sich im gesamten mittelmeerischen Raum verbreitet hatte, insbesondere natürlich den Platonismus.[18]

Der Umstand solch orientalischer Rahmenbedingungen veranlaßte einen Fachgelehrten zu der übertriebenen Feststellung: „Aber der große Umsturz, dessen Schauplatz die ersten Jahrhunderte vor und nach Christus waren, wurde durch einen fremden Gärstoff verursacht, der das griechische Denken erneuerte, das im Neoplatonismus von Plotin dem europäischen Denken eine ihrer bewegendsten Melodien verlieh. Dieser Gärstoff kam aus einer gänzlich verschiedenen Gedankenwelt, aus

Heidnischer und christlicher Hellenismus in ihren Beziehungen zum Buddhismus, pp. 66–71. E. R. Dodds, Numenius and Ammonius, pp. 24–32, läßt von der Überlieferung, betreffend die Persönlichkeit und Lehre von Ammonios, nichts übrig, da er kaum eine Information der Antike für gesichert hält, und schließt seine Darstellung entsprechend mit dem Hinweis auf ein Diktum von W. Theiler, Forschungen zum Neuplatonismus (Plotin und die antike Philosophie), p. 148: „Ammonios ... ist für uns ein großer Schatten." Theiler versuchte später seiner eigenen Einsicht zum Trotz Teile der Lehre von Ammonios zu rekonstruieren, cf. W. Theiler, Forschungen zum Neuplatonismus (Ammonios der Lehrer des Origenes), pp. 1–45. Zu Plotins Drang, die persische und indische Philosophie kennenzulernen, cf. Porphyrios, Vita Plotini 3.14–24 §§ 14–17, ⟨ed./tr.⟩ R. Harder, Plotins Schriften, Bd. 5c; dazu J. Lacrosse, Le rêve indien de Plotin et Porphyre.

[18] Die Bemerkungen von R. T. Wallis, Neoplatonism, pp. 13–15, zum Orientalismus des Neoplatonismus sind nach derzeitiger Dokumentenlage historiographisch akzeptabel, vom systematischen Standpunkt aus aufgrund oberflächlicher, ja nicht vorhandener Kenntnisse der indischen Tradition, wie die meisten (Neben-)Bemerkungen dieser Art von seiten westlicher Spezialisten, aber bedeutungslos, ja verwirrend und gegenüber meinen bisherigen Versuchen struktureller Komparation und den folgenden, mit wenigen Ausnahmen planlos.

dem Ägypten der Pharaonen."[19] Eine solche Erneuerung des griechischen Denkens, die hier beschworen wird, hat nicht stattgefunden, und mußte es auch nicht. Höchstenfalls handelt es sich dabei um eine Rückbesinnung an die mythische Lehr- und mysteriengeleitete Lebenweise, die, wie in den kommenden Faszikeln der vorliegenden Studie noch erörtert werden wird, generell orientalisch induziert war und nun als argumentatives Hilfsmittel auch in die Theorie selbst Eingang fand, die den Rahmen für die heute vergessene, verdrängte und/oder bewußt ausgeschlossene philosophische Praxis, bei den Neuplatonikern war das insbesondere die Theurgie, absteckte.

Für die direkten Vorgänger und Nachfolger der Stifterpersönlichkeiten des sogenannten Neuplatonismus muß Entsprechendes gar nicht eigens erwähnt werden. Ihr Orientalismus in jeglicher Hinsicht ist legendär, was natürlich heißt, daß dies ebenso für eine gehörige Zahl von Vertretern der Mittelplatonik gilt. Diese war jedoch nicht nur durch einen ihrer bedeutendsten Mitgestalter, Philon von Alexandrien, ein sich der Allegorese bedienender jüdischer Bibel-Exeget und philosophischer Synkretist, orientalisiert worden, die Mischlehre des Mittelplatonismus hat mit dem vielen orientalischen Kulten und Lehren verschwisterten Pythagoreismus bzw. Neu-Pythagoreismus bekanntlich eine Prägung erhalten, die es verunmöglicht, ihn eine rein westliche Geistesrichtung zu nennen. Von den esoterisch geprägten philosophisch-religiösen Bewegungen dieser Epoche im mediterranen Raum, Gnosis, Manichäismus, Hermetik, Chaldaik, Therapeuten, Essener usw., von denen einige in meinen Ausführungen, wenn auch nur in ihren

[19] A. M. Frenkian, L'Orient et les origines de l'idéalisme subjectif dans la pensée européenne, 1.149, cf. o.c., 1.127; es ist anzumerken, daß die Ausführungen dieses Autors metaphysisch wie philosophiehistorisch betrachtet äußerst problematisch, ja inakzeptabel sind, was natürlich die Bedeutung, die Aussagen, wie der eben zitierten, beizumessen ist, beeinträchtigt.

grundsätzlichen, philosophisch relevanten Strukturprinzipien, Berücksichtigung finden werden, braucht das gar nicht erst herausgestellt zu werden. Wenn man schon von einer Orientalisierung der spätantiken griechischen Weltanschauung sprechen will, dann sollte die Hellenisierung der entsprechenden orientalischen nicht außer Acht gelassen werden. „Die Orientalisierung hellenischer Spekulationen läuft parallel zur Hellenisierung orientalischer religiöser Lehren …“[20]

Welchem gläubigen europäischen, amerikanischen oder australischen Christenmenschen dürfte bewußt sein, durch sein religiöses Bekenntnis anzuerkennen, daß eine wesentliche seiner geistigen Wurzeln in orientalischem Boden steckt? Welcher Angehörige der seit Jahrzehnten stärksten politischen Partei in Bayern, der bei einem Parteitag zusammen mit seinen GesinnungsfreundInnen die Bayernhymne singt: „Gott mit dir, du Land der Bayern …“, würde vermuten, daß sie/er am Ende dabei implizit vielleicht in ganz unchristlich-polytheistischer Manier einem vorsintflutlichen semitischen Wind-, Luft-, Wetter- oder Gewittergott huldigt?[21]

„Die einfachste im Großen und Ganzen zutreffende Definition dessen, was man »europäische Kultur« bezeichnen mag, besagt, daß es sich um eine Synthese hellenischer und biblischer (das heißt »orientalischer«, südwestasiatischer) Welt- und Wertvorstellungen handelt. Hinzuzufügen ist gleich, daß der hellenische Teil dieser Synthese seinerseits ohne vorangehende Anregungen aus dem »Orient« in der so genannten »orientalisierenden Phase« der hellenischen Kultur (–750 bis –650) gleich zu Beginn der Achsenzeit nicht zu erklären ist. Fragt man weiter, von wem denn und wo diese Synthese geschaffen

---

20 H. Lewy, Chaldaean Oracles and Theurgy, p. 399.

21 Etymologischer und exegetischer wissenschaftlicher Beitrag aus der Ägyptologie, Jahwe als Wind- und Luftgott zu erweisen, im Faszikel II/3, Kapitel 1.

wurde, lautet die Antwort: in einer ersten, antiken Phase von jüdischen und frühchristlichen Theologen in Südwestasien und Nordafrika (Philon, Origenes, Augustinus). Diese konnten sich ihrerseits auf den vorchristlichen synkretistischen Hellenismus alexandrinischer und neuplatonischer Prägung (Plotinos/ägyptischer Herkunft, Porphyrios/phönikisch-palästinensischer Herkunft, Iamblichos/syrischer Herkunft) stützen. Für die zweite, mittelalterliche Phase der Verbindung von biblischem und hellenischem Denken (nun stärker an der aristotelischen Philosophie orientiert) waren neben wiederum jüdischen Gelehrten (Ibn Gabirol/Avicebron, Moshe Ben Maimon/Moses Maimonides) dann muslimische Philosophen (al-Farabi/Alpharabius, Ibn Sina/Avicenna, al-Ghazali/Algazel, Ibn Rushd/Averroës) wegleitend."[22]

Wie jede geschichtswissenschaftliche Feststellung gilt auch diese nur vom gegenwärtigen Stand der Kenntnisse aus, und nicht einmal das. Im Hinter- und Untergrund offiziell zugelassenen Wissens sind schon längst Forschungen in Gange, z.B. solche zu den Kelten, die einen ganz andern Blick auf das ergeben, was wir als europäische Kultur bzw. deren Entstehung betrachten. Der Ausdruck »europäische Kultur« in dem eben wiedergegebenen Zitat müßte mindestens durch »gegenwärtiges abendländisches Selbstverständnis« ersetzt werden. Präzisierend ist hinzuzufügen, daß der geschichtliche Ablauf und die Abhängigkeitsverhältnisse verschiedener Denker und Denkrichtungen hierin ziemlich durcheinandergeraten zu sein scheinen. Was bedeutet 'vorchristlicher synkretistischer Hellenismus neuplatonischer Prägung', wo doch der Anfang des Neuplatonismus frühestens auf das Ende des 2. oder Anfang des 3. Jahrhunderts zu datieren ist?

---

22 E. Holenstein, Komplexe Kulturen, pp. 188-189.

10 Der Forschungsgegenstand konkret

Bei meiner Schrift handelt es sich nun um eine gedankliche Bespiegelung der Theorie von den nach der Zeitenwende so genannten „Hypostasen“, d.h. der Prinzipienlehre des Platonismus und der GeistWirklichkeits-Formation hinduistisch-buddhistischer und chinesischer Philosophie mit zahlreichen Parallelen aus anderen Weisheitsbewegungen. Die im systematischen Brennpunkt der westlichen Überlieferung stehende Spekulation des Platonismus und deren Hauptvertreter und Grundlagentheoretiker werden in ihren Umrissen einigermaßen ausführlich aus den Originalen entwickelt, weil sie, dem weltanschaulichen Unverständnis eines der bedeutendsten, bis heute vielleicht des bedeutendsten Doxographen griechischer Philosophie zum Trotz, der die Hypostasen „Geschöpfe der Abstraktion und der Phantasie, die sich nicht ohne Widerspruch vorstellen lassen“[1] nennt, an Radikalität, Folgerichtigkeit, Klarheit, Vollständigkeit und auch Bekanntheit andere Entwürfe weit übertrifft und somit als Idealtypik und Vergleichsmaßstab für das Spektrum von Näherungsformen dienen kann, die im Verlauf meiner Argumentation gezeichnet werden.

Die Systematik, die damit erarbeitet ist, trägt das zusätzliche Charakteristikum, im Sinne der Strukturtheorie, wie sie von mir in der ›Widerspiegelung des Geistes I‹ formuliert wurde, mittelbar Erfahrungsrelevanz zu besitzen. Sieht man einmal vom – in den Ausführungsteilen meiner hier vorliegenden

---

[1] E. Zeller, Die Philosophie der Griechen in ihrer geschichtlichen Entwicklung, 3.2.888.

Studie anhand von Quellen- und Interpretationsschriften vielfach widerlegten – philosophiegeschichtlichen Gehalt der folgenden Feststellung, dem von der völligen Neuheit des neuplatonischen Metaphysikentwurfs, ab und konzentriert sich auf das Doxographisch-Interpretative, so eignet sich diese bestens dafür, meinen Ansatz zu untermauern und hat den willkommenen Nebeneffekt zu dokumentieren, daß innerhalb der akademisch-universitären Auslegungstradition die existentielle, religiöse, ja soteriologische Tiefendimension des Platonismus und der westlichen Philosophie ganz allgemein wenigstens in Ansätzen und als Randerscheinung wieder wahrgenommen wird.[2]

„Mit Plotins Lehre, die sich als Interpretation des ›Parmenides‹ versteht, wird ein neues Kapitel im großen Buch der Metaphysikgeschichte aufgeschlagen. Dieser ganz neue Charakter der neuplatonischen Metaphysik wird deutlich, wenn man sich vergegenwärtigt, daß die Hypostasen der Seele, des Geistes und des Einen nicht nur eine für einen theoretischen Verstand vorgegebene Hierarchisierung des geistigen Seins darstellen, sondern vor allem auch die Stufen der Selbsterfahrung der Seele, oder wie er selbst sagt: «Wie nun in der Natur (scil. in der vorgegebenen geistigen Wirklichkeit) diese drei genannten Wesenheiten (scil. das Eine, der Geist, die Seele) vorhanden sind, so muß man annehmen, sind sie auch in uns vorhanden», jedenfalls soweit wir nicht der Sinnenwelt angehören. Diese These von den drei Hypostasen «in uns» gehört zu jenem Programm, das man mit gewissem Recht «transzendentalphilosophisch» nennen kann … Im Sinne dieses

---

2 Einen ersten Überblick über den Stand der Forschung geben die Beiträge (samt Verzeichnissen der von den verschiedenen Verfassern zitierten und verwendeten Literatur) zum Tagungsband: 〈edd.〉 T. Kobusch / M. Erler, Metaphysik und Religion; cf. T. Kobusch, Leben im ›Als-Ob‹. Zur Funktion der imaginativen Übungen in der Philosophie der Antike.

Programms ist auch der Aufstieg der Seele zum Einen zu verstehen. Er ist nicht einfach ein theoretischer Akt der Abstraktion, bei dem die Seele von allem Körperlichen, Sinnfälligen, Vielfältigen absähe, selbst aber doch bliebe, was sie ist. Vielmehr ist sie selbst von diesem Akt betroffen, selbst dabei. Es ist ihre Erfahrung von sich selbst. Daher bedeutet die Abstraktion in der neuplatonischen Philosophie eine Abkehr vom Äußeren überhaupt, eine Umkehr ins Innere, eine Transformierung des Bewußtseins überhaupt, so daß die Seele selbst, wie es in der Schrift VI,9 heißt, zuerst Geist und dann Eines wird, indem sie mit sich selbst einig und absolut einfach wird."[3]

Betreffs der Letzterfahrung der Henosis darf ich mit dem Zitat eines Pioniers aller modernen Neuplatonismus-Forscher ergänzen: „Man kann sagen, daß die Erfahrung der Vereinigung die Gewißheit gibt, daß das Ergebnis dieser regressiven Dialektik keine leere Abstraktion darstellt, daß die Minuszeichen der *via negativa* in Wirklichkeit Pluszeichen sind, da diese Erfahrung ... ein indirektes Werturteil, spontan, ohne Überlegung, mit sich bringt. Es ist sozusagen die experimentelle Verifizierung der abstrakten Behauptung, daß das Eine das Gute ist; die Vereinigung zu erfahren, bedeutet, die höchste Form von Leben zu genießen, ζωὴν ἀρίστην ἐνεργεῖν (IV 8 [6] 1, 4)."[4] Nach diesen Orientierungslinien ausgerichtet, werden die wichtigsten Modelle vorgestellt, die der (neoplatonistischen) Hypostatik im eigentlichen Sinne vorhergingen und sie prägten bzw. ihr nachfolgten und sie auf diese Weise durch die Zeiten

---

3 T. Kobusch, Metaphysik als Lebensform, p. 42; speziell zu Proklos und Damaskios cf. idem, Negative Theologie als praktische Metaphysik; W. Beierwaltes, Procliana, pp. 25–60 (Das Eine als Norm des Lebens. Zum metaphysischen Grund neuplatonischer Lebensform).

4 E. R. Dodds, Tradition und persönliche Leistung in der Philosophie Plotins, pp. 72–73; die Zahlenangabe bezieht sich auf die ›Enneaden‹.

trugen und bewahrten. Entsprechend die Verfahrensweise im Bereich östlichen Denkens.

Angesichts dessen ist die an sich begrüßenswerte Meinung einiger, mittlerweile rar gewordener, Philosophiehistoriker und Doxographen, aus ihnen bestand bis vor kurzem und bis zur explosionsartigen Vermehrung frei fabulierender Zu-allem-irgend-etwas-Wisser ein erheblicher Teil des Kollegiums sogenannter akademischer Philosophen, gewisse solcher Lehren unverrückbar und aufs Komma genau fixieren zu können und müssen, Ausdruck eines bedauernswerten Glaubens an Buchstaben und von formaler Exaktheit, der es eingestandenermaßen überhaupt nicht um gelebte Philosophie und lebbares Philosophieren geht, das um den Konstrukt-Charakter der Begriffswelt und darum weiß, daß dieser dennoch alles andere denn beliebig ist, sondern nur um das Hantieren mit totem Gedankenmaterial.

Allerdings will ich betonen, die echten philologisch-doxographischen, d.h. philosophiewissenschaftlichen Leistungen der derartigen Gelehrsamkeit dankbar und als unverzichtbar anzuerkennen und in meinen Bemühungen, Erkenntnis zu gewinnen und zu vermitteln, nutzbar zu machen, indem ich sie in mein philosophisches Programm als Phase des Weges zur Weisheit, der auf die textliche Exaktheit und sinnspezifische Kohärenz der Traditionsbestände rekurriert, einbinde, damit das von tiefsinnigen Geistern Überlieferte in seiner Vorbildhaftigkeit um so besser als Ausgangspunkt zur Einübung und zum Sich-Einleben in das »Selbstdenken« und die daraus abzuleitende Selbstverwandlung dienen kann.

Am Ende wird von mir der Aufweis erbracht sein, daß in vielen antiken geisttheoretischen Lehren, gleichgültig, welchem geographisch-kulturellen Boden sie entwuchsen, eine reflektorisch-rationale (gnoseo-logische; skr. *vicāra*, (*vi*)*tarka* etc.) wie auch eine meditativ-kontemplative (gnoseo-meletische; skr. *dhyāna*, *yoga*, *sādhana* usw.) und soteriologische (gnoseoteleiotische; skr. *mokṣa, (vi)mukti, kaivalya, nirvāṇa* etc.) und damit, wenn man so sagen will, psychologische, existentiell-erfahrungshafte Seite vorfindlich ist. Das gilt für die indische und chinesische Philosophie sowieso. Und für die alte griechische – wie mit beträchtlichen Abstrichen auch römische und christliche, mit unterschiedlicher Gewichtung der beiden sich gegenseitig ergänzenden Seiten – nur etwas weniger merklich.[5] Daß die islamische Philosophie als Produkt griechischen (persischen und indischen) Denkens und orientalischer Religiosität abschnittsweise dieselben Züge trägt, bedarf eigentlich keiner Erklärung.[6] Mit der jüdischen Philosophie steht es analog, wenn sich auch die Einflüsse, die zu ihrer Ausbildung beitrugen, mehr auf den mediterranen Raum beschränken dürften.

Stellte ich meine Ausführungen in erster Linie indischen Forschern vor, so begänne ich selbstverständlich mit indischen Lehren, um ein Vergleichsmuster zu erarbeiten, auf das hin

---

[5] Cf. P. Hadot, Exercices spirituels et philosophie antique; idem, Philosophie als Lebensform. Geistige Übungen in der Antike; idem, Wege zur Weisheit oder Was lehrt uns die antike Philosophie? P. Rabbow, Seelenführung. Methodik der Exerzitien in der Antike; H. P. Sturm, Urteilsenthaltung oder Weisheitsliebe zwischen Welterklärung und Lebenskunst. Zu diesem Themenkomplex existiert eine beträchtliche Zahl von verstreuten Bemerkungen und kleineren Studien, die sich auf spezielle Philosophen und Lehrgegenstände der griechischen Einflußsphäre beziehen, im gegenwärtigen Zusammenhang jedoch ob ihrer geringen Erheblichkeit und ihres sporadischen Vorkommens einzeln nicht aufgeführt werden können. Da in dem umfangreichen Werk: W. Schmidt-Biggemann, Philosophia perennis. Historische Umrisse abendländischer Spiritualität in Antike, Mittelalter und Früher Neuzeit, ein überwiegend theoretisches Verständnis von Spiritualität vertreten wird, kann es entgegen dem Anschein, der mit seinem Untertitel erweckt wird, nicht einmal mit Blick auf die westliche Philosophieentwicklung als Lektüre zum Thema gegenseitiger Durchdringung von Denkphilosophie und Weisheitspraxis angeführt werden.

[6] Cf. S. H. Rizvi, Mysticism and philosophy: Ibn 'Arabī and Mullā Ṣadrā, pp. 228–233.

dann die abendländische bezogen werden könnte. Das heißt allerdings nicht, daß ich erwarte, von hinduistischen oder buddhistischen Gelehrten mehr Zustimmung für meine Darstellungsweise und dann auch Darstellung ihrer Lehren, denn von westlichen Akademikern, die für abendländische Lehrbestände zuständig sind, für die ihrigen erheischen zu können. Hinsichtlich chinesischen Denkens dürfte das Gleiche gelten. Der eigenkulturelle Dünkel hat auf allen Seiten in gleichem Ausmaß die Oberhand. Da ich die wenigen Rezipienten vor allem im europäischen, allenfalls im nordamerikanischen Raum vermute, dort aufgrund des Schwunds der Beherrschung der deutschen Sprache aber kaum noch, will ich mit dem beginnen, was dort vertrauter ist, wobei man sich dessen eingedenk sein muß, daß ohne die klassischen und vorklassischen Entwürfe der Griechen spätere Entwicklungen des Denkens im Westen und Nahen Osten, christlich, jüdisch, islamisch, profan, speziell in ihrer Methodik und Struktur, nur schwer zu erklären und verstehen sind.

Es wurde versucht, die Sekundärliteratur zu beiden Philosophiewelten, der westlichen wie östlichen, gleichermaßen zu berücksichtigen. Ein Ungleichgewicht darin wäre rein zufällig und läge nicht etwa an der Zahl verfügbarer Quellentexte der einzelnen Traditionsbestände und Interpretationsversuche, die sich darauf beziehen. Der Eindruck, daß der Reichtum an Dokumenten philosophischer Bemühung in Asien geringer sei als in Europa, wird nur durch die Ignoranz derer erzeugt, die die sogenannte abendländische Philosophie offiziell vertreten und die östliche nicht kennen.

Die wenigen beruflichen Philosophiegelehrten deutscher Zunge, die überhaupt ein Wissen von morgenländischem Denken besitzen, beziehen dieses, sind sie nicht, was noch wenigere sind, irgendwie doxographisch mit philosophischen Themen im Sinne der Interkulturalität befaßt, einerseits immer noch aus den überholten, unbedachten, abfällig-chauvinistischen

Ein- oder Auslassungen des Weltweisen Immanuel Kant[7] oder des Mensch gewordenen Weltgeists Georg Wilhelm Friedrich Hegel,[8] und wenn sie sich dem oppositionellen Meinungslager zugehörig fühlen, von den zwar das Östliche anerkennenden und für ihre Zeit kenntnisreichen, doch in die eigene (Willens-) Metaphysik gepreßten und diese damit rechtfertigenden Ausführungen von Arthur Schopenhauer. Beliebt, da beliebig und folgenlos: sich der diffusen Gedankenfetzen, krausen Einfälle, beißenden Aperçus, vollmundigen Prophezeiungen, ungereimten Reime und Fabeleien des Dichtergenies Friedrich Nietzsche (1844–1900) zu bedienen.[9] Andrerseits konsultiert man, ist die Kenntnisnahme asiatischer Weisheit aus irgendeinem Grund überhaupt nicht mehr zu vermeiden, wie anderswo auch, Nachschlage- und Übersichtswerke, die von seinesgleichen verfaßt wurden, d.h. der fachspezifischen Mainstream-Gelehrtheit entstammen, oder die Internet-Enzyklopädie ›Wikipedia‹, die im besten Falle daraus wieder zusammengeschrieben wurde – bisweilen auch schon vice versa –, und somit deren spezifische Verzerrungen bis hin zur systematischen Informationsunterdrückung und Desinformation aufweist.

7 Cf. H. v. Glasenapp, Das Indienbild deutscher Denker, pp. 5–13; idem, Kant und die Religionen des Ostens, pp. 23–45, 134–148 (zum Hinduismus). O.c., pp. 58-61, 72-79 (zum Buddhismus und Lamaismus). O.c., pp. 87–89, 100–106, 127–134 (zur chinesischen Religion und Philosophie).

8 Cf. H. P. Sturm, Weder Sein noch Nichtsein, pp. 513–518, mit Dokumentation.

9 Zu seinen Indien-Kenntnissen cf. H. v. Glasenapp, Das Indienbild deutscher Denker, pp. 102–109; eine nicht unproblematische Abwägung buddhistischer und Nietzschescher Welt- und Menschheits-Vorstellungen nimmt F. Mistry, Nietzsche and Buddhism, vor; für gänzlich verfehlt halte ich die Gleichsetzung gewisser Lehrgehalte Buddha's und Nietzsches durch B. Ñāṇajīvako, The Philosophy of Disgust – Buddho and Nietzsche.

Bei englisch- wie französischsprachigen Forschern und Lehrern der Disziplin steht die Sache zwar etwas anders, doch nicht besser. Sie waren ihren außereuropäischen Stiftertraditionen durch ihren exzessiven Kolonialismus örtlich und ideologisch zwar nähergekommen, doch war der Kontakt einseitig, da sie die geistige Durchdringung der Fremdlehren von der Zeit erster Begegnungen an (und eigentlich bis heute) nur aus herrschaftsideologischem Interesse heraus für geboten hielten, und sich dementsprechend auf die historio-doxographische Bearbeitung der Texte und vorgeblich objektive Beschäftigung mit deren Inhalten beschränkten. Die mit einer Weltanschauung orientalischer Couleur sympathisierenden oder zu ihr konvertierten Wissenschaftler – ja solche gab und gibt es in allen westlichen Nationen – nehmen hier eine Sonderstellung ein. Bei ihren linientreuen Kollegen und in den Wissenschaftsapparaten haben sie aber nichts zu lachen. Zudem fällt auf, daß unter bekannten Denkern in angelsächsischen und romanischen Ländern, die als Philosophen bezeichnet werden, kaum einer zu finden ist, der sich, wie sich das bei den oben genannten bedeutenden deutschen ‚Denkern und Dichtern' mit unterschiedlicher Intensität verhielt, ernsthaft mit indischer oder chinesischer Philosophie auseinandersetzte und somit spekulatives Gedankengut ferner Kulturen wenigstens in Nebenbemerkungen in den Bestand von Meinungen, die man irgendwie für philosophisch hält, hineintrugen.

Mit zwei Ausnahmen, mag sein, daß es noch ein oder zwei gibt, die mir nicht präsent sind, muß und will ich mich am Schluß dieser Feststellung allerdings selbst zurücknehmen, einer aus dem französischen, einer aus dem englischen Sprachraum. Zunächst die um einiges ältere französische, mit Hilfe deren ich auch einen Bogen zurück zu Kant schlagen werde. Es ist mir ein Bedürfnis, davon zu berichten, weil ich den Gelehrten und Denker, um den sich die folgenden Mitteilungen drehen, ob seines souveränen Umgangs mit Gedankengut, gerade auch fremdartigem und den Durchschnittsköpfen als abartig erscheinendem, aus der geistesgeschichtlichen Versenkung heben und zur – auch in den Ländern seiner Herkunft und seines Wirkens – seit langem vernachlässigten Diskussion stellen will. Dabei handelt es sich um die einfühlsamen, eigentlich ‚eindenksam' zu nennenden Bemerkungen zur orientalischen Philosophie, Religion und Kultur von Pierre Bayle, die er in sein berühmtes ›Dictionaire Historique et Critique/Historisches und kritisches Wörterbuch‹ als Artikel oder im Kontext solcher ab der zweiten, revidierten, korrigierten und stark augmentierten Auflage an manchen Stellen entsprechend dem Stand der damaligen Forschung ausführlich dokumentierte und interpretierte.[10]

Obwohl zu seinen Lebzeiten erst literarische Vorboten östlicher Weisheit in der Alten Welt angekommen waren, legte er diese in einer organisch verknüpfenden Art und Weise aus, welche die Produkte der Interkultural-Forschung im Zeitalter moderner Informationstechnik, eben weil es sich dabei nur um In-Formation und Technik handelt, verdächtig mechanisch aussehen läßt. Das ist jedoch nicht der einzige Grund dafür, warum ich die folgende Bemerkung in diesem Einleitungsband einigermaßen ausführlich anführe. Der genannte ist verknüpft mit einem weiteren, daß es sich dabei nämlich um einen Gedanken handelt, den ich, ein Forschender und Denkender, der sein Philosophieren seit Jahrzehnten vornehmlich auf den Madhyamaka-Buddhismus ausgerichtet und die Entfaltung seiner noologischen Theorie entlang dieser unnachahmlich konzisen und präzisen Lehre und ihrer Zentralkategorien vollzogen hat (siehe die theoretische Grundlegungsschrift der mit dem

---

[10] U. App, The Cult of Emptiness, pp. 219–237, widmet P. Bayle unter dem Titel „Ur-Spinozism (Bayle)" ein eigenes Kapitel, in dem er Informationen zu dessen China-, Japan- und Buddhismusquellen und eine Einschätzung seiner Methode, Zielrichtung und Leistung gibt.

hier vorliegenden Buch beginnenden Reihe von sieben Bänden zur Evidierung und Verfizierung), von herausragender Bedeutung halte: Pierre Bayle's Auslegung des schwierigen mahāyānistischen Hauptgedankens der Leere/Leerheit (*śūnyatā*).

„Ich will entweder glauben, daß man nicht richtig ausdrückt, was diese Leute unter *Cum hiu* [chin. 空虛 *kōng xū* = skr. *ākāśa* ≈̂ skr. *śūnya*(*tā*)] verstehen, oder daß ihre Ideen widersprüchlich sind. Man will, daß diese chinesischen Worte *leer & nichts, vacuum & inane* bedeuten, & man hat diese Sekte mit dem Axiom bekämpft, daß aus nichts nichts werde: man muß also vorgegeben haben, sie lehrte, daß das Nichts die Grundlage alles Seienden sei. Ich kann mich nicht davon überzeugen, daß sie das Wort »Nichts« in seiner genauen Bedeutung nimmt & ich stelle mir vor, daß sie es wie das Volk versteht, wenn es sagt, daß in einer leeren Truhe nichts ist. Wir haben gesehen, daß sie dem ersten Prinzip Eigenschaften zuspricht, die vermuten lassen, daß sie es wie eine Flüssigkeit auffaßt. Es scheint also, daß man ihm nur das Grobe & Sinnliche in der Materie abspricht. ... Ich glaube, daß sie unter diesem Wort beinahe das verstanden haben, was die Neueren unter dem Wort Raum verstehen; ...“[11]

---

[11] P. Bayle, Dictionaire Historique et Critique, [5]1750, s.v. Spinoza, 4.255d (B) = [2]1702, 3.2770s (A Δ): *Je veux croire, ou que l'on n'exprime pas exactement ce que ces gens-là entendent par* Cum hiu, *ou que leurs idées sont contradictoires. On veut que ces mots Chinois signifient* vuide & neant, vacuum & inane, *& l'on a combattu cette Secte par l'Axiôme que rien ne se fait de rien: il faut donc qu'on ait prétendu qu'elle enseignoit que le néant est le principe de tous les êtres. Je ne saurois me persuader qu'elle prenne le mot de néant dans sa signification exacte, & je m'imagine qu'elle l'entend comme le peuple quand il dit qu'il n'y a rien dans un coffre vuide. Nous avons vu qu'elle donne des attributs au prémier principe, qui supposent qu'elle le conçoit comme une liqueur. Il y a donc de l'apparence qu'on ne lui ôte que ce qu'il y a de grossier & de sensible dans la matiere. ... Je croi qu'ils entendoient à-peu-près par ce mot-là ce que les Modernes entendent par le mot d'espace; ...* meine Einfügung der originalen chinesischen Schriftzeichen und der damit wiedergegebenen Sanskrit-Begriffe in eckigen Klammern; ⟨tr.⟩ J. C.

Das ist der im Abendland wohl erste geglückte und lange Zeit singulär gebliebene Versuch, diese vor dem Hintergrund modern-europäischer (materialistischer) Wirklichkeitsdeutung verrückt erscheinende Hauptkategorie des Großen Fahrzeugs in aller Kürze kaum verzerrt und ohne Häme an die gebildete Öffentlichkeit zu bringen. Bedenkt man die Zeit, das geistige Milieu und den Wissensstand, aus dem heraus er unternommen wurde, dann kann man nicht umhin, das Resultat ‚extraordinaire' zu finden. Wie im theoretischen Grundlegungsband der ›Widerspiegelung‹ nachgewiesen, geht ein solch hermeneutisches Vermögen bisweilen höchstgelehrten Fachwissenschaftlern der Buddhologie, die die Texte jahrzehntelang beforschen und sich mit weltanschaulichen Vertretern dieser Lehre selbst beraten können, auch drei Jahrhunderte später noch ab,[12] und das, obwohl sie nicht mehr in dem Maße in einen geradezu feindseligen Diskussionskontext und ein ideologisches Umfeld mit all seinen Gefahren für Leib und Leben, denen ein Anders- oder Freidenkender damals ausgesetzt war, eingezwängt sind.

„Er schreibt mit Verständnis vom »wirklichen Nichts« des Buddhismus als »dem, was keine Eigenschaften der sinnlichen Materie hat«."[13] Damit verknüpft er aber keinesfalls einen

Gottsched, 4.264d; cf. H. P. Sturm, Weder Sein noch Nichtsein, pp. 344-347, mit Dokumentation; U. App, The Cult of Emptiness, pp. 229-231, zitiert nur drei im ›Dictionaire‹ vorhergehenden Stellen, nämlich [2]1702, 3.2769s-d (A Δ) = [5]1750, 4.254d (B), wovon die ersten beiden ein Zitat aus der ›Bibliotheque universelle et historique 7‹, gemäß Marginalien o.c., pp. 403-404, 406 (nach meiner Prüfung handelt es sich um den 7. Band der ›Bibliotheque‹, Jg. 1687, pp. 346, 348-349) darstellen, wo o.c. (erstere Stelle) *Cum hiu* mit dem Seitenhinweis „P. 29" als Marginalie (die sich, das werde ich noch zitieren, auf P. Couplet, Proemialis declaratio, p. XXIX, bezieht) angegeben ist.

12 Cf. H. P. Sturm, Die vier Stadien des Ent-Setzens, pp. 79-81.

13 N. P. Jacobson, The Possibility of Oriental Influence in Hume's Philosophy, p. 35.

plumpen Monismus material-substantieller Art im Sinne eines bestimmten Ur-Elements, wie das auf den ersten Blick scheinen mag, sondern gewissermaßen einen Non-Dualismus mit Unbestimmtheits-Prinzip (Absolutum) als denknotwendiger Basis bzw. Schlußstein allen Bestimmens, verbildlicht eben mit der leeren Truhe oder dem Raum.[14] „Als einen extrem weitverbreiteten exotischen Proto-Spinozismus dargestellt, wurde so die »innere Lehre« Japans und des Foe alias Buddha von Bayle verwandt, das weltweite monistische und atheistische Portfolio zu stärken. Aus diesem Grund war er so sehr an der »inneren« Lehre interessiert, in der die besten Köpfe des Orients angeblich übereinstimmten."[15]

Der Vergleich, den Bayle zwischen »Leere« und »Raum« anstellt, trifft ins Herz des Mahāyāna. Ebendiese Metapher wird nämlich schon in einem Basistext des buddhistischen Großen Fahrzeugs, dem ›Mahāprajñāpāramitā-Śāstra‹, angewendet: die Leerheit (空 *kōng* [無 *wú*] / skr. *śūnyatā*) ist wie der Raum 虚空 *xū kōng* / skr. *ākāśa*).[16] Selbstverständlich blieb ein solches Bild im Bewußtsein der Vertreter und Anhänger dieser religiös-philosophischen Ausrichtung, und nicht nur dieser, haften und wurde auf diese Weise ein fester Bestandteil der Überlieferung. Abgewandelt finden wir es beim bekanntesten Vertreter des Prāsaṅgika-Madhyamaka, Candrakīrti (6./7. Jh.), im Gleichnis von einem leeren Kaufladen, in dem keine Ware

---

[14] Cf. W. E. Soothill / L. Hodous, A Dictionary of Chinese Buddhist Terms, p. 389: „空虚 *śūnya;* leer, inhaltslos, Raum; *ākāśa,* im Sinne von Raum oder Äther; *gagana,* Firmament, Atmosphäre, Himmel; *kha,* Raum, Firmament, Äther, 虚 ist als das definiert, das ohne Gestalt und Substantialität ist, 空 als das, was ohne Widerstand ist. Das immaterielle Universum hinter allen Phänomenen."

[15] U. App, The Cult of Emptiness, p. 237.

[16] Cf. K. Venkata Ramanan, Nāgārjuna's Philosophy, pp. 92-93, 206-207, 244-245, 273-275, mit Zitaten und Stellenangaben.

vorhanden ist.[17]

Bayle gibt in den Marginalien als Quellen seines Wissens zur chinesischen Philosophie, der er die Kategorie des Leeren (*śūnya*) oder der Leerheit (*śūnyatā*) denn auch zuschreibt, eine Buchbesprechung im Band VII des Jahres 1687 der ›Bibliotheque universelle et historique‹[18] und eine lateinische Fassung davon in den ›Acta Eruditorum‹ von 1688 zur Philosophie von Konfuzius (551-479) bzw. der Chinesen an.[19] In beiden dieser Gelehrtenartikel wird der Begriff „*Cum hiu*" mit der Lateinübersetzung „vacuum & inane" als Primärprinzip der inneren Lehre („*La Doctrine intérieure*"[20]) chinesischer Philosophie genannt.

Wie die Titel der von Bayle angegebenen Studien schon erkennen lassen, übernehmen sie die Gedanken der erweiterten Neuausgabe dreier der vier klassisch konfuzianistischen Bücher (四書 *sì shū*) in lateinischer Übersetzung von 1683 mit dem

---

17 Cf. Candrakīrti, Prasannapadā (MMK-Vṛtti), pp. 247.5-248.1, aus dem Original paraphrasiert in H. P. Sturm, Die vier Stadien des Ent-Setzens, p. 261, und in Zusammenhang mit der hier diskutierten Problematik von Bayle's Buddhismus-Verständnis schon vor fast 20 Jahren in idem, Weder Sein noch Nichtsein, p. 346[112], erwähnt. Es ist mir einigermaßen unerfindlich, daß U. App, The Cult of Emptiness, pp. 229-231, der den Weg des buddhistischen »Nichts« aus Asien nach Europa bis Pierre Bayle mit beeindruckender historio-doxographischer und philologischer Kompetenz verfolgt, auf diese Einsicht Bayle's nicht aufmerksam macht.

18 Cf. Confucius Sinarum Philosophus, sive Scientia Sinensis latine exposita ..., Nr. XIV, p. 346: „... qu'il n'y a rien à chercher, ni sur quoi l'on puisse mettre son esperance que le néant & le vuide,[a] *qui est le premier principe de toutes choses.* [a] p.29. Vacuum & inane, Cum hiu *en Chinois*".

19 Cf. Confvcivs sinarvm philosopvs, sive Scientia Sinica latine exposita, pp. 254-265; o.c., p. 258: „Interioris *vero* doctrina *summa est,* Cum hiu, *id est vacuum & inane, principium esse omnium finemque rerum omnium: ...*".

20 Cf. Confucius Sinarum Philosophus, sive Scientia Sinensis latine exposita ..., Nr. XIV, pp. 347-348.

Titel ›Confucius Sinarum philosophus sive scientia Sinensis‹,[21] die als Teilausgabe schon 1662 zum ersten Mal erschienen waren.[22] Vorangestellt ist der neueren Ausgabe ein langes Proömium, in dem ein Überblick über altchinesische Weltanschauungen gegeben wird,[23] die in den beiden Rezensionen wiedergegeben sind.

Die abendländische Kenntnis von der buddhistischen »Leere« im Sinne eines metaphysischen Prinzips reicht jedoch, wie wir in einem bestens recherchierten und dokumentierten Buch eines schweizer Gelehrten erfahren, um mehr als einhundert Jahre weiter zurück. Sie begann mit den Missionsreisen jesuitischer Mönche nach Japan, und die ersten Zeugnisse datieren aus der Mitte des 16. Jahrhunderts, genauer gesagt, aus dem Jahr 1551. Es handelt sich um Briefe an den Leiter der jesuitischen Indienmission Francisco de (Jassu y) Xavier (1506–1552), in denen von Gesprächen mit buddhistischen Priestern

[21] Cf. P. Intorcetta / C. Herdtrich / F. Rougemont / P. Couplet, Confucius Sinarum philosophus sive scientia Sinensis; es handelt sich um das ›Große Lernen/Dà-xué‹, die ›Lehre von der Mitte/Zhōng-yōng‹ und die ›Analekten/Lún-yǔ‹ in Latein; ein Verzeichnis der chinesischen Herrscher ist dem Text angehängt.

[22] Cf. Sapientia Sinica exponente P. Ignatio a Costa Lusitano Soc. les. à P. Prospero Intorcetta Siculu eiusd. soc. orbi proposita‹, Kién Chām [Jiànchāng] in urbe Sinarū, Prouincia Kiām Sī [Jiāngxī] 1662; diese angeblich chinesisch-lateinische Ausgabe des ›Dà-xué‹ und einiger Kapitel des ›Lún-yǔ‹ stand mir zur Einsicht leider nicht zur Verfügung.

[23] Cf. P. Couplet, Proemialis declaratio, p. XXIX: „*... quando esset morti proximus, arcanum sensum animi sui significare velle: extra* vacuum *igitur &* inane (Cum hiu *Sinæ vocant) primum scilicet rerum omnium principium, nihil esse quod quæratur, nihil in quo collocentur spes nostræ. ... Hinc etiam celebris illa doctrinæ in* exteriorem & interiorem *distinctio, ...*“ Hintergrundinformationen dazu bei U. App, The Cult of Emptiness, pp. 137–142.

berichtet wird.[24] Der früheste stammt von Cosme de Torres (ca. 1510–1570) und bezieht sich auf das buddhistische »Nichts« noch in sehr vager Weise. „Diese Briefe von Torres vom späten September 1551 sind die ersten westlichen Dokumente, die Zen beim Namen nennen und solche Themen wie »Nichts«, »keine Seele« und »kein Jenseits« aufbringen sollten – Themen, die ... im Westen für eine brillante Karriere bestimmt waren."[25] Der einen Monat später verfaßte Brief seines des Japanischen mächtigen Dolmetschers und Glaubensbruders Juan Fernández (ca. 1526–1567) ist gekennzeichnet durch einen wesentlich höheren Informationsgehalt.[26] „In seinen Protokollen hielt er hauptsächlich die Lehren der Zen-Buddhisten fest, die glauben, daß die Leere ein absolutes Sein und eine allumfassende Entität ist."[27] Tatsächlich ist darin vom Urprinzip als von einem Nichtsein (span. *no ser*) oder Nichts (span. *nada*) die Rede. „Dieses »Nicht-Sein« oder »Nichts« dürfte das *mu* 無 gewesen sein, das so zentral im japanischen Zen ist und oft im Sinne der »Leere« (skr. *śūnyatā*, jap. *kū* 空) des Mahāyāna verstanden wird."[28]

---

[24] Zu den Hintergründen der Briefe, deren Zweck, Informationsgehalt, Übereinstimmung mit den Fakten, Veröffentlichung etc. cf. K.-K. Sindemann, Der japanische Buddhismus in den Jesuitenbriefen im 16. Jahrhundert; eadem, Japanese Buddhism in the 16th Century. Letters of the Jesuit Missionaries.

[25] U. App, The Cult of Emptiness, p. 25, mit Bezug auf ⟨ed.⟩ J. Ruiz-de-Medina, Documentos del Japon 1547–1557, p. 214, Nr. 41.18: *nada.* ⟨tr.⟩ G. Schurhammer, p. 50, Nr. 25.

[26] Cf. U. App, The Cult of Emptiness, pp. 25–27.

[27] K.-K. Sindemann, Japanese Buddhism in the 16th Century, p. 125.

[28] U. App, The Cult of Emptiness, p. 26, unter Bezugnahme auf ⟨ed.⟩ J. Ruiz-de-Medina, Documentos del Japon 1547–1557, p. 243, Nr. 44.5: *no ser;* cf. o.c., p. 242, Nr. 44.3: *nada;* o.c., p. 248, Nr. 21: *quu.* ⟨tr.⟩ G. Schurhammer, pp. 66–67, Nr. 25.4–5, pp. 72–73, Nr. 26; sowohl Herausgeber wie Übersetzer weisen in den dazugehörigen Fußnoten den

Eine sehr frühe Nennung des buddhistischen Fachterminus ist in einem aus dem Jahre 1665 stammenden historischen Bericht zu finden, in welchem unter der Problemstellung der „sublimen und inneren Lehre“ (*La dottrina poi sublime, & interiore*) das Prinzip (*principio*), woraus der Mensch und alle anderen Wesen geformt sind, als eine Art feinster Luft (*vna sorte d'aria sottilissima*) beschrieben und dem Wasser verglichen wird, das sich in Gefäßen befindend deren Formen anpaßt. Wegen dessen Feinheit hätten sie, die Anhänger des Xaca (chin. 釋迦 *shì jiā* = Śākya[muni]), es nicht erfaßt und die Wahrheit in ihrer Sprache *Cũm Kiũ*, tonkinesisch *Kho*û, genannt (*per la sua sottigliezza ne toccaron il vero, chiamandolo in lor linguaggio. C*ũm *K*iũ, & i Tunchinesi *Khoû*), was in Italienisch mit der Bezeichnung Leere oder Nichts auszudrücken wäre (*che nell'idioma Italiano vale quanto a dire,* Vacuo, *ò* Nulla).[29]

Fassen wir das sogenannte buddhistische Nichts in einem etwas breiteren originalsprachlichen Rahmen, so können wir hinsichtlich seines Bekanntwerdens im Abendland fast noch einmal ein Jahrhundert zurückgehen. Dank der neuesten Forschung eines im hiesigen Zusammenhang bereits bemühten schweizer Buddhologen wissen wir nämlich mit einiger Sicherheit, daß im ›Catechismus christianae fidei‹ von Alessandro Valignano aus dem Jahre 1586 Gedanken einer synkretistischen Urschrift aus dem huáyán-buddhistischen Milieu, dem

---

Wörtern unterschiedliche Originalbegriffe und somit (leicht) voneinander abweichende Bedeutungen zu; besonders interessant die jeweilige Note zur letztgenannten Stelle.

[29] Cf. G. F. de Marini, Historia et relatione del Tvnchino e del Giappone, pp. 110–111; frz. Ausgabe: idem, Histoire novvelle et cvrievse des royavmes de Tvnqvin et de Lao, pp. 201–202; zusätzliche Informationen bei U. App, The Cult of Emptiness, pp. 134–136; dessen Seitenangaben für das Werk von de Marini weichen von den meinigen ab; das müßte daran liegen, daß er zwar die Ausgabe des gleichen Jahres, aber eines anderen Erscheinungsorts benutzte.

›Yuán-rén-lùn‹, ›Traktat über die menschliche Urnatur‹ oder ›Traktat über den Ursprung des Menschen‹ des Gūifēng Zōngmì (780-841) paraphrasiert sind. Darin werden Kǒng(fū)zǐ (Konfuzius), Lǎozǐ (zwischen 6. und 4. Jh. v. Chr.) und Buddha als Weise gleichgestellt, die Lehren ersterer aber, nach buddhistischer Epistemologie der Unterscheidung einer letztgültigen, gewissermaßen inneren Wahrheit (skr. *paramārtha-satya* / chin. 第一義諦 *dì yī yì dì;* 眞諦 *zhēn dì*) und einer vorläufigen, äußeren (skr. *saṃvṛti-/vyavahāra-satya* / chin. 世/俗諦 *shì/sú dì*)[30], als provisorisch bezeichnet. „… ihr gemeinsames Prinzip, das Valignano »Quiobunodaido« nennt, ist, was Zongmi »den großen Weg der Leere und des Nichts« (jap. *kyomu no daidō* 虛無大道 [*xū wú dà dào*]) nannte."[31]

Hinsichtlich Bayle's ist dazu festzuhalten: „Zongmi's »leere, stille Bewußtheit«, die »strahlend, unverborgen, klar und hell« (…) ist, wurde von Valignano und seinen Lesern als ein erstes Prinzip gedeutet, das, obwohl »durchsichtig und leuchtend«, durch ein totales Fehlen von Vernunfttätigkeit, durch Stillstand und durch Ruhe gekennzeichnet ist. Valignano's Beschreibung dieses Prinzips war extrem einflußreich und dazu bestimmt, ein Grundpfeiler der »Orientalischen Philosophie« zu werden, da sie in zahllosen westlichen Quellen wiederholt wurde. Im 18. Jh. sollten viele Autoren Pierre Bayle's französische Übersetzung von Valignano's Argument zitieren: »Sie behaupten, daß es nur ein Prinzip aller Dinge gibt … Es existiert, fügen sie hinzu, von aller Ewigkeit an, es ist einzig(artig), klar und licht.

30 Um diesen Gedanken dreht sich H. P. Sturm, Die vier Stadien des Ent–Setzens, pp. 305-423, 439-481.

31 U. App, The Cult of Emptiness, p. 62, mit Bezug auf A. Valignano, Catechismvs christianae fidei, p. 5v, und Gūifēng Zōngmì, Yuán-rén-lùn 1, Taishō, Nr. 1886, 45.708a26-28, ⟨ed./tr.⟩ P. N. Gregory, pp. 45, 83; meine Einfügung der Pīnyīn-Transkription des Chinesischen zwischen eckigen Klammern.

Es ist unfähig zuzunehmen und abzunehmen, es hat überhaupt keine Gestalt, es denkt nicht, es lebt in Untätigkeit und in vollkommener Ruhe.«"[32]

[32] U. App, The Cult of Emptiness, p. 65; mit Bezug auf den Evora-Paravent; in Englisch zitiert wird P. Bayle, Dictionaire Historique et Critique, ²1702, s.v. Japon, 2.1628d (D) ≊ ⁵1750, 2.831d-832s (D) (von mir nach letzterer Ausgabe ohne Auslassung zitiert; Marginalien: Possevin, Biblioth. Select. Tom. I, Libr. X, Cap. II, pag. 429 und pag. 411): *Ils assûrent qu'il n'y a qu'un principe de toutes choses, & que ce principe se trouve par-tout, & que le cœur de l'homme, & l'intérieur des autres êtres, ne differe point de ce principe, & que tous les êtres retournent à ce principe commun quand ils sont détruits. Il existe de toute éternité, ajoûtent-ils, il est unique, clair & lumineux, il est incapable de croître & de décroître, il n'a point de figure, il ne raisonne point, il vit dans l'oisiveté & dans un parfait repos.* Anschließend gebe ich eine nachgestaltete tabellarische Anordnung von U. App, The Cult of Emptiness, p. 64, wieder, in der links ein japanischer Originaltext aus dem Evora-Paravent in englischer, von mir deutsch wiedergegebener Übersetzung, in der Mitte der lateinische Text von A. Valignano (von mir aus dem Original zitiert) und in der rechten Spalte meine Übersetzung des Lateintexts abgedruckt ist; zum Valignano-Paravent cf. o. c., pp. 18-20, mit Verweis auf dessen Edition in ⟨ed.⟩ T. Ieiri, Nihon no catechizumo, Tenri/Japan 1969, p. 197.

BUDDHA-NATUR UND PRIMÄRPRINZIP IM EVORA-PARAVENT UND BEI A. VALIGNANO (nach U. App)

Übersetzung des japanischen Texts auf dem Evora-Paravent nach U. App	Lateintext aus Valignano's Catechismus	Meine Übersetzung des Lateintexts aus dem Valignano-Catechismus
Diese einzig(artig)e Buddha-Natur 此一仏性, Geist-Buddha und empfindende Wesen 衆生 formen alle Einen Geist 一心 ohne Unterscheidung 無差別.	*omnia item quæcunque sunt, quum dissoluuntur in vnum, & idem principium reuerti, quod ipsi dicunt* Ixin,	Desgleichen löst sich alles, was es auch immer sei, auf in und kehrt zurück zu ein und demselben Prinzip, das sie Yīxīn nennen,
Wenn man nach dieser einzig(artig)en Buddhanatur 一仏性 forscht [sagen sie, daß] sie sich von anfangloser Vergangenheit an klar manifestierte.	*quod fuit ab omni æternitate vnũ, clarum, & lucidum,*	das von aller Ewigkeit an eins, klar und hell war,
Von der alten Zeit bis in die Gegenwart formte sie »ein einziges Numen, das weder zu- noch abnimmt« 不増不滅ノ一靈 und immer dasselbe bleibt.	*ab omni decremento, & incremento alienum, figura carens,*	mit allem Zu- und Abnehmen unvereinbar, einer Gestalt entbehrend,
Äußerst leer und still 空々斎々, wird es »Wesen ohne Denken und Überlegen« 無念無想ノ本体 genannt.	*ratiocinacionis expers, vitam agens otij, quietis, & tranquillitatis plenißimam.*	vernünftiger Überlegung ledig, ein Leben in Muße, voller Ruhe und Stille führend.

Hiermit komme ich nochmals zu Immanuel Kant zurück, und zwar in Zusammenhang mit der Kategorie, die soeben im Mittelpunkt der Betrachtung stand, der Hauptidee des Mahāyāna-Buddhismus: Leere oder Leerheit (*śūnyatā*) bzw. seinem Verständnis dafür. Damit einhergehend soll eine für die Philosophie entscheidende Frage aufgeworfen werden: Welches Maß an gedanklicher Sachlichkeit ist einem ernsthaften Denker, der als nüchtern und allgemein gültige (apriorische) Wahrheiten verkündend gefeiert wird, auch auf geistig fremden, kaum oder nicht bekannten Gefilden zuzutrauen und abzuverlangen, selbst wenn die doxographischen Informationen dazu unzureichend oder gar unzutreffend sind? In seiner Schrift ›Das Ende aller Dinge‹ aus dem Jahre 1794, fast ein Jahrhundert nach dem Ersterscheinen des Bayleschen ›Dictionaire‹ also, äußert sich der Meister aus Königsberg nämlich zu ebenderselben Kategorie, ohne es zu wissen.

Dem allgemeinen Kenntnisstand seiner Zeit gemäß, hält er diese buddhistische Idee für chinesisch, genauer, für daoistisch. Die chinesische Philosophie mochte er aber nicht wohl leiden. „Das Indertum mußte durch seine schwärmerische Mystik und seine »abenteuerlichen« Phantasien dem kantischen Denken von sich aus fremd sein, trotzdem stand Kant ihm, wie aus mehreren Bemerkungen geschlossen werden darf, mit größeren Sympathien gegenüber als dem Geiste Chinas.“[33] Die angebliche Lehre des Lǎozǐ beschreibt er seinem Grundzug nach nun folgendermaßen.

„Daher kommt das Ungeheuer von System des L a o - k i u n von dem h ö c h s t e n G u t, das im N i c h t s bestehen soll: d. i. im Bewußtsein, sich in den Abgrund der Gottheit, durch das Zusammenfließen mit derselben und also durch Vernichtung seiner Persönlichkeit, verschlungen zu f ü h l e n ; von

[33] H. v. Glasenapp, Kant und die Religionen des Ostens, pp. 134–135.

welchem Zustande die Vorempfindung zu haben, sinesische Philosophen sich in dunkeln Zimmern, mit geschlossenen Augen, anstrengen, dieses ihr N i c h t s zu denken und zu empfinden. Daher der P a n t h e i s m (der Tibetaner und andrer östlichen Völker); und der aus der metaphysischen Sublimierung desselben in der Folge erzeugte S p i n o z i s m: welche beide mit dem uralten E m a n a t i o n s s y s t e m aller Menschenseelen aus der Gottheit (und ihrer endlichen Resorption in eben dieselbe) nahe verschwistert sind. Alles lediglich darum, damit die Menschen sich endlich doch einer e w i g e n R u h e zu erfreuen haben möchten, welche denn ihr vermeintes seliges Ende aller Dinge ausmacht; eigentlich ein Begriff, mit dem ihnen zugleich der Verstand ausgeht und alles Denken selbst ein Ende hat."[34]

Diese Meinung beruht auf Reiseberichten, die zuerst in englischer Sprache, dann in Französisch und wenige Jahre später, anno 1750, in deutscher Sprache erschienen waren. Das weist ein international bekannter deutscher Indologe nach, der eine zeitlang, wie Kant, an der Universität Königsberg lehrte und dessen Vorlesungen zur physischen Geographie, in denen ein Großteil von Kants Wissen zu Außereuropäischem aufbewahrt ist, zusammenstellte und, wie er anmerkt, aufgrund der die Edition beeinträchtigenden Umstände leider unvollständig herausgab. „Die Ausführungen beziehen sich auf die Lehre vom Shûnya, die von Nâgârjuna im 2. Jahrhundert n. Chr. in mehreren Sanskritwerken dargelegt worden ist. Das Shûnya ist aber nicht als »Nichts« zu übersetzen, es ist vielmehr etwas unbestimmbares Leeres, das jenseits von Sein und Nichtsein steht. Die Frage nach dem Ursprung der Dinge wird in diesen Spekulationen gar nicht berührt, da nach buddhistischer

---

[34] I. Kant, Das Ende aller Dinge, A 513–514, ⟨ed.⟩ W. Weischedel, 9. 185; cf. H. v. Glasenapp, Kant und die Religionen des Ostens, pp. 104–105.

Vorstellung ein Anfang des Sansâra nicht ausdenkbar ist."[35]

Was für ein Unterschied zwischen Bayle's feinsinnigen Auslegungsversuchen, mit welchen er den im modernen Westen vom Beginn des Bekanntwerdens östlicher Weisheit an erhobenen Vorwurf (wenn auch, wie an vielen der Stellen, an denen er gegen vorherrschende Dogmen argumentierte, eine kritische und/oder ironische Selbstdistanzierung anklingen lassend) des kruden Nihilismus abweist,[36] und denen des Weltweisen Kant, der, dem Verständnis nach hinter Bayle, welcher die Idee der Leerheit quasi als Zusammenfassung einzelner Mutmaßungen der gebildeten missionarischen Entdecker asiatischen Gedankenguts wohlwollend und strukturtheoretisch einfühl- bzw. eindenksam mit dem Buddhismus in China, den indischen Brahmanen, mit den Quietisten (Mystikern) und Spinozisten in Verbindung bringt,[37] weit zurückbleibend, diesen als einen emanatistischen und pantheistischen nach damals allgemeinem

[35] H. v. Glasenapp, Kant und die Religionen des Ostens, p. 106; o.c., pp. 105-106, ist Kants Vorlage zitiert: J. J. Schwabe et al., Allgemeine Historie der Reisen zu Wasser und Lande, 6.368-369; englische Originalausgabe von 1747: J. Green, A New General Collection of Voyages and Travels, 4.213s-d; in diesem Bericht wird nur vom „Vacuum, or Nothing" ohne Nennung des chinesischen Wortes »Cum hiu« gesprochen, doch ist die innere von der äußeren Lehre unterschieden, was auf eine Übernahme der Information aus den von mir zitierten früheren Werken deutet.

[36] J. v. Görres, Gesammelte Schriften, 5.81.9-26, operiert in Zusammenhang mit dem Daoismus und der Lehre des Fo, gemeint ist Buddha, der, wie zu dieser Zeit üblich, China zugeschlagen wird, ebenfalls mit dem Begriff »Cum-hiu« als der „inneren wahren Lehre Xe" [mit Xe ist Śākya, Buddha also gemeint] und stellt o.c., 5.94.9-95.5, wie Bayle, einen Vergleich mit dem Vedānta bzw. dessen Gottheit her; seine Darlegungen erinnern in ihrer Korrektur der Nihilismus-Unterstellung eher an Bayle, denn an Kant.

[37] Cf. P. Bayle, Dictionaire Historique et Critique, [5]1750, s.v. Brachmanes, 1.653d (K), s.v. Spinoza, 4.254d-255d (B) = [2]1702, 1.691d (I), 3.2769s-2770d (A Δ).

Wissensstand (Vorurteil) und (zeit-)geistlichem Klima den Chinesen, Tibetern, anderen Ostvölkern, Mystikern und Spinozisten im Gegensatz dazu in verächtlichem Ton zuschreibt, und, das kann bei einer westlichen (‚christlichen') Koryphäe (von gr. *koruphḗ,* Oberstes, Gipfel, Spitze, Krone, Scheitel, Pracht), gar nicht anders erwartet werden, von oben herab abfertigt. Man vergegenwärtige sich bitte noch einmal die Geschichte der ideologischen Erschließung Asiens und deren Zweck seit dem Beginn der Moderne bis zur einsamen Stellung von Pierre Bayle.

Mit dem ostasiatischen Nihil hat schon der heute wie Kant als Weltweiser bejubelte Gottfried Wilhelm Leibniz (1646–1716) seine liebe Mühe und Not. Er, der die Lehrgehalte seines Meinungsgegners Bayle einige Jahre nach dessen Ableben ideologisch attackierte,[38] (miß-)verstand das fernöstliche »Vakuum« zwar ebenso nihilistisch,[39] dennoch gehörte er zu den bedeutendsten und bekanntesten gelehrten Bewunderern chinesischen Wissens. „... Leibniz, dessen Faszination von China zu einer ausgiebigen Korrespondenz mit jesuitischen Vertretern der Akkomodation und zu seiner aktiven Unterstützung ihrer Politik im Ritenstreit führte. Des weiteren wurden diese Vorstellungen China betreffend in Leibnizens Philosophie integriert, wo sie als Teil eines dauerhaften Monuments des Denkens im 17. Jh. verbleiben."[40] Es liegt deshalb nahe, seine Beurteilung der sinitischen Leere als absurdes Nichts, anders

[38] Wie allein schon aus dem Vorwort der ›Theodizee‹ hervorgeht, stellen einige Essays, die diese ausmachen, eine Art Abrechnung mit Pierre Bayle dar.

[39] Cf. G. W. Leibniz, Essais de Théodicée, Discours de la conformité de la foi avec la raison, 10. Diskurs, ⟨ed./tr.⟩ H. Herring, Philosophische Schriften, 2.1.86/87.

[40] D. E. Mungello, Curious Land, p. 246; cf. idem, Leibniz and Confucianism, pp. 1–17.

als die Kants, nicht auf die bei Hellhäutigen übliche Herrenmenschen-Mentalität zurückzuführen, sondern auf ein Mißverständnis, das durch die Ontologisierung der Leerheit in den ihm vorliegenden Berichten aus dem fernen Osten bedingt ist, nahm er vom physikalischen Raum (Vakuum) logischerweise doch an, nicht gänzlich leer zu sein.[41]

Zieht man die vorherrschende Erkenntnisabsicht der beginnenden Erforschung ostasiatischer Metaphysik durch christliche Missionare im 16. Jh. in Betracht: „Die Jesuiten waren nicht an einem Verständnis der tiefen Philosophie einer anderen Religion interessiert, sondern benutzten diese Information, um »religiöse Feinde« zu diskriminieren und ihre Erklärungen mit rhetorischen Fragen und verfänglichen Argumenten zu diskreditieren."[42], so läßt sich getrost sagen, daß die jetzige Form globaler Wissens- oder besser Informationsaneignung und -verbreitung als eine Nachfolge-Mission mit neuen, noch viel perfideren psychologischen und propagandistischen Waffen über den Erdball rollt, der Kreuzzug der profanreligiösen Allianz von Objektwissenschaft und Ökonomismus in inter- und multikultureller Maskierung. Kants Herablassung gegenüber dem asiatischen genus maximum könnte man als Bindeglied zwischen der älteren und der derzeitigen Form des verhinderten Fremdverstehens und der Verhinderung von Fremdverstehen auffassen.

„Die ganze abendländische Pseudo-Metaphysik, Erbin des

---

41 Zur Vorstellung Leibnizens vom Raum, der nicht gänzlich leer sei, in Zusammenhang mit dem chinesischen »Vakuum« als Prinzip cf. D. E. Mungello, Leibniz and Confucianism, pp. 90–98. Die Problematik absolut leeren Raumes versus äthererfülltem Raum prägt(e) und plagt(e) die Ansätze der Grundlagenphysik des letzten Jahrhunderts bis auf den heutigen Tag; sie wurde indirekt schon am Anfang der abendländischen Philosophie von den Eleaten denkerisch unumstößlich, doch folgenlos, zugunsten letzterer entschieden.

42 K.-K. Sindemann, Japanese Buddhism in the 16th Century, p. 124.

Antiplatonismus von Aristoteles, seiner Theologie, die beim abgeleiteten Absoluten stehen bleibt, hat gleichermaßen von ihrer praktischen Negation – wenn auch nicht formal theoretisch elaboriert – der intuitiven Geisteinsicht, die vom Platonismus aufgestellt worden war, geerbt. Kant hat sich bei seiner Infragestellung der intellectuellen Intuition damit begnügt festzustellen, daß «der König nackt ist», daß die Metaphysik, wie sie bis auf ihn praktiziert wurde, nichts als ein fruchtloses, wenn nicht gar unnötiges Spiel leerer Begriffe ist, die keinem tatsächlichen und intuitiven Bewußtsein metempirischer Realitäten entsprechen. Seine Feststellung ist vollkommen legitim. Sein einziger Fehler ist, der Menschheit generell aufgrund des unverbesserlichen kulturellen Ethnozentrismus des Abendländers zuzuschreiben, was nur den Menschen betrifft, der dazu gebracht wurde, sein Verhältnis zum Wirklichen innerhalb der Grenzen der Kultur des Okzidents zu definieren und zu leben, und der per definitionem ohne intellectuelle Intuition dasteht."[43]

Nun endlich zur zweiten der beiden angekündigten Ausnahmen, die, wie gesagt, aus dem englischen Sprachraum stammt. Weil wir hier noch derart weit von einer Durchführung der Forschung entfernt sind, Historio-Doxographie dazu aber nicht ausreicht und taugt, es davon also kaum etwas zu berichten gibt – einige kühne komparatistische Versuche aus der Anfangszeit kulturüberschreitender Philosophieforschung liegen zwar vor, werden in akademischen Expertenkreisen heute aber, dem Dünkel evolutionären Am-besten-Wissens verhaftet, mit einem herablassenden Lächeln abgetan, obwohl sie aus strukturtheoretischer Sicht viele Einsichten enthalten, die wiederum aus der jetzigen Vogelperspektive betrachtet zur Erweiterung des geistigen Horizonts Wesentliches beitragen könnten –,

[43] G. Vallin, Voie de gnose et voie d'amour, p. 13; cf. idem, Être et individualité, p. 22.

beschränkt sich mein diesbezüglicher Hinweis auf ein Minimum.

Der angekündigte Sachverhalt gehört nicht dem Gebiet der Philosophie und ihrer Vertreter im engeren Sinne zu, sondern ist einem Indienforscher der frühen britischen Kolonialzeit, Sir William Jones (1746-1794), zuzuschreiben. Von Profession war er Jurist und Sprachwissenschaftler. In ersterer Eigenschaft wurde er fast elf Jahre vor seinem frühen Ableben zum Richter in Kolkata (Kalkutta) ernannt. Seine Faszination von Land, Leuten und Kultur(en) Indiens, besonders Bengalens, veranlaßte ihn, den Subkontinent mehr als zehn Jahre lang aus vielen wissenschaftlichen Perspektiven zu erforschen.[44] Mit der nachfolgend von mir in deutscher Sprache wiedergegebenen Äußerung von vor ca. 230 Jahren demonstriert er nicht nur, daß Köpfe im Dienste des Kolonialismus der kulturellen Sache der Kolonie gegenüber nicht notwendig als Unterdrücker und Ausbeuter auftreten müssen, diesen und dem Kulturstreben der ganzen Menschheit vielmehr dienlich sein können, sondern im engeren Sinne auch, spekulativ selbst der heutigen Philosophie- und Indologiewissenschaft das Wasser reichen zu können, indem der darin erwähnte 'beachtliche Band', es müßten meiner langjährigen Erfahrung mit Transkultural-Philosophie nach mehrere Bände sein, zur Durchführung des geradezu visionär formulierten komparatistischen Forschungsprogramms immer noch nicht geschrieben ist, heute mehr denn je für verzichtbar, gar für unsinnig gehalten wird, und die vergleichende Philosophiewissenschaft (cross-cultural comparative philosophy), von deren überblickshaften Kenntnissen aus beurteilt, den Stand ihrer Anfänge im 18. Jh. nicht nur nicht übertroffen, sondern nicht erreicht hat, hinter ihn sogar zurückgefallen ist.

„Es dürfte genügen, hier zu den philosophischen Schulen zu

---

[44] Cf. die Biographie G. Cannon, Oriental Jones.

erwähnen, daß der erste *Nyáya* der *Peripatetischen* analog scheint, der *zweite*, mitunter *Vaiśéshica* genannt, der *Ionischen*, die beiden *Mimánsà's*, von welchen die *zweite* oft durch den Namen *Védánta* unterschieden wird, der *Platonischen*, das erste *Sánc'hya* der *Italischen*, und das zweite oder *Pátanjala*, der *Stoischen* Philosophie; so daß GAUTAMA dem ARISTOTELES korrespondiert; CANA´DA dem THALES; JAIMINI dem SOKRATES; VYA´SA dem PLATON; CAPILA dem PYTHAGORAS; und PATANJALI dem ZENON: aber ein genauer Vergleich zwischen den *griechischen* und *indischen* Schulen bedürfte eines beachtlichen Bandes. Die Originalwerke jener Philosophen sind sehr knapp; aber wie alle anderen *Sástras* werden sie von den endlosen *Upadersana* oder *Kommentaren* erläutert oder verdunkelt: eine der schönsten Kompositionen zur Philosophie des *Védánta* trägt den Titel *Yóga Vásísht'ha* und enthält die Instruktionen des großen VASISHTHA an seinen Schüler RA´MA, König von *Ayódhyà*."[45]

Mit der formal verfahrenden Re-flexionstheorie hoffe ich, nicht in der etablierten Forschungsweise nach dem bewährten Rezept des »divide et impera« hängengeblieben zu sein, sich in streng getrennten, nichts voneinander wissenden Sparten und Untersparten der Indo-, Sino- oder Graeco-Doxographie, z. B. der Mittel- oder Neuplatonismusforschung, der Buddhologie mit Schwerpunkt Yogācāra oder Tiāntái bzw. des Dào-Jiā oder Míng-Jiā um Kommata und i-Tüpfelchen zu streiten, während man von den anderen Überlieferungen nicht einmal die gröbsten Umrisse kennt, trotzdem aber mitunter Generalurteile über sie fällt, die, auch wenn sie positiv ausfallen, Generalverurteilungen gleichkommen, so man bedenkt, unter welchen

---

[45] W. Jones, The Works of Sir William Jones in six Volumes, 1.360-361 (The Literature of the Hindus, from the Sanscrit. *Communicated by* GOVERDHAN CAUL, *translated, with a short Commentary*), die Umschrift der Devanāgarī des englischen Originals wurde beibehalten.

Umständen, den Umständen totalen Unwissens, Unverständnisses und Nicht-wissen-Wollens nämlich, sie zustandekommen. „Aber die undifferenzierte Idee »orientalisches Denken« oder »asiatische Philosophie« als eine Art monolitischer Einheit ist natürlich ein Konstrukt, eine weitgehend imaginäre Kreatur, die das Denken einiger moderner Autoren bevölkert.“[46]

Und nicht nur ganz moderner. „Da ich mein halbes Leben in Asien verbracht und einige asiatische Sprachen und Philosophien studiert hatte, wußte ich sehr gut, daß keine einheitliche »orientalische Philosophie« existiert, genauso wie es keine einheitliche »orientalische Sprache« oder »orientalische Küche« gibt. Das mußte eine westliche Erfindung sein. Ich wußte ebenso aus meiner Forschung zur europäischen Entdeckung asiatischer Religionen, daß eine ähnliche Erfindung – die Idee einer einheitlichen »Orientalischen Religion« – eine entscheidende Rolle in der vormodernen europäischen Wahrnehmung Asiens und dem Entstehen des modernen Orientalismus spielte.“[47]

Erinnern Sie sich an ›Die Erdichtung des antiken Griechenlands 1785-1985‹, auf die ich in Zusammenhang mit der Frage nach den Wurzeln abendländischer, d.h. einer von Hellhäutigen gepflegten Kultur, durch eine dunkelhäutige Ethnie (Rasse kann man ja nicht mehr sagen) aufmerksam machte? Und Achtung! Wo sollte diese monolithisch westliche, abendländische, europäische oder weißhäutig-amerikanische Kultur als Gegenstück zur einheitlich östlichen, asiatischen, afrikanischen, indianischen etc., die es offensichtlich gar nicht gibt, denn zu finden sein? In Portugal, Ungarn, Rußland, England, der Schweiz, auf

---

46 D. S. Ruegg, The Buddhist Philosophy of the Middle, pp. 220-221 (Some Reflections on the Place of Philosophy in the Study of Buddhism).

47 U. App, The Cult of Emptiness, p. 3; cf. idem, The Birth of Orientalism, pp. 1-13.

Grönland oder im Baskenland?

Das heißt aber nicht, daß in den authentischen Philosophien, den okzidentalen oder den orientalischen, nicht die eine Wahrheit gefordert würde. Insofern handelt es sich bei ihnen (Plural) schlicht und einfach um Philosophie (Singular). Das alte orientalische, im kanonischen Schrifttum des Buddhismus überlieferte und dort auf die Lehrmeinungen verschiedener gegnerischer Schulrichtungen von Asketen, Wanderpredigern und Brahmanen gemünzte Gleichnis von den Blindgeborenen dokumentiert das exemplarisch: Vom Fürsten der Gegend um Sāvatthī zusammengerufen und darüber informiert, einen Elefanten vor sich zu haben, dürfen sie jeweils einen Körperteil betasten und sollen beschreiben, was es sei, das sie da berühren, worauf es demjenigen, der die Beine anfaßt, wie eine Säule vorkommt, demjenigen, der das haarige Schwanzende zwischen die Finger bekommt, wie ein Besen, derjenige, der einen Stoßzahn befühlt, sich sicher ist, eine Pflugschar in Händen zu halten usw. usf. Am Ende geraten sie fast zwangsläufig in Streit darüber, was ein Elefant denn nun eigentlich und an sich sei.[48]

Das Phänomen, ‚Teil-Wahrheiten' für die ganze Wahrheit zu halten, ist hier und heute mindestens genauso weit verbreitet wie dort und damals – und damit wird sie verfehlt. Das können wir, transkultural und aus westlicher Perspektive betrachtet, einerseits aus dem Missionarismus, Imperialismus und Kolonialismus von gestern lernen, wo eine ‚Teil-Wahrheit' für gänzlich wahr gehalten wurde, das können wir andrerseits aber auch am Globalismus und den Weltordnungs-Phantasien von heute ablesen, die, dabei aus Ignoranz oder Kalkül den Wahrheitsbegriff überhaupt abschaffend, in gleicher Weise ‚Teil-Wahrheiten', und logisch betrachtet somit auch alle ‚Teil-Unwahrheiten' für wahr erklären ... „Genau genommen, sind

[48] Cf. Udāna 6.4, ⟨ed.⟩ P. Steinthal, pp. 68–69.

alle Halbwahrheiten keine Wahrheiten".[49]

49 F. H. Bradley, The Principles of Logic, 1.19.

11 Vorschau auf die Faszikel II/2–7

Zum Schluß dieses Einleitungsbandes, mit Hilfe dessen sowohl allgemeine als auch fachspezifische Rahmenbedingungen der im deutschsprachigen Raum und sonstwo nur vereinzelt so genannten »interkulturellen Philosophie/intercultural philosophy« abgesteckt werden sollten, dürfte es angebracht sein, noch die Themengebiete der sechs folgenden Faszikel wenigstens kurz zu umreißen. Dieser Ein- und Hinführung folgend, wird im Band II/2 der Weltbau einiger sogenannter Vorsokratiker frühen Upaniṣad-s gegenübergestellt. Damit unternehme ich den Versuch, das Hauptthema meiner Studie in seinem Entstehen als Fragestellung der Philosophie anhand der Lehren von Stifterpersönlichkeiten und Urschriften Griechenlands und Indiens vorzustellen und auf diesem Wege zu zeigen, daß sie mit ganz ähnlichen denkerischen Aufgaben anhoben und mit ebensolchen Lösungsvorschlägen aufhörten. Im Fokus stehen dabei auf griechischer Seite die aus Fragmenten zu rekonstruierenden, angeblich antagonistischen Entwürfe des Vertreters einer vermeintlich einseitigen Seinsstatik, Parmenides von Elea (ca. 540–480), und des Proponenten einer scheinbar ausschließlichen Werdedynamik, Herakleitos aus Ephesos. Zusammen mit einer Skizze quasi-pythagoreischer Weltanschauungen von Empedokles aus Akragas/Agrigent (Sizilien) werden sie den GeistWelt-Spekulationen früher Upaniṣad-s, besonders der ›Bṛhadāraṇyaka-Upaniṣad‹ gegenübergestellt. Den Übergang zum nächsten Faszikel bildet dabei die Kosmogonie des vor einigen Jahrzehnten in Makedonien entdeckten, bisher ältesten, kaum zur Kenntnis genommenen Originaltextes der Proto-Philosophie (Vorsokratik), des berühmten ›Derveni-Papyrus‹.

Wie schon aus meiner Diktion zu schließen sein müßte, wird sich ergeben, daß sowohl der Gegensatz zwischen der Ontologie des Stillstands wie der Genesiologie des Wandels nur einseitige Hinsichten auf die jeweiligen Gedankengebäude darstellen, als auch die in der Forschermeinung festsitzende Unvereinbarkeit hellenischer und indischer Wirklichkeitsdeutung in sich zusammensinken wird. Der Versuch, einige zentrale Lehrgehalte subkontinental-östlicher Weltanschauungen zum Zwecke eines intensiveren Vergleichs an einigen Stellen ihren sachlichen mediterran-westlichen Pendants direkt gegenüberzustellen, soll die größtmögliche intellektuelle Durchdringung der Grundannahmen dieser Frühphase beider Traditionen gewährleisten. Mit der diesen Teilband abschließenden Einbeziehung mythisch-metaphysischer Spekulationen der frühen abendländischen Mysterienweisheit (Orphik, Pythagorik) wird nicht nur auf den Boden verwiesen, in dem die Anfänge der griechischen Philosophie in beträchtlichem Maße wurzeln, und damit der sogenannte Übergang vom Mythos zum Logos als ein Übergang vom Mythos zu einem ganz speziellen Mythos, vielleicht sogar vom Logos zum Logos erwiesen, sondern auch die Verwandtschaft mit dem Kultwesen und -wissen des Alten Orients aufgezeigt, das uns unter dem Aspekt der ältesten derzeit bekannten überlieferten Berichte über die Weltentstehung im nächsten Faszikel beschäftigen wird.

Von zeitlich späteren Spekulationen im Dunstkreis des Orients gehen wir auf die nach der jetzigen Geschichtsauffassung (die man nicht teilen muß) frühesten Zeugnisse der Welterklärung im Alten Orient zurück, dessen kosmogonische Mythen. Von den meisten ihrer Deutungen bis auf den heutigen Tag unterscheidet sich meine Rückschau dadurch, daß sie diese nicht vom arroganten Gipfelpunkt einer erfundenen evolutionären Wissensentfaltung aus, von oben herab also, als primitive Ausdrucksformen der menschlichen Bewußtwerdung zum Objekt kulturdünkelhaften Forschungseifers macht, sei er (wissenschafts-)historisch, psychologisch oder sonstwie motiviert, sondern als Objektivierung der (noch) nicht reflektierten, d.h. noch nicht auf ihre Gültigkeit hin geprüften, doch sich in der Intuition dennoch Ausdruck verschaffenden Struktur der Erkenntnis und des in ihr Erkannten, wie sie sich philosophisch begründet durch Ausführung eines mehrfach metatheoretischen Rückkopplungsprozesses als dessen re–flektorisches Resultat absetzt. Damit soll und kann aufgezeigt werden, daß einige dieser Erzählungen vom ‚Anfang' und ‚Es war einmal' hohen intellektuellen Anforderungen genügen und zeit- wie ortloses Wissen auf eine ganz spezifische Weise transportieren.

Vergleicht man neueste astrophysikalische ‚Erklärungen' der Entstehung des Universums rein formal, will sagen strukturell, mit den Eingebungen der Schöpfer dieser Schöpfungsgeschichten, so wird der unvoreingenommene Betrachter feststellen, daß sich beide, das ist jetzt natürlich pointiert gesprochen, eigentlich nur hinsichtlich der mathematischen Darstellungsweise unterscheiden. Möge man sich doch einmal die Mühe machen und die jeweils benutzte Terminologie, in der sich der kategoriale Aufbau des jeweiligen Gedankenkonstrukts artikuliert, sammeln und vergleichen. Bei den neuen fehlt leider meist die Strukturierung nach noologischen Prinzipien. Das läßt sich entlang meiner Ausführungen zu Genesis-Überlieferungen aus Babylonien, Ägypten, Phönikien und Israel, wie einiger Mythologeme und Philosopheme Griechenlands prüfen. In welchem Verhältnis dazu man die Erschaffung des Kosmos sehen kann, wie sie Platon im ›Timaios‹ berichtet, und wie dazu wiederum die Schöpfung aus dem Nichts (*creatio ex nihilo*) des Hl. Augustinus steht, damit wird diese, der Philosophie vorausgehende, in sie hineinwirkende, sie womöglich hervorbringende Thematik, entfaltet im Faszikel II/3, abgerundet.

Im darauffolgenden Band II/4 geht es um die metaphysischen Prinzipienlehren der Alten Akademie samt Peripatos mit einigen Zusatzinformationen zur Stoa. Da es sich bei den Alt-

Akademikern um Meister prinzipientheoretischer Überlegung handelt, führt diese Studie in die Feinheiten des Strukturdenkens, das durch spätere Entwicklungen kaum übertroffen und durch welches augenfällig wird, daß der theoretische Ansatz, der von mir verfolgt wird, von der Antike an, zeitlos, in vollem Maße gedeckt ist. Der hauptsächliche Unterschied zu meiner Vorgehensweise liegt in der damaligen Fokussierung auf das Denkakt-Resultat, gemeinverständlich ausgedrückt, den Erkenntnisgegenstand, und komplementär dazu in einer gewissen Vernachlässigung der exakten Thematisierung, d.h. bruchlosen methodischen Kontrolle der durchgeführten Reflexionsschritte. Selbstverständlich wird im Mittelpunkt der Betrachtung die Lehre von der Seins- und Wahrheitsstufung Platon's stehen.

Bedeutend und erstaunlich, in der Forschung zwar schon berücksichtigt, im allgemeinen Gelehrtenbewußtsein jedoch kaum beachtet, geschweige denn in breiteren Kreisen von Interessierten zur Kenntnis genommen, ist deren Ausgestaltung bei seinem Nachfolger, seinem Neffen Speusippos (ca. 407-339). Auch zu dessen Entwurf, der von einigen hervorragenden Platonismus-Forschern aus Fragmenten rekonstruiert wurde und wird, und im Vergleich zu Xenokrates aus Kalkedon (um 396-314), dem nächsten Scholarchen, habe ich einige Gedanken hinsichtlich der Schichtung des jeweiligen BewußtSeins-Konstrukts anzumerken. Die Einschätzung der Metaphysik von Aristoteles, einem langjährigen Mitglied der Akademie, ist demgegenüber prekär, da er von den Modellen seiner ehemaligen Kollegen deutlich abweicht. Nichtsdestotrotz läßt sich auch aus seinem Werk oder dem, was man dafür hält, die Signatur altakademischer Prinzipientheorie herauslesen. Mit welchen, sich an die re-flexionsstrukturelle Methode anlehnenden hermeneutischen Kunstgriffen das zu bewerkstelligen ist, daran lasse ich die Leser im anschließenden Kapitel teilhaben. Daß die Stoiker insbesondere in der Epistemologie nicht weit von den formalen Vorgaben der Alten Akademie und des Lykeion entfernt waren, was unter anderem daran liegen dürfte, daß auch sie vom allgemeinmenschlichen Vermögen der Kognition auszugehen hatten – ein kurzer Abriß dazu wird das Buch abschließen.

Doxographisch abwechslungsreich wird es im Faszikel II/5 zugehen. In ihm werden als heterogen geltende Lehrbestände der späthellenistischen Gedankenentwicklung auf ihren gemeinsamen Nenner, die GeistWelt-Lehren der Klassiker der griechischen Philosophie, gebracht. Man könnte diese Phase hellenischen Denkens, in der es sich über den gesamten mittelmeerischen Raum ausbreitete, seine Orientalisierung nennen, waren die Protagonisten und Hauptrichtungen dieser Bewegung doch zu einem beträchtlichen Teil im Morgenland beheimatet oder kombinierten bzw. rechtfertigten östlich-religiöse Weltanschauungen mit argumentativ Bewährtem griechischen Denkens. Wieder stehen wir vor dem Phänomen abendländischer Philosophie im Dunstkreis der Orients, wenn auch in anderer Hinsicht. Dieser Tatbestand stellt umgekehrt natürlich auch eine philosophische Hellenisierung gewisser Regionen des Orients dar. Systematisch läßt sich dieses Phänomen unter der Rubrik Hypostasenspekulation verzeichnen. Daß es sich bei den »Hypostasen« nicht nur und vielleicht nicht einmal genuin um eine Kategorie des ‚heidnischen' Neoplatonismus handelt, der die systematisch anspruchsvollsten der in diesem Teilband thematisierten Überlegungen zur Kognitionsstruktur anstellte, darüber werden Kapitel zum jüdischen, christlichen und heidnischen Mittelplatonismus, zum ›Neuen Testament‹, Neupythagoreismus, zur mediterran-orientalischen Esoterik (Gnosis, Chaldaik, Hermetik) und zu einigen frühen philosophierenden Kündern des christlichen Glaubens Auskunft geben.

Von den bis hierhin behandelten okzidental-orientalischen Prinzipienspekulationen aus knüpfen wir an die Thematik des Beginns unserer Studie zu Archetypen der nach heutiger Historio-Doxographie grundlegenden Philosophien von Hellas

(Vorsokratiker) und Bhārata (Vedānta) wieder an, indem wir uns im Faszikel II/6 zur Philosophie in Indien zunächst den ältesten und prägenden Schichten der Mytho-Metaphysik Südasiens zuwenden. Konkret geht es dabei um die re-flexionsstrukturelle Auslegung der beiden für die Herausbildung des späteren streng-rationalen indischen Denkens wichtigsten kosmogonischen Hymnen (*bhāva-vṛtta*) des Veda, dem Nāsadīya-Sūkta, ›Ṛg-Veda 10.129‹, und dem Puruṣa-Sūkta, ›Ṛg-Veda 10.90‹. Anschließend daran wird das Prinzip in den Blickpunkt gerückt, das in Mythos und Metaphysik das Absolute in der Relativität manifest (wahrnehmbar) werden läßt, der Geist als Informations-, Energie- und Materialisationsprinzip, der/das auch in außerindischen Weisheits- und Denktraditionen oft mit ‚Sprache' (skr. *vāk* / gr. *lógos*) oder dem Benennen (skr. *nāma* / chin. 名 *míng* / gr. *ónoma*) in Verbindung gebracht wird, welche das Geistige artikulieren, d.h. gegliedert zum Ausdruck bringen (vgl. lat. *artus, articulus*).

Es folgen Ausführungen zur Vierfüßigkeit/Vierfältigkeit des GeistWelt-Wesens im philosophisch strengeren Sinne des Vedānta mit Bemerkungen zu einigen hierfür relevanten Feingliederungs-Elementen der Hindu-Tradition, um schließlich den Buddhismus sowohl in seiner Theravāda- als auch in seiner Mahāyāna-Ausrichtung auf einen äquivalenten Prinzipienaufbau hin zu durchgehen. Hierbei stehen die Theorien von den Vier Füßen/Vierteln (*catuṣ-pād*) des Urgeists oder den Vier Bewußtseinszuständen (*avastha/sthāna*) im Vedānta und den in Analogie dazu stehenden GeistWelt-Gebäuden (*tri-loka/trai-lokya/tri-dhātu*) des Theravāda wie die Lehre von den Drei Ansich-Seienden oder Wesensgliedern (*tri-svabhāva*) plus drei Modifikationen (*pariṇāma*) des Nur-Bewußtseins (*citta-mātratā, vijñāna-mātratā, vijñapti-mātratā*), insgesamt ein Quadrupel bildend, des Vijñānavāda- oder Yogācāra-Buddhismus, im systematischen Zentrum.

In diesem sind ausgefeilte Gedanken einer metaphysischen

Prinzipienlehre nachzuweisen. Analogien zum Mittel- und Neuplatonismus sind dabei derart auffällig, daß man geneigt sein könnte, kulturelle Einflüsse anzunehmen, die aus historischen Erwägungen heraus vom Westen auf den Osten postuliert werden müßten. Weil aussagekräftige Dokumente dazu bisher nicht gefunden wurden, war eine Beschränkung auf die Darstellung einiger verblüffender Ähnlichkeiten von Argumentationsgebilden angezeigt, die mit Hilfe der Zusammenstellung eines Vergleichsschemas zum Vedānta, Vijñānavāda, Platonismus und der Kabbala aus der Forschungsliteratur mit einer hohen systemischen Plausibilität versehen werden konnten.

Nach wenigen umrißhaften Bemerkungen zum Tantrismus folgen dann drei ausführliche Kapitel über Folgegedanken zu den vorausgehenden prinzipientheoretisch orientierten Rekonstruktionen indischer Metaphysik. Eines zur vergleichenden Drei(ein)heits-Spekulation indischer und christlicher Geisttheorie. Das nächste handelt von der Anwendung noologischer Dreier- oder Vierer-Schemata zur Graduierung verschiedener Wirklichkeitsbereiche, wie sie die Griechen als auch die Inder vornahmen. Durch den Aufweis des Zusammenhangs reiner Kognitionsmodelle mit einigen ihrer Ausdrucks- und Anwendungsformen, Gesellschaftsklassen, Menschentypen, Lebensformen, Seelenfunktionen usw., für die sie hintergründig als Leitbilder dienen, wird zudem auf den Umstand aufmerksam gemacht, daß sie unser Welt- und Selbstverständnis prägen, ohne als solche wahrgenommen zu werden. Hierzu werde ich auch die auffälligsten Platonischen Parallelen heranziehen. Zur Einsicht in derartige Entsprechungen sind (intra- wie interkulturell) allerdings Erfahrung im abstrakten Strukturerkennen und Sensibilität für spekulative Ausgestaltungen, die nicht starr verharren, sondern in lebendiger Flexibilität um den formal vorgegebenen, reflektorisch aufzufindenden und dieserart definitorisch festzulegenden Mittelwert oszillieren, erforderlich, nicht nur die mechanische Anwendung denkerisch-logischen

Rechnens und Schematisierens, aber auch nicht nur Historio-Doxographie, die den Wahrheitsanspruch in dem von ihr Berichteten ignoriert und nivelliert und die existentielle Bedeutung dieser Philosophien für uns hier und heute damit verdeckt wird.

Um die Frage nach dem Zusammenhang zwischen philosophischer Theorie und Praxis, dem Reflektieren und speziell dem ureigenen philosophischen Vollzug der Geistesschulung, ist es uns im abschließenden Kapitel zu tun. Diese stellen wir nicht nur hinsichtlich der allenthalben festzustellenden Parallelität von Erkenntnisstruktur und paideutisch-meletischer Methode (skr. *sādhana*) dar, wobei die Antwort eindeutig ist, sondern auch hinsichtlich der aus dem Traditionsbestand ableitbaren Vermutung, daß die denkerisch oft unerklärliche und unverhältnismäßig erscheinende Differenziertheit von Prinzipienlehren mit dem Einsatz dieser für die spirituell-kontemplative Praxis einhergeht. Die Antwort darauf wird mehr oder weniger dem Interessierten selbst überlassen. Um sie ihm zu erleichtern, werden natürlich auch dazu Belege aus der antiken Philosophie, West und Ost, geliefert (für China in der folgend kurzcharakterisierten Studie).

Im Abschlußfaszikel II/7 wage ich mich auf ein Forschungsfeld vor, zu dem ich zwar seit Jahrzehnten eine Art Liebhaberverhältnis pflege, das ich wissenschaftlich bis vor einiger Zeit aber nur aus sekundären Quellen beackert und in meinen veröffentlichten Studien nur marginal ins Spiel gebracht habe: die chinesische Philosophie in ihrer daoistischen Ausprägung. Im voraus bestätigt durch die Pionierarbeit dreier Sinologen, eines deutschen aus der früheren Zeit dieses Forschungszweigs, eines japanischen und einer französischen Sinologin, der bzw. die bis vor kürzerem wirkte, lege ich mit dieser Studie eine re-flexionsstrukturelle Interpretation des Daoismus aus den Originalen vor, in welcher nicht nur offensichtlich wird, daß dessen Seinsstaffelung: 道 (*dào* / Weg) und dessen drei Stadien der Vergegenständlichung: 德 (*dé* / Taugen, Wirkkraft, Geist), 天地 (*tiān dì* / Himmel-und-Erde) und 萬物 (*wàn wù* / die 10000 Dinge) in vollkommenem Einklang mit den Stufenmodellen des Platonismus, des Vedānta und des Mahāyāna steht, sondern daß diese, wie bei jenen, eine exakte Entsprechung im menschlichen Erkenntnisvermögen hat. Subjektives wie Objektives weisen gleichartige Hierarchien, korrelierende Kontraktions- wie Distraktionsgrade der Manifestation auf. Wir alle kennen den Spruch aus der westlichen Erbauungsliteratur, der für antike daoistische Weisheitsbestrebungen jedoch allen Ernstes gilt: wie der Mikrokosmos, so der Makrokosmos. Die Wiederherstellung der ursprünglichen Vollkommenheit des Weisen (聖人 *shèng rén*) ist, was uns in grauer Vergangenheit kaum weniger eindeutig ins geistige Stammbuch geschrieben wurde, mit ihrer Zurückführung, Zurückbildung oder Zurücknahme zu vollbringen. Dadurch ist die existentielle und soteriologische Relevanz altchinesischer Philosophie wie von selbst als mit den altgriechischen und altindischen Vorstellungen übereinstimmend demonstriert. An diese Ausführungen füge ich noch eine Zugabe: den unfaßbaren hochspekulativen Versuch, drei Passus aus dem »Dào-dé-jīng« so zu deuten, daß sie als Beschreibung des internen Dreiphasen-Gefüges des reinen Geistes aufgefaßt werden können, wie es im Platonismus mit der Trias νοῦς – νόησις – νοητόν (*noũs – nóēsis – noētón* = Geist – Geisteinsicht – geistig Eingesehenes) expliziert und im Vedānta wie Vijñānavāda wenigstens feststellend bisweilen unter der Bezeichnung *tri-puṭī/trika-sannipāta* geltend gemacht wird.

Das Gesamtwerk ›Widerspiegelung des Geistes II‹ schließe ich anstelle eines Totalrückblicks mit der Abbildung eines US-amerikanischen Religionswissenschaftlers ab. Diese stellt die Vier-Prinzipien-Spekulationen des Judentums, Christentums, Islam, des Hinduismus, Buddhismus und der chinesischen Religionsauffassung als Durchschnittswerte kommentarlos entlang von Graden der Realität (Objektseite) als auch des Selbst

(Subjektseite) in einer Weise graphisch dar, daß sie, wenn auch mit geringfügigen Abweichungen von meiner Tetraktystik, als Synopse und Schlußbetrachtung der 7-bändigen Studie hier gelten kann und auch gelten soll.

Literatur

Aischylos: ⟨ed./tr.⟩ Werner, Oskar: Tragödien und Fragmente (gr./dt.), München 1959

Andreski, Stanislav: Die Hexenmeister der Sozialwissenschaften. Mißbrauch, Mode und Manipulation einer Wissenschaft, München 1974 (engl. Originalausg. London 1972)

App, Urs: The Birth of Orientalism. Encounters with Asia, Philadelphia/PA et al. 2010

App, Urs: The Cult of Emptiness. The Western Discovery of Buddhist Thought and the Invention of Oriental Philosophy, Rorschach–Kyoto 2012

Aristoteles: De anima (gr./dt.), ⟨tr.⟩ Seidl, Horst, ⟨edd.⟩ Biehl, Wilhelm / Apelt, Otto: Über die Seele, Hamburg 1995

Aristoteles: Metaphysica, 2 Halbbde. (gr./dt.), ⟨ed.⟩ Seidl, Horst, ⟨tr.⟩ Bonitz, Hermann, Hamburg [3]1989 & [2]1984

Aristoteles: Metaphysica (gr./engl.),⟨ed./tr.⟩ Tredennick, Hugh (Loeb Classical Library: Aristotle, Vols. 17–18), Cambridge/MA–London 1968, 1977 (Repr. d. Ausg. [1]1933–1935)

Aristoteles: Protreptikos (gr./dt.), ⟨ed./tr.⟩ Düring, Ingemar, Frankfurt/M. 1969

Babbage, Charles: Reflections on the Decline of Science in England, London 1830 (Nachdr. Farnborough 1969)

Bartlett, Steven J.: Philosophy as Ideology, in: Metaphilosophy 17 (1986), Oxford, 1–13

Baumgartner, Hans Michael: Über die Widerspenstigkeit der Vernunft, sich aus der Geschichte erklären zu lassen, in: ⟨ed.⟩ Poser, H.: Wandel des Vernunftbegriffs, München–Freiburg 1981, 39–64

Baumgartner, Hans Michael: Von der Möglichkeit, das Agathon als Prinzip zu denken. Versuch einer transzendentalen Interpretation zu Politeia 509b, in: ⟨ed.⟩ Flasch, Kurt: Parusia (Festgabe für Joh. Hirschberger), Frankfurt/M. 1965, 89–101

Bayle, Pierre: Dictionaire Historique et Critique, 3 tomes. Revue, corrigée & augmentée par l'Auteur, Rotterdam [2]1702 (Amsterdam [1]1697)

Bayle, Pierre: Dictionaire Historique et Critique, 4 tomes, revue, corrigée, et augmentée. Avec la vie de l'auteur, par Mr. Des Maizeaux, Amsterdam–Leide–La Haye–Utrecht [5]1750

Bayle, Pierre: Herrn Peter Baylens, weiland Professor der Philosophie und Historie zu Rotterdam, Historisches und Critisches Wörterbuch, 4 Bde., ⟨tr.⟩ Gottsched, Johann Christoph, übersetzt n. d. Aufl. v. 1740, Hildesheim–New York 1974–1978 (Nachdr. d. Aufl. 1741-1744)

Beierwaltes, Werner: Heideggers Gelassenheit, in: ⟨ed.⟩ Enskat, Rainer: Amicus Plato magis amica veritas. Festschrift für Wolfgang Wieland zum 65. Geburtstag, Berlin–New York 1998, 1-35

Beierwaltes, Werner: Procliana. Spätantikes Denken und seine Spuren, Frankfurt/M. 2007

Berlinerblau, Jacques ⟨ed.⟩: Heresy in the University. The *Black Athena* Controversy and the Responsibilities of American Intellectuals, New Brunswick/NJ–London 1999

Bernal, Martin: Black Athena, 3 Vols., London 1987-2006

Bernal, Martin: Black Athena Writes Back. Martin Bernal Responds to His Critics, ⟨ed.⟩ Moore, David Chioni, Durham–London 2001

Bhattacharya, Kamaleswar: L'*ātman-brahman* dans le Bouddhisme ancien, Paris 1973

van Binsbergen, Wim M. J. ⟨ed.⟩: *Black Athena*: Ten Years after, Talanta, Proceedings of the Dutch Archaeological and Historical Society 28/29 (1996/97), Amsterdam 1997

Blau, Ulrich: Die Logik der Unbestimmtheiten und Paradoxien, Heidelberg 2008

Bradley, Francis Herbert: The Principles of Logic, 2 vols., London [2]1928 ([1]1883)

Broad, William / Wade, Nicholas: Betrug in der Wissenschaft, Basel–Boston–Stuttgart 1984 (engl. Originalausg. New York 1982)

Candrakīrti: Nāgārjuna, Mūlamadhyamaka-Kārikā, ⟨ed.⟩ de la Vallée Poussin, Louis: Mūlamadhyamakakārikās de Nāgārjuna avec la Prasannapadā Commentaire de Candrakīrti, Osnabrück 1970 (Neudruck d. Ausg. 1903-1913)

Cannon, Garland: Oriental Jones. A Biography of Sir William Jones (1746-1794), London 1964

Caputo, John D.: Mysticism and Transgression: Derrida and Meister Eckhart, in: ⟨ed.⟩ Silverman, Hugh J.: Derrida and Deconstruction, New York–London 1989, 24-39

Cesana, Andreas: Karl Jaspers' Idee der Weltphilosophie und das Problem der Einheit des Denkens, in: ⟨edd.⟩ Schulz, Reinhard / Bonanni, Giandomenico / Bormuth, Matthias: »Wahrheit ist, was uns verbindet«. *Karl Jaspers' Kunst zu philosophieren,* Göttingen 2009, 315-328

Chang Tsung-tung: Indo-European Vocabulary in Old Chinese. A New Thesis on the Emergence of Chinese Language and Civilization in the Late Neolithic Age, Sino-Platonic Papers 7 (1988), Philadelphia/PA, 1-56

Cheney, Margaret: Nikola Tesla. Erfinder, Magier, Prophet. Über ein außergewöhnliches Genie und seine revolutionären Entdeckungen, Düsseldorf ^{5}2005 (engl. Erstausg. Englewood Cliffs/NJ 1981)

Colpe, Carsten: Heidnischer und christlicher Hellenismus in ihren Beziehungen zum Buddhismus, in: Jahrbuch für Antike und Christentum, Ergänzungsband 11 (1984) = Vivarium. Festschrift Theodor Klauser zum 90. Geburtstag, Münster/Westf. 1984, 57-81

Confucius Sinarum Philosophus, sive Scientia Sinensis Latine exposita ..., in: Bibliotheque universelle et historique, tome 7, XIV, ⟨edd.⟩ Le Clerc, Jean / de Lacroze, J. C. / Bernard, Jacques, Amsterdam 1687, 332-390

Confvcivs sinarvm philosopvs, sive Scientia Sinica latine exposita ..., in: Acta Eruditorum (1688), Lipsiae, 254-265

Conze, Edward: Buddhist Prajñā and Greek Sophia, in: Religion 5 (1975), Newcastle-Upon-Tyne–London, 160-167

Conze, Edward: Buddhist Studies 1934-1972, Selected Essays, 1 Doppelband: Thirty Years of Buddhist Studies, 1967 & Further Buddhist Studies, 1975, San Francisco s.a.

Coomaraswamy, Ananda K.: Ṛgveda 10.90.1 *áty atiṣṭhad daśāṅgulám,* in: Journal of the American Oriental Society 66 (1946), New Haven/CT, 145-161

Coomaraswamy, Ananda K.: Bibliography/Index, ⟨ed.⟩ Coomaraswamy, Rama P., Berwick-upon-Tweed 1988

Cornford, Francis Macdonald.: From Religion to Philosophy. A Study in the Origins of Western Speculation, Princeton/NJ–Oxford 1991 (repr. of London [1]1912)

Couplet, Philippus: Proemialis declaratio, in: Intorcetta, Prospero / Herdtrich, Christian / Rougemont, Franciscus / Couplet, Philippus: Confucius Sinarum philosophus sive scientia Sinensis, Parisiis 1687, IX-CXIV

Deussen, Paul: Allgemeine Geschichte der Philosophie, 2 Bde. in 6 Abt., Leipzig 1894-1915

Di Trocchino, Federico: Der große Schwindel. Betrug und Fälschung in der Wissenschaft, Frankfurt/M.–New York 1994 (ital. Erstausg. Milano 1993)

Diels, Hermann / Kranz, Walther: Die Fragmente der Vorsokratiker (gr./dt.), 3 Bde., Zürich–Hildesheim [6]1972-1985 (Nachdr.)

Diogenes Laërtios: De vitis dogmatis et apophthegmatis eorum qui in philosophia claruerunt (gr./engl.), ⟨ed./tr.⟩ Hicks, R. D.: Lives of Eminent Philosophers, 2 Vols., Cambridge/MA–London 1980 & 1979 (viele Nachdrucke)

Dodds, Eric R.: Numenius and Ammonius, in: Les sources de Plotin. Entretiens sur l'antiquité classique, Fondation Hardt, tome 5, Vandœuvres–Genève 1960, 3-61 = Dodds, Eric R.: Numenius und Ammonius, in: Zintzen, Clemens: Der Mittelplatonismus, Darmstadt 1981, 3-32

Dodds, Eric R.: Tradition und persönliche Leistung in der Philosophie Plotins, ⟨tr.⟩ Esser, Dieter, in: ⟨ed.⟩ Zintzen, Clemens: Die Philosophie des Neuplatonismus, Darmstadt 1977, 58-74 = Idem: Tradition and Achievement in the Philosophy of Plotinus, in: Journal of Roman Studies 50 (1960), 1-7

Domański, Juliusz: La philosophie, théorie ou manière de vivre? Les controverses de l'Antiquité à la Renaissance, Fribourg–Paris 1996

Dragonetti, Carmen / Tola, Fernando: Essays on Indian Philosophy in Comparative Perspective, Hildesheim–Zürich–New York 2009

Dragonetti, Carmen / Tola, Fernando: On the Myth of the Opposition between Indian Thought and Western Philosophy, Hildesheim–Zürich–New York 2004

Dudenredaktion unter der Leitung von Grebe, Paul: Der Große Duden, Bd. 1: Duden Rechtschreibung der deutschen Sprache und der Fremdwörter, Mannheim–Zürich [16]1967

Dürr, Hans-Peter: Wir erleben mehr als wir begreifen – Naturwissenschaftliche Erkenntnis und Erleben der Wirklichkeit, Vortrag an der Technischen Universität Clausthal vom 28. 05. 2002, TU Clausthal Video Server, https://video.tu-clausthal.de/film/48.html (Stand: 28. 02. 2014)

Dumitriu, Anton: The Logico-Mathematical Antinomies: Contemporary and Scholastic Solutions, in: International Philosophical Quarterly 14 (1974), New York 1974, 309-328

Eckhart ⟨Meister⟩: ⟨ed.⟩ Pfeiffer, Franz: Deutsche Mystiker des 14. Jahrhunderts, Bd. 2: Meister Eckhart, 1. (einzige) Abteilung: Predigten, Traktate. Aalen 1991 (2. Neudruck d. Ausg. Leipzig 1857)

Elm, Ralf: Notwendigkeit, Aufgaben und Ansätze einer interkulturellen Philosophie. Grundbedingungen eines Dialogs der Kulturen, Bonn 2001

Enders, Heinz Werner: Saarnios epistemische Notation, „Lambertinis Kalkül“ und das Interpretationsproblem. Zur Grundlegung logisch-linguistischer Sprach-Analysen, Dettelbach 1996

Ercivan, Erdogan: Gefälschte Wissenschaft. Wie Wissenschaft Wissen schafft, Rottenburg 2004

Falk, Gerhard: FRAUD. *Deceit among Scientists, Academics, Writers, and Philanthropists,* Lanham/MD et al. 2007

Festugière, André Jean: Contemplation et vie contemplative selon Platon, Paris [4]1975 ([1]1936)

Feuerbach, Ludwig: Gesammelte Werke, Bd. 4: Pierre Bayle. Ein Beitrag zur Geschichte der Philosophie und Menschheit, ⟨ed.⟩ Harich, Wolfgang, Berlin 1967

Fichte, Johann Gottlieb: Fichtes Werke, 11 Bde., ⟨ed.⟩ Fichte, Immanuel Hermann, Berlin 1971 (Nachdruck der Sämmtlichen Werke von 1834/35 & Nachgelassenen Werke von 1845/46)

Fichte, Johann Gottlieb: Gesamtausgabe der Bayerischen Akademie der Wissenschaften, 42 Bde., ⟨edd.⟩ Lauth, Reinhard / Gliwitzky, Hans / Fuchs, Peter / Schneider, Peter K., Stuttgart-Bad Cannstatt 1962-2012

Finetti, Marco / Himmelrath, Armin: Der Sündenfall. Betrug und Fälschung in der deutschen Wissenschaft, Stuttgart et al. 1999

Fischer, Klaus: Außenseiter der Wissenschaft. Besichtigung einer

Lebenslüge kollektiv organisierter Wissenschaft, in: Forschung & Lehre 13 (2006), Bonn, 560-563

Fischer, Ernst Peter: Vorwort zu: Halton C. Arp, Der kontinuierliche Kosmos, in: ⟨ed.⟩ Fischer, Ernst Peter: Neue Horizonte 92/93. Ein Forum der Naturwissenschaften, München 1993, 112

Fischer, Klaus: Wahrheit, Konsens und Macht. Systemische Codes und das prekäre Verhältnis zwischen Wissenschaft und Politik in der Demokratie, in: Idem / Parthey, Heinrich: Gesellschaftliche Integrität der Forschung. Wissenschaftsforschung Jahrbuch 2005, Berlin 2006, 9-58

Flasch, Kurt: Meister Eckhart. Philosoph des Christentums, München 2010

Fölsing, Albrecht: Der Mogelfaktor. *Die Wissenschaftler und die Wahrheit,* Hamburg–Zürich 1984

Frenkian, Aram M.: L'Orient et les origines de l'idéalisme subjectif dans la pensée européenne, tome 1: La doctrine théologique de Memphis (L'inscription du roi Shabaka), Paris 1946 (weitere Bände sind nicht erschienen)

von Fritz, Kurt: Die Rolle des ΝΟΥΣ, in: ⟨ed.⟩ Gadamer, Hans-Georg: Um die Begriffswelt der Vorsokratiker, Darmstadt 1968, 246-363

Fromm, Erich: Haben oder Sein. Die seelischen Grundlagen einer neuen Gesellschaft, München [5]1980 (engl. Originalausg. New York et al. 1976)

Gabriel, Leo: Einführung in indisches Denken, in: Frauwallner, Erich: Geschichte der indischen Philosophie, Bd. 1, Salzburg 1953, XI-XLIX

Galloway, Brian: Some Logical Issues in Madhyamaka Thought, in: Journal of Indian Philosophy 17 (1989), Dordrecht–Boston, 1-35

Gangadean, Ashok K.: Between Worlds. The Emergence of Global Reason, New York et al. 1998

Gangadean, Ashok K.: Meditations of Global First Philosophy. *Quest for the Missing Grammar of Logos,* Albany/NY 2008

Gangadean, Ashok K.: Meditative Reason. Toward Universal Grammar, New York et al. 1993

von Glasenapp, Helmuth: Das Indienbild deutscher Denker, Stuttgart 1960 von Glasenapp, Helmuth: Kant und die Religionen des Ostens, Kitzingen/Main 1954

Görres, Joseph [von]: Gesammelte Schriften, Bd. 5: Mythengeschichte der asiatischen Welt, ⟨ed.⟩ Kirfel, Willibald, Köln 1935 (Heidelberg [1]1810)

Goldenberg, Daniel S.: A Comparative Analysis of Wittgenstein's 'Tractatus' and Saṃkara's Advaita Vedānta with an Introduction to the Logic of Comparative Methodology, University of Hawaii 1977 (Phil. Diss.), University Microfilms International, Ann Arbor/MI–London 1979

Graneß, Anke: Interkulturelles Philosophieren?, in: Der blaue Reiter 11 (2000), Stuttgart, 93-96

Green, John: A New General Collection of Voyages and Travels: Consisting of the most Esteemed Relations, which have been hitherto published in any Language: ..., 4 vols., London 1745-1747

Grill, Julius ⟨tr.⟩: Lao-tszes Buch vom höchsten Wesen und vom höchsten Gut (Tao-tĕ-king), Tübingen 1910

Grundgesetz für die Bundesrepublik Deutschland, ⟨ed.⟩ Deutscher Bundestag, https://www.bundestag.de/grundgesetz, http://www.gesetze-im-internet.de/bundesrecht/gg/gesamt.pdf (Stand: 24. 01. 2016)

Guénon, René: Die Krisis der Neuzeit, ⟨tr.⟩ Otto, Martin, Köln 1950 (frz. Originalausg. Paris 1927)

Guénon, René: East and West, ⟨tr.⟩ Lings, Martin, Ghent/NY 2001 (frz. Originalausg. Paris [1]1924)

Guénon, René: Études sur l'hindouisme, Paris 1989 (nouvelle éd., [1]1966)

Guénon, René: Introduction générale à l'étude des doctrines hindoues, Paris [5]1987 ([1]1921)

Guénon, René: Introduction to the Study of the Hindu Doctrines, ⟨tr.⟩ Pallis, Marco, New Delhi 1993 (engl. Erstausg. 1945)

Guénon, René: L'Homme et son devenir selon le Vêdânta, Paris 1941 ([1]1925)

Guénon, René: La crise du monde moderne, Paris 1973 ([1]1927)

Guénon, René: La Grande Triade, Paris 1957 ([1]1946)

Guénon, René: Les états multiples de l'être, Paris 1932

Guénon, René: Man and His Becoming According to the Vedānta, ⟨tr.⟩ Nicholson, Richard C., Hillsdale/NY 2001 (frz. Originalausg. Paris 1925)

Guénon, René: Orient et Occident, Paris 1987 ([1]1924)

Guénon, René: Studies in Hinduism, ⟨tr.⟩ Kesarcodi Watson, Ian, New Delhi 2002

Guénon, René: Stufen des Seins. Die Vielzahl der Welten, Freiburg/Br. 1987 (gekürzte Ausg. der frz. Ausg. Paris 1980)

Guénon, René: The Great Triad, ⟨tr.⟩ Kingsley, Peter, Cambridge 1991 (frz. Originalausg. Paris 1946)

Günther, Gotthard: Beiträge zur Grundlegung einer operationsfähigen Dialektik, 3 Bde., Hamburg 1976–1980

Haas, Alois M.: »...das Letzte unserer Sehnsüchte erlangen.« Nikolaus von Kues als Mystiker, Trier 2008

Haas, Alois M.: Mystik als Aussage. Erfahrungs-, Denk- und Redeformen christlicher Mystik, Frankfurt/M.–Leipzig [1]2007 (Neuausgabe mit neuer Paginierung der Erstauflage [1]1996)

Haas, Alois M.: Mystik im Kontext, München 2004

Haas, Alois Maria: Wind des Absoluten. Mystische Weisheit der Postmoderne?, Freiburg 2009

Hadot, Pierre: Exercices spirituels et philosophie antique, Paris 1981

Hadot, Pierre: Philosophie als Lebensform. Geistige Übungen in der Antike, Berlin 1991

Hadot, Pierre: Wege zur Weisheit oder Was lehrt uns die antike Philosophie?, Frankfurt/M. 1999

Halbfass, Wilhelm: Indien und Europa. Perspektiven ihrer geistigen Begegnung, Basel–Stuttgart 1981

Halfwassen, Jens: Geist und Selbstbewußtsein. Studien zu Plotin und Numenios, Abhandlungen der Geistes- und Sozialwissenschaftlichen Klasse der Akademie der Wissenschaften und der Literatur, Mainz, Jg. 1994, Nr. 10, Stuttgart 1994

Halfwassen, Jens: Metaphysik als Denken des Ganzen und des Einen im antiken Platonismus und im deutschen Idealismus, in: Gebhardt, Hans / Kiesel, Helmuth: Weltbilder, Berlin–Heidelberg 2004, 263–283

Heidegger, Martin: Der Satz vom Grund, Pfullingen [5]1978 ([1]1957)

Heidegger, Martin: „Nur noch ein Gott kann uns retten“. Spiegel-Gespräch mit Martin Heidegger am 23. September 1966, in: Der Spiegel, 30. Jg., 23 (1976), Hamburg 31. Mai 1976, 193, 196, 198-199, 201, 204, 206, 209, 212, 214, 217, 219

Heidegger, Martin: Vorträge und Aufsätze, Pfullingen [5]1985 ([1]1954)

Heidegger, Martin: Was heißt denken?, Tübingen [3]1971

Heidegger, Martin: Wegmarken, Frankfurt/M. [2]1978 ([1]1967)

Heidegger, Martin: Zollikoner Seminare. Protokolle – Gespräche – Briefe, ⟨ed.⟩ Boss, Medard, Frankfurt/M. 1987

Holenstein, Elmar: Komplexe Kulturen, in: ⟨edd.⟩ Yousefi, Hamid Reza / Fischer, Klaus: Wege zur Philosophie. Grundlagen der Interkulturalität, Nordhausen 2006, 175-196

Holenstein, Elmar: Vergleichende Kulturphilosophie. Chinesische Bilder, japanische Beispiele, schweizerische Verhältnisse, in: ⟨edd.⟩ Mall, Ram Adhar / Lohmar, Dieter: Philosophische Grundlagen der Interkulturalität, Amsterdam–Atlanta 1993, 123-146

Q. Horatius Flaccus: Satiren · Briefe, Sermones · Epistulae (lat./dt.), ⟨ed.⟩ Fink, Gerhard, ⟨tr.⟩ Herrmann, Gerd: Düsseldorf–Zürich 2000

Ihde, Don: Experimental Phenomenology. An Introduction, Albany/NY 1986

Intorcetta, Prospero / da Costa, Ignatio: Sapientia Sinica exponente P. Ignatio a Costa Lusitano Soc. les. à P. Prospero Intorcetta Siculu eiusd. soc. orbi proposita‹, Kién Chām [Jiànchāng] in urbe Sinarū, Prouincia Kiām Sī [Jiāngxī] 1662

Intorcetta, Prospero / Herdtrich, Christian / Rougemont, Franciscus / Couplet, Philippus: Confucius Sinarum philosophus sive scientia Sinensis, Parisiis 1687

von Ivánka, Endre: Dionysius Areopagita: Von den Namen zum Unnennbaren, Einsiedeln [2]1981

Izutsu, Toshihiko: Creation *and the* Timeless Order *of* Things. Essays in Islamic Mystical Philosophy, Ashland/OR 1994

Izutsu, Toshihiko: Sufism and Taoism. A Comparative Study of Key Philosophical Concepts, Berkeley–Los Angeles–London 1984 (rev. ed. of A Comparative Study of the Key Philosophical Concepts in Sufism and Taoism, 2 Vols., Tokyo 1966-1967)

Izutsu, Toshihiko: Toward a Philosophy of Zen Buddhism, Boulder/CO 1982 (reprint; iranische Erstausgabe Teheran 1977)

Jacobson, Nolan P.: The Possibility of Oriental Influence in Hume's Philosophy, in: Philosophy East and West 19 (1969), Honolulu/HI, 17-37

Jaspers, Karl: Aneignung und Polemik. Gesammelte Reden und Aufsätze zur Geschichte der Philosophie, ⟨ed.⟩ Saner, Hans, München 1968

Jaspers, Karl: Einführung in die Philosophie. Zwölf Radiovorträge, München–Zürich [27]1988 ([1]1953)

Jaspers, Karl: Notizen zu Martin Heidegger, ⟨ed.⟩ Saner, Hans, München–Zürich [3]1989 ([1]1978)

Jaspers, Karl: Philosophische Autobiographie, München 1977 (erweiterte Neuausgabe)

Jaspers, Karl / Bultmann, Rudolf: Die Frage der Entmythologisierung, München 1954

Jones, William: The Works of Sir William Jones in six Volumes, London 1799

Jung, Joachim: Der Niedergang der Vernunft. Kritik der deutschsprachigen Universitätsphilosophie, Frankfurt/M.–New York 1997

Kant, Immanuel: Werke in 10 Bänden, ⟨ed.⟩ Weischedel, Wilhelm, Darmstadt 1983 (Sonderausgabe)

Kaplan, Robert: Die Geschichte der Null, München [5]2005 (engl. Originalausg. London 1999)

Kazanas, Nicholas: The Dialogues of Plato and the Upaniṣad-s, Chennai 2005

Kazanas, Nicholas: Greek Philosophy up to Aristotle, in: ⟨ed.⟩ Pande, G. C. in association with Tripathi, D. N.: A Golden Chain of Civilizations: Indic, Iranic, Semitic and Hellenic up to C. 600 BC, History of Indian Science, Philosophy and Culture in Indian Civilization, Vol. 1.4, New Delhi 2007, 902-947

Kingsley, Peter: The Paths of the Ancient Sages: A Sacred Tradition Between East and West, in: ⟨ed.⟩ Oldmeadow, Harry: Crossing Religious Frontiers. Studies in Comparative Religion, Bloomington/IN 2010, 43-49 (auch in: Lapis 10 (1999), New York, 63-68)

Kobusch, Theo: Leben im ›Als-Ob‹. Zur Funktion der imaginativen

Übungen in der Philosophie der Antike, in: ⟨ed.⟩ Behrens, Rudolf: Ordnungen des Imaginären. Theorien der Imagination in funktionsgeschichtlicher Sicht, Hamburg 2002, 1-19

Kobusch, Theo: Metaphysik als Lebensform. Zur Idee einer praktischen Metaphysik, in: ⟨ed.⟩ Goris, Wouter: Die Metaphysik und das Gute. Aufsätze zu ihrem Verhältnis in Antike und Mittelalter. Jan A. Aertsen zu Ehren, Leuven 1999, 27-56

Kobusch, Theo: Negative Theologie als praktische Metaphysik, in: ⟨ed.⟩ Olivetti, Marco M.: Théologie négative, Milano 2002, 185-200

Kobusch, Theo / Erler, Michael ⟨edd.⟩: Metaphysik und Religion. Zur Signatur spätantiken Denkens. Akten des Internationalen Kongresses vom 13.-17. März 2001 in Würzburg, München–Leipzig 2002

Kondylis, Panajotis: Wissenschaft, Macht und Entscheidung, in: ⟨ed.⟩ Stachowiak, Herbert: Pragmatische Tendenzen in der Wissenschaftstheorie, Pragmatik, Bd. 5, Hamburg 1995, 81-101

Lacrosse, Joachim: Le rêve indien de Plotin et Porphyre, in: Revue philosophique ancienne 19 (2001), Bruxelles, 79-97

Lauth, Reinhard: Die absolute Ungeschichtlichkeit der Wahrheit, Stuttgart et al. 1966

Lefkowitz, Mary R.: Not out of Africa. How Afrocentrism Became an Excuse to Teach Myth as History, New York 1997

Lefkowitz, Mary R. / Rogers, Guy MacLean: Black Athena Revisited, Chapel Hill/NC–London 1996

Leibniz, Gottfried Wilhelm: Philosophische Schriften, Bde. 2.1-2.2: Essais de Théodicée (frz./dt.), ⟨ed./tr.⟩ Herring, Herbert, Frankfurt/M. 1996 (Erstaugabe Amsterdam 1710)

Lévêque, Pierre: Aurea Catena Homeri. Une étude sur l'allégorie grecque, Paris 1959

Lewy, Hans: Chaldaean Oracles and Theurgy. Mysticism Magic and Platonism in the Later Roman Empire, ⟨ed.⟩ Tardieu, Michel, Paris ^{2}1978 (^{1}1956)

Loy, David: Dead Words, Living Words, and Healing Words. THE DISSEMINATIONS OF DŌGEN AND ECKHART, in: ⟨ed.⟩ Idem: Healing Deconstruction. Postmodern Thought in Buddhism and Christianity, Atlanta/GA 1996, 33-51

Loy, David: Nonduality. A Study in Comparative Philosophy, New Haven–London 1988

Mall, Ram Adhar: Die orthaft ortlose philosophia perennis und der interreligiöse Dialog, in: ⟨edd.⟩ Gehrke, Helmut et al.: Wandel und Bestand. Denkanstöße zum 21. Jahrhundert. Festschrift Bernd Jaspert zum 50. Geburtstag, Paderborn–Frankfurt 1995, 345-353

Mall, Ram Adhar: Die orthaft ortlose philosophia perennis und die interkulturelle Philosophie, in: ⟨ed.⟩ Bonny Duala-M'bedy, Leopold J.: Das Begehren des Fremden. Tagungsbericht 1991 des Kaiserwerther Instituts für Xenologie, Essen 1992, 75-93

Mall, Ram Adhar: Die orthafte Ortlosigkeit der Hermeneutik. Zur Kritik der "reduktiven Hermeneutik", in: Widerspruch. Münchner Zeitschrift für Philosophie 15 (1988), München, 38-49

Mall, Ram Adhar: Essays zur interkulturellen Philosophie, ⟨ed.⟩ Yousefi, Hamid Reza, Nordhausen 2003

Mall, Ram Adhar: Nagarjunas Philosophie interkulturell gelesen, Nordhausen 2006

Mall, Ram Adhar: Philosophie: Vom Denkweg zum Lebensweg unter besonderer Berücksichtigung der indischen Philosophie, in: ⟨ed.⟩ Gethmann, Carl Friedrich: Lebenswelt und Wissenschaft, XXI. Deutscher Kongreß für Philosophie 15. - 19. September 2008 an der Universität Duisburg-Essen, Kolloquienbeiträge, Hamburg 2011, 1023-1038

Mall, Ram Adhar: Philosophie im Vergleich der Kulturen. Interkulturelle Philosophie – eine neue Orientierung, Darmstadt 1995

Mall, Ram Adhar / Hülsmann, Heinz: Die drei Geburtsorte der Philosophie. China · Indien · Europa, Bonn 1989

Mansfeld, Jaap: Die Vorsokratiker (gr./dt.), 2 Bde., Stuttgart 1995-1996 (Nachdr. d. Ausg. 1983-1986)

de Marini, Giovanni Filippo: Histoire novvelle et cvrievse des royavmes de Tvnqvin et de Lao, ⟨tr.⟩ Le Comte, F.-C., Paris 1666

de Marini, Giovanni Filippo: Historia et relatione del Tvnchino e del Giappone, Roma 1665

Masson-Oursel, Paul: Comparative Philosophy, London 2000 (reprint of ^{1}1926; frz. Originalausg. 1923)

Masson-Oursel, Paul: Esquisse d'une théorie comparée du sorite, in:

Revue de métaphysique et de morale 20 (1912), Paris, 810-824

Masson-Oursel, Paul: La philosophie comparée, Paris 1923

Masson-Oursel, Paul: La sophistique. Étude de philosophie comparée, in: Revue de métaphysique et de morale 23 (1916), Paris, 343-362

Masson-Oursel, Paul: Le fait métaphysique, Paris 1941

McEvilley, Thomas: The Shape of Ancient Thought: Comparative Studies in Greek and Indian Philosophies, New York 2002

Mehta, Jarava Lal: Heidegger and the Comparison of Indian and Western Philosophy, in: Philosophy East and West 20 (1970), Honolulu/HI, 303-318

Mistry, Freny: Nietzsche and Buddhism. Prolegomenon to a Comparative Study, Berlin–New York 1981

Mohanty, Jitendra Nath: Classical Indian Philosophy, Lanham/MD et al. 2000

Mohanty, Jitendra Nath: Essays on Indian Philosophy, ⟨ed.⟩ Bilimoria, Prushottama, New Delhi–Oxford et al. 2003 ([1]1993)

Mohanty, Jitendra Nath: Reason and Tradition in Indian Thought. *An Essay on the Natur of Indian Philosophical Thinking*, Oxford et al. 1992

de Mora, Juan Miguel: Mathematics, Zero and Infinity, in: ⟨edd.⟩ Kumar, A. et al.: Studies in Indology. Prof. Rasik Vihari Joshi Felicitation Volume, New Delhi 1988-1989, 103-112

Mukerji, Anukul Chandra: Self, Thought and Reality, Allahabad [2]1970 (enlarged; [1]1933)

Mukerji, Anukul Chandra: The Nature of Self, Allahabad [2]1943 ([1]1938)

Mungello, David E.: Curious Land. Jesuit Accomodation and the Origins of Sinology, Honolulu/HI 1989 (Erstausg. Wiesbaden 1985)

Mungello, David E.: Leibniz and Confucianism. The Search for Accord, Honolulu/HI 1977

Ñāṇajīvako, Bhikkhu (Veljacic, Cedomil): The Philosophy of Disgust – Buddho and Nietzsche, in: 58. Schopenhauer-Jahrbuch 1977, Frankfurt/M., 112-132

Nef, Frédéric: La force du vide. Essay de métaphysique, Paris 2011

Newberg, Andrew / d'Aquili, Eugene / Rause, Vince: Der gedachte Gott. Wie Glaube im Gehirn entsteht, München–Zürich ²2003 (engl. Originalausg. New York 2001)

Northrop, Filmer S. C.: Begegnung zwischen Ost und West. Verständnis und Verständigung, München 1951

Northrop, Filmer S. C.: The Complementary Emphases of Eastern Intuitive and Western Scientific Philosophy, in: ⟨ed.⟩ Moore, Charles A.: Philosophy – East and West, Princeton/NJ–London 1946 (2nd printing; ¹1944), 168-234

Northrop, Filmer S. C.: The Meeting of East and West. AN INQUIRY CONCERNING WORLD UNDERSTANDING, New York 1959 (6th printing; ¹1946)

Oesterle, Otto: Goldene Mitte: Unser einziger Ausweg. Vom zersplitterten zum ganzheitlichen Wissen, Rapperswil am See/Schweiz 1997

Osmanagich, Sam: Die Pyramiden von Bosnien & auf der ganzen Welt. Warum wir unsere Geschichtsschreibung ändern müssen, Hanau 2014 (bosnische Originalausg. Sarajevo 2010; amerik. Ausgabe 2012)

Paul, Gregor: Der Kulturstreit um die Universalität Aristotelischer Logik, in: ⟨edd.⟩ Öffenberger, Niels / Skarica, Mirko: Beiträge zum Satz vom Widerspruch und zur Aristotelischen Prädikationstheorie, Hildesheim–Zürich–New York 2000, 117-136

Paul, Gregor: Komparative und interkulturelle Philosophie und ihr Szenario im deutschsprachigen Raum, in: Jahrbuch Deutsch als Fremdsprache 26 (2000): Intercultural German Studies, München, 381-412

Philon ⟨Ioudaios⟩ Alexandrinus: ⟨edd.⟩ Cohn, Leopold / Wendland, Paul: Philonis Alexandrini opera quae supersunt, 6 Bde. + 1 Doppel-Indexband, Berlin 1962-1973 (Nachdr. von ¹1896-1930)

Philon ⟨Ioudaios⟩ Alexandrinus: ⟨edd.⟩ Cohn, Leopold / Heinemann, Isaak / Adler, Maximilian / Theiler, Willy: Philo von Alexandria. Die Werke in deutscher Übertragung, 7 Bde., Berlin ²1962-1964

Philon ⟨Ioudaios⟩ Alexandrinus: ⟨edd./trr.⟩ Colson, F. H. / Whitaker, G. H.: Philo in ten Volumes and two Supplementary Volumes [by Marcus, Ralph] (gr./engl.), Cambridge/MA–London 1960-1971 (reprint)

Platon: Werke (gr./dt.), 8 Bde. in 9 Tln., ⟨ed.⟩ Eigler, Gunther, Text der Œuvres complètes (gr./frz.), 14 Bde. in 26 Tln., verschiedener Editoren der Société d'Édition les Belles Lettres, Paris, unterschiedliche Jahrgänge und Auflagen, ⟨trr.⟩ Schleiermacher, Friedrich / Kurz, Dietrich / Müller Hieronymus / Schöpsdau, Klaus, verschiedene Bearbeiter, Darmstadt [3]1990 (Sonderausgabe von [3]1990 der Ausg. Darmstadt 1973)

Platon: Jubiläumsausgabe sämtlicher Werke zum 2400. Geburtstag (Artemis-Paperbackausgabe), 8 Bde., ⟨tr.⟩ Rufener, Rudolf, Zürich–München 1974

Plotinos: ⟨ed./tr.⟩ Harder, Richard: Plotins Schriften [Enneaden], (gr./dt.), 6 Haupt-/6 Ergänzungsbände, Hamburg 1956-1971

Ploutarchos: Moralia 1-1147, Fragments, Index (gr./engl.), verschiedene edd./trr.: Plutarch's Moralia in Seventeen Volumes, Cambridge/MA–London 1962-1976 (z. Tl. Reprints)

Popkin, Richard H.: The Skeptical Precursors of David Hume, in: Philosophy and Phenomenological Research 16 (1955), Buffalo, 61-71

Popper, Karl: Die Feinde der offenen Gesellschaft, Bd. 1: Platons Zauber, Bern [2]1970 (engl. Originalausg. London 1945)

Porphyrios: Vita Plotini (gr./dt.), ⟨ed./tr.⟩ Harder, Richard: Plotins Schriften, Bd. 5e, Anhang: Porphyrios: Über Plotins Leben, Hamburg 1958

Puligandla, Ramakrishna: An Encounter with Awareness, Wheaton/IL et al. 1981

Puligandla, Ramakrishna: Jñāna-Yoga – The Way of Knowledge (An Analytical Interpretation), Lanham–New York–London 1985

Puligandla, Ramakrishna: Reality and Mysticism. Perspectives in the Upaniṣads, New Delhi 1997

Puligandla, Ramakrishna: The Relativity of Scientific Views of Reality, in: Darshana International 32 (1992), Moradabad/India, 22-31

Rabbow, Paul: Seelenführung. Methodik der Exerzitien in der Antike, München 1954

Redbeard, Ragnar: Might is Right or The Survival of the Fittest, Brooklyn/NY 2004 ([1]1890)

Riehl, Hans: Ordnung des Geistes. Eine Einführung in die Philosophie anhand der Quellen, Graz 1973 (Nachdr. d. Aufl. Wien

[2]1956)

Rizvi, Sajjad H.: Mysticism and philosophy: Ibn 'Arabī and Mullā Ṣadrā, in: ⟨edd.⟩ Adamson, Peter / Taylor, Richard C.: The Cambridge Companion to Arabic Philosophy, Cambridge et al. 2006 ([1]2005), 224-246

Ruben, Walter: Indische und griechische Metaphysik, in: Zeitschrift für Indologie und Iranistik 8 (1931/32), Leipzig, 147-227

Ruegg, David Seyfort: The Buddhist Philosophy of the Middle. Essays on Indian and Tibetan Madhyamaka, Boston/MA 2010

Ruiz-de-Medina, Juan S. J. ⟨ed.⟩: Documentos del Japon 1547-1557, Roma 1990

Sarkar, Anil Kumar: Zero. Its Role and Prospects in Indian Thought, New Delhi 1992

Śatapatha-Brāhmaṇa: ⟨ed.⟩ Weber, Albrecht: The Śatapatha-Brāhmaṇa in the Mādhyandina-Śākhā with Extracts from the Commentaries of Sāyaṇa, Harisvāmin and Dvivedaganga, Varanasi/India 1964

Śatapatha-Brāhmaṇa (engl.): ⟨tr.⟩ Eggeling, Julius, 5 Vols., Oxford 1882-1900

Scheler, Max: Gesammelte Werke, 15 Bde., ⟨edd.⟩ Scheler, Maria / Frings, Manfred S., Bern–München 1954-1997

Schmid, Wilhelm: Philosophie der Lebenskunst. Eine Grundlegung, Frankfurt/M. [8]2001 ([1]1998)

Schmidt-Biggemann, Wilhelm: Philosophia perennis. Historische Umrisse abendländischer Spiritualität in Antike, Mittelalter und Früher Neuzeit, Frankfurt/M. 1998

Schneider, Peter K.: Die Begründung der Wissenschaften durch Philosophie und Kybernetik. Idee, Umriß und Grundprinzip einer axiomatischen Strukturtheorie, Stuttgart et al. 1966

Schneider, Peter K.: Theorie normativer Vernunft bei Karl Marx oder Worauf die Linke nicht verzichten kann, München 1976

Scholem, Gershom: Schöpfung aus Nichts und Selbstverschränkung Gottes, in: Eranos-Jahrbuch 25 (1956), Zürich 1957, 87-119

Scholem, Gershom: Über einige Grundbegriffe des Judentums, Frankfurt/M. 1970

Schopenhauer, Arthur: Der handschriftliche Nachlaß in fünf Bänden, vollständige Ausgabe in 6 Teilbänden, ⟨ed.⟩ Hübscher, Arthur, München 1985 (Nachdr. d. Ausg. 1966-1975)

Schopenhauer, Arthur: Sämtliche Werke, 5 Bde., ⟨ed.⟩ von Löhneysen, Wolfgang Frhr., Frankfurt/M. [1]1986 (Lizenzausg. d. Ausg. 1960)

Schrödinger, Erwin: Gesammelte Abhandlungen, 4 Bde., ⟨ed.⟩ Österreichische Akademie der Wissenschaften, Wien–Braunschweig–Wiesbaden 1984

Schrödinger, Erwin: Was ist Leben? *Die lebende Zelle mit den Augen des Physikers betrachtet,* München [2]1951 (engl. Erstausg. Cambridge 1944)

Schuon, Frithjof: Logic and Transcendence, New York et al. 1975

Schuon, Frithjof: Sur les traces de la religion pérenne, Paris 1982

Schurhammer, Georg: Die Disputationen des P. Cosme de Torres S. J. mit den Buddhisten in Yamaguchi im Jahre 1551. Nach den Briefen des P. Torres und dem Protokoll seines Dolmetschers Br. Juan Fernandez S. J., Mitteilungen der Deutschen Gesellschaft für Natur- und Völkerkunde Ostasiens, Bd. 24, Tl. A, Tokyo–Leipzig 1929

Schwabe, Johann Joachim / Prévost D'Exiles, AntoineFrançois: Allgemeine Historie der Reisen zu Wasser und Lande; oder Sammlung aller Reisebeschreibungen, welche bis itzo in verschiedenen Sprachen von allen Völkern herausgegeben worden ..., Bd. 6, Das XV Buch. Beschreibung von China ..., Leipzig 1750 (engl. Erstausg. → Green, John)

Seeberg, Erich: Ammonius Sakas, in: Zeitschrift für Kirchengeschichte 61 (1942), Stuttgart, 136-170

Sextos Empeirikos: Pyrrhoneion hypotyposeon & Adversus mathematicos (gr./engl.), ⟨ed./tr.⟩ Bury, R. G.: Sextus Empiricus in four Volumes, Cambridge/MA–London 1976-1983 (Repr. d. Ausg. 1933)

Sheldrake, Rupert: Der Wissenschaftswahn. Warum der Materialismus ausgedient hat, München 2012 (engl. Originalausg. 2012)

Sheldrake, Rupert: Science Set Free. *10 Paths to New Discovery,* New York 2012 (Paperback-Ausg. von idem, The Science Delusion, London 2012)

Sheldrake, Rupert: The Rebirth of Nature. The Greening of Science and God, London–Sydney–Auckland–Johannesburg 1990

Sindemann, Kerstin-Katja: Der japanische Buddhismus in den Jesuitenbriefen im 16. Jahrhundert. Auf den Spuren frühneuzeitlicher Buddhismusrezeption in Europa, in: ⟨ed.⟩ Schalk, Peter et al.: Religion im Spiegelkabinett. Asiatische Religionsgeschichte im Spannungsfeld zwischen Orientalismus und Okzidentalismus, Uppsala 2003, 115-143

Sindemann, Kerstin-Katja: Japanese Buddhism in the 16th Century. Letters of the Jesuit Missionaries, in: Bulletin of Portuguese-Japanese Studies 2 (2001), Lisboa, 111-133

Singh, Bal Ram ⟨ed.⟩: Origin of Indian Civilization, Dartmouth/MA–New Delhi 2010

Smith, Huston: Beyond the Post-Modern Mind. Updated and Revised, Wheaton/IL–Madras–London 1989 ([1]1982)

Smith, Huston: Nasr's Defense of the Perennial Philosophy, in: ⟨edd.⟩ Hahn, Lewis Edwin / Auxier, Randall E. / Stone, Jr., Lucian W.: The Philosophy of Seyyed Hossein Nasr, Chicago–La Salle/IL 2001, 139-158

Smith, Huston: Why Religion Matters. The Fate of Human Spirit in an Age of Disbelief, San Francisco/CA 2000

Soothill, William Edward / Hodous, Lewis: A Dictionary of Chinese Buddhist Terms with Sanskrit and English Equivalents and a Sanskrit-Pali Index, Richmond/VA 1995 ([1]1937)

Stenger, Georg: Philosophie der Interkulturalität. Erfahrung und Welten. Eine phänomenologische Studie, Freiburg/Br.–München 2006

Stier, Hans Erich: Probleme der frühgriechischen Geschichte und Kultur, in: Historia 1 (1950), Baden-Baden, 195-230

Störig, Hans Joachim: Kleine Weltgeschichte der Philosophie. Erweiterte Neuausgabe, Frankfurt/M. 1995 (Erstauflage Stuttgart 1950)

Sturm, Hans P.: Die vier Stadien des Ent–Setzens (ausgehend von) der buddhistischen Mittelweg-Philosophie Ārya Nāgārjuna's, nebst Parallelen aus den »Wissenschaftslehren« von J. G. Fichte. Eine Grundlegung der Strukturtheorie der Re–flexion, Widerspiegelung des Geistes I, Augsburg [2]2014 (vollständig überarbeitete, verbesserte, präzisierte und stark erweiterte Auflage mit leicht verändertem Titel von Augsburg [1]2004)

Sturm, Hans P.: Urteilsenthaltung oder Weisheitsliebe zwischen Welterklärung und Lebenskunst, Freiburg/Br.–München 2002

Sturm, Hans P.: Weder Sein noch Nichtsein. Der Urteilsvierkant (catuṣkoṭi) und seine Korollarien im östlichen und westlichen Denken, Würzburg 1996

Tesla, Nikola: Sein Werk, 6 Bde., ⟨ed.⟩ Heerd, Ulrich, Peiting ²2011 (¹1997)

Theiler, Willy: Forschungen zum Neuplatonismus, Berlin 1966

Thomas de Aquino: S. Thomae de Aquino opera omnia, recognovit ac instruxit Enrique Alarcón automato electronico Pompaelone ad Universitatis Studiorum Navarrensis aedes a MM A.D., http://www.corpusthomisticum.org/iopera.html (Stand: 15. 07. 2015)

Udāna: ⟨ed.⟩ Steinthal, Paul, London 1948 (Repr. d. Ausg. ¹1885)

Udāna: ⟨tr.⟩ Woodward, Frank Lee: The Minor Anthologies of the Pali Canon Part 2. Udāna: Verses of Uplift and Itivuttaka: As it was said, London 1948 (¹1935)

Valignano, Alexandro: Catechismvs christianae fidei, in qvo veritas nostræ religionis ostenditur, & sectæ Iaponentes confutantur, Olyßipone [Lisboa] 1586

Vallin, Georges: Eléments pour une théorie de la philosophie comparée, in: ⟨ed.⟩ Nasr, Seyyed Husain: Ǧašn-nāma-i Hānrī Kurbin (Mélanges offerts à Henry Corbin), Teheran 1977, 149–174

Vallin, Georges: Essai sur le non-être et le néant, in: Revue de Métaphysique et de Morale 55 (1950), Paris, 149–177

Vallin, Georges: Être et individualité. Éléments pour une phénoménologie de l'homme moderne, Paris 1959

Vallin, Georges: La perspective métaphysique, Paris ²1977 (¹1959)

Vallin, Georges: Lumière du Non-dualisme, Nancy 1987

Vallin, Georges: remarques sur quelques difficultés d'approche de la métaphysique taoïste, in: Revue d'esthétique 5 (1983), Paris, 177–184

Vallin, Georges: Voie de gnose et voie d'amour. Eléments de mystique comparée, Sisteron 1980

Venkata Ramanan, Krishnia: Nāgārjuna's Philosophy. As Presented in The Mahā-Prajñāpāramitā-Śāstra, Delhi et al. 1978 (¹1966)

Wagner, Gustav Friedrich: Schopenhauer-Register, neu ed. v. Arthur

Hübscher, Stuttgart–Bad Cannstatt 1960 (um eine Einleitung und Seitenkonkordanz ergänzter Nachdr. d. Ausg. Karlsruhe [1]1909)

Walf, Knut: Sentencias breves. Fundsachen 2003. Commonplace Book 2003, Nijmegen 2003

Wallis, Richard T.: Neoplatonism. With a Foreword and Bibliography by Lloyd P. Gerson, London–Indianapolis [2]1995 ([1]1972)

von Weizsäcker, Carl Friedrich: Der Garten des Menschlichen. Beiträge zur geschichtlichen Anthropologie, München–Wien 1977

von Weizsäcker, Carl Friedrich: Die Tragweite der Wissenschaft, 6. Auflage mit dem bisher unveröffentlichten 2. Teil, Stuttgart [6]1990

von Weizsäcker, Carl Friedrich: Einleitung zum Buch von Gopi Krishna: Biologische Basis der Glaubens-Erfahrung, in: Krishna, Gopi / von Weizsäcker, Carl Friedrich: Die biologische Basis der Glaubens-Erfahrung, s.l. [2]1973 ([1]1971), 5-45

von Weizsäcker, Carl Friedrich: Zeugen des Jahrhunderts. Carl Friedrich von Weizsäcker im Gespräch mit Peter Koslowski, Berlin 1999

Welsch, Wolfgang: Transkulturalität. Lebensformen nach der Auflösung der Kulturen, in: Information Philosophie 19 (1991), Lörrach 1992, 5-20

Welsch, Wolfgang: Transkulturalität. Zwischen Globalisierung und Partikularisierung, in: Jahrbuch Deutsch als Fremdsprache 26 (2000), München, 327-351

Widmann, Joachim: Johann Gottlieb Fichte. Einführung in seine Philosophie, Berlin–New York 1982

Wilcken, Ulrich: Alexander der Große und die indischen Gymnosophisten, in: Sitzungsberichte der Preussischen Akademie der Wissenschaften. Philosophisch-historische Klasse, Jg. 1923, Berlin, 150-183

Windelband, Wilhelm: Geschichte der abendländischen Philosophie im Altertum, bearbeitet von Albert Goedeckemeyer, München [4]1923

Wohlfart, Günter: Der Philosophische Daoismus. Philosophische Untersuchungen zu Grundbegriffen und komparative Studien mit besonderer Berücksichtigung des Laozi (Lao-tse), Köln 2001

Zankl, Heinrich: Fälscher, Schwindler, Scharlatane. Betrug in Forschung und Wissenschaft, Weinheim 2003

Zeller, Eduard: Die Philosophie der Griechen in ihrer geschichtlichen Entwicklung, 3 Bde. in 6 Tln., Leipzig 1920–1923 (4.–7. Aufl.)

Zhou Jixu: Correspondences of the Basic Words between Old Chinese and Proto-Indo-European, Sino-Platonic Papers 115 (2002), Philadelphia/PA, 8 pp.

Zimmer, Heinrich: Philosophie und Religion Indiens, Frankfurt/M. 1973 (engl. Originalausg. New York 1951)

Zimmermann, Klaus F.: Gefährliche Zahlen, in: Süddeutsche Zeitung, Nr. 293, vom 17. 12. 2008, München, 2

Zōngmì Gūifēng: Yuán-rén-lùn, ⟨ed./tr.⟩ Gregory, Peter N.: Inquiry into the Origin of Humanity. An Annotated Translation of Tsung-Mi's *Yüan jen lun* with a Modern Commentary, Honolulu/HI 1995

Zōngmì Gūifēng, Yuán-rén-lùn, ⟨edd.⟩ Takakusu, Junjiro / Watanabe, Kuntaro: Taishō shinshū Daizōkyō, Bd. 45, Nr. 1886, 708–710, Tokyo 1968 (Nachdr. d. Ausg. 1927) = www.21dzk.l.u-tokyo.ac.jp/SAT/index_en.html (Stand: 03. 02. 2016)

Zotz, Volker: Auf den glückseligen Inseln. Buddhismus in der deutschen Kultur, Berlin 2000

Namensregister

Autoren, Kompilatoren, Editoren, Übersetzer, historische Persönlichkeiten (nicht von Buch- und Werktiteln) und ohne Verfassernamen überlieferte Quellenschriften

Corrigenda und Ergänzungen zu Band I

zur Abteilung
Widerspiegelung des Geistes I
Die vier Stadien des Ent–Setzens
Augsburg ^{2}2014

p. 88, Fn. 62, Ergänzung:
idem, Die Frage der Entmythologisierung, pp. 43-45

p. 127, Zeile 4; richtig:
bereitete

p. 149, Abs. 2, Zeile 6; richtig:
Chán-Lehrer

p. 170, Fn. 38, Zeile 2; richtig:
kausalen

p. 195, Abs. 2, Zeile 3; richtig:
Letztbegründung

p. 210. Abs. 2, Zeile 7; richtig:
Geist-Schaffensakt

p. 224, Fn. 134 (Fortsetzung), Zeile 1; Ergänzung:
⟨tr.⟩ N. Ayyaswami Sastri, Dvādaśamukha Śāstra of Nāgārjuna, p. 186.

p. 238, Fn. 163 (Fortsetzung), Zeilen 1–3; richtig:
E. Schrödinger, Abhandlungen, 4.381–383 (Der Geist der Naturwissenschaft); cf. o. c., 4.433–453 (Die Besonderheit des Weltbilds der Naturwissenschaft);
die ursprünglichen Seitenangaben sind an dieser Buchstelle zwar nicht falsch, doch muß darauf aufmerksam gemacht werden, daß sie nach der Paginierung der ursprünglichen Essays angegeben sind, nicht, wie hier, nach der dem Band hinzugefügten durchlaufenden Seitennumerierung

p. 249, Fn. 187, vorletzte Zeile; richtig:
pp. 101

p. 276, Abs. 2, Zeile 6; richtig:
liegen

p. 308, Fn. 300, Zeile 4; richtig:
Ātman-haftigkeit, Substantialität

p. 339, Fn. 347 (Fortsetzung), Zeilen 3–4; richtige Trennung:
Wahr-heit

p. 362, Fn. 378, Zeilen 1–2; richtige Trennung:
bsTan-'gyur

p. 447, Abs. 2, Zeile 1; richtig:
Beschreibung

p. 468, Fn. 42, Zeile 1; richtig:
Jízàng, Sān-lùn-xuán-yì

p. 494, Fn. 13, ab Zeile 3, Ergänzung und Umstellung; neu:
In genau dieser Strukturierung liest Fichte den ›Johannes-Prolog‹, cf. J. G. Fichte, GA, 1.9.117–120 (Die Anweisung zum seeligen Leben), FW, 5.479–482 (Synopse 1.9.119.33–120.12),

wie auch die christliche Trinitätslehre, cf. J. G. Fichte, GA, 2.16.147.37-148.5, 157.30-33, (Die Staatslehre, oder über das Verhältniss des Urstaates zum Vernunftreiche), FW, 4.552; 4.569, was ein Gegenstand der nächsten Abteilung sein wird.

p. 525, Abs. 2, Zeile 4 v.u.; richtig:
‚sein'?

p. 558, Zeile 1, Ergänzung eines Kommas; richtig:
(wahre Wirklichkeit),

p. 561, Fn. 48, Zeile 8:
die zweite Nennung des Wortes „hier" ist zu streichen

p. 594, Zeilen 9-14, Umstellung des Satzes; neu:
Indem nämlich, wie bereits ausgeführt, bei der Positionierung, d.h. Definition jedweder Entität immer auch deren logischer Gegensatz bzw. Hintergrund unbemerkt in Anspruch genommen werden muß, kann das für deren Negation, gleichgültig, ob es sich um eine kategorial gebundene oder ungebundene handelt, nicht nicht gelten.

p. 640, Literaturergänzung:
Jaspers, Karl / Bultmann, Rudolf: Die Frage der Entmythologisierung, München 1954

p. 657; richtig:
Puligandla, Ramakrishna: Professor Deutsch on Karma, in: Darshana International 10 (1970), Moradabad/India, 27-33

p. 662; richtig:
Schrödinger, Erwin: Gesammelte Abhandlungen, Bd. 4

p. 677, Ergänzung zum Namensregister:
Ayyaswami/Aiyaswami Sastri 224, ...

p. 678, Ergänzung zum Namensregister:
Buddhapālita ..., 593

p. 685, Ergänzung zum Namensregister:
Śāntideva ..., 593

p. 685, Ergänzung zum Namensregister:
Speusippos 116, ...